ちくま学芸文庫

隊商都市

ミカエル・ロストフツェフ
青柳正規 訳

筑摩書房

Michael Rostovtzeff, *Caravan Cities*
Oxford, 1932 (translated by D. and T. Talbot Rice)

本書をコピー、スキャニング等の方法により無許諾で複製することは、法令に規定された場合を除いて禁止されています。請負業者等の第三者によるデジタル化は一切認められていませんので、ご注意ください。

隊商都市随想

青柳正規

はじめて私がペトラ、ジェラシュ（ゲラサ）、パルミュラ、ドゥラ・エウロポスを訪れたのは、今から七年前の一九七一年のことである。堀内清治熊本大学教授を団長とする環地中海建築遺跡調査団の一員としてであった。二台のジープを駆っての旅は実に快適なもので、道路はパルミュラ―ドゥラ間を除いて、すべて舗装されていたし、砂漠の両都市を結ぶ道も決して悪くはなかった。

当時、私はローマ大学文学部の古典考古学科に席をおくと同時に、ギリシア・ローマ関係の文献資料が最も整っているといわれるローマのドイツ考古学研究所にも通っていた。従って、調査旅行に参加するための予備知識を十分に用意したつもりであった。またオスティアやポンペイでの発掘調査にも加わり、遺跡をどのような角度から分析し、それを如何に総合化して全体のイメージを構成するかという方法をある程度身につけていたつもりであった。事実、北アフリカの古代ローマ遺跡であるジェミラ、ティムガッド、ドゥッガ、ブッラ・レギアなどを訪れたとき、都市の骨格を構成している公共建築、デクマヌスとカルドの配置、それらを中心に個人住宅が如何に分布しているか、更には凱旋門やカピトル神殿にある碑文によって分るその繁栄の時期などを知り得たし、それらをローマ帝政期の属州の歴史と文化の全体像のなかに組込んで理解することができた。

しかし、近東の遺跡は、それ程快く私を迎えてはくれなかった。まず、碑文はラテン語もあったがギリシア語とアラム語が多く、前もって読んでおいた碑文しか判読することができなかった。建築も、大体においてギリシアの建築オーダーによっていながら、随所に建築の文法とも言えるこのオーダーには当嵌らない要素があった。彫刻も、ギリシア、ローマの神々の属性を有していることにより、アルテミス、アポロン、あるいはゼウスと比定できるにもかかわらず、それ以外の不明な要素をともに持っていた。しかし、そのような個々の理解を拒む要素以上に、遺跡の全体としてのイメージが、私の理解を完全に越えていた。急峻な岩山のそそり立つ山中に忽然と表われるペトラが、何故に存在しえたのか。街を屛風のように取囲む岩壁に壮大な建築的彫刻作品ともいえる摩崖墓を何故これ程多く造り得たのか。劇場の規模からして、明らかに一万人近い住民が生活していたと思われる峡谷の街に、十分な食料と水はどのようにして補給されたのか、理解を越えた不思議なことが余りに多かった。

しかも、古代のペトラに住む人々はただ生活を送るために窮々としていたのではない。豪壮な廟墓を造り、神殿を献堂し、川を暗渠としてその上に見事な街路を通したのである。

建設すべき都市の理想像を明確に把握しながら何世代にもわたり、およそこれ以上に都市建設にとって不利な条件が負わされている地は他にないと思われるようなところにペトラを建設したのであった。

エジプト、バビロニア、ギリシアそしてローマの時々の先進文化を自らの選択によって請来したことは明らかである。しかし、それ以上に、それらの優れた文化を受容しうるペトラの主体性のなかにこそ、小規模で完成への過程が中断されているとはいえ、当時の先進文化を担う人々とは異なる別のタイプの文化の柔軟な理解者がいたことを、ペトラの遺跡に立てば認識できるのである。

ジェラシュについても同様であった。ペトラに比較すれば、遥かにギリシア的、ローマ的要素を多く持ち、都市としての立地条件にも恵まれてはいるが、やはりギリシア都市、ローマ都市とは異なっていた。梨形をした広場は街のはずれにあったし、凱旋門は城壁の外に位置していた。ローマ時代に入ってからカピトル神殿として祀られたゼウス神殿よりもアルテミス神殿の方がはるかに大きく見事だった。列柱道路やプロピュライオンの規模に比較して、劇場や浴場はむしろ貧弱であった。周囲に肥沃な耕地があるわけではなく、まして、商港や多くの信徒を集める神域を持つわけでもなかったジェラシュが、これ程見事な都市を建設し得たのは如何なる理由によったのであろうか、分らなかった。アラビア州の州都となったボスラにはアスペンドスにも比肩するような劇場があった。しかし、そこには、ジェラシュに見るような自立的、有機的な都市の発生と発展を示唆する長い独自の歴史を有する都市としての面白さはなかった。むしろ、行政都市、軍事都市が持つ、計画的な冷たさが街を特徴づけていたのである。このような相違が何によっているのか私には、当時、分らなかった。

しかし、ヨルダンに続く次のシリア砂漠への旅行を準備するためダマスクスへ戻り、その合間にスークを訪れたとき、ペトラとジェラシュで感じた疑問がおぼろげながら理解できるような気がした。市民の日常生活にとっての必需品だけでなく、ペルシア絨緞や貴金属製の装身具、外国からの高価な輸入品がスークの建て込んだ狭い間口の店先に並べてあった。シリア共和国の首都として、行政、文化、教育、経済の中心地となったダマスクスは近代的都市に変わろうとしていたが、市民にとっての活動の中心であるスークは、そこに並ぶ商品が変わりこそすれ、古代からその機能と構造には大した変化がないように思われた。

シリア国内の産物だけでなく、当時まだ平和を謳歌していたレバノンを経由しての外国からの輸入品が、一旦、ダマスクスに集まり、そこからシリアのあらゆる都市や村へ運ばれていったのである。その物資の豊富で変化に富んでいることは、アレッポやホムズの比ではなかった。スークの活気は市民の日常生活に直結しているためでもあったが、またそこに集まる利潤の大きさにもよっているのである。

軍事上、宗教上それ程の重要性を持たない都市であってもそこが通商の中心地となれば、古代においても十分繁栄できるということをダマスクスのスークで具体的に見ることができたのは、その後の旅行にとって大きな意味があった。

ダマスクスを北上してホムズに至り、そこから東へ砂漠の道を進んだ。ホムズを発ったのが遅かったため、パルミュラには日没後に着いた。十一月のパルミュラは寒く、我々が荷を解いたホテルには暖房が入っていた。

翌日は雨だった。砂漠の雨は霧のように細かく、降っているのか空中に滞っているのか分らない程だった。十一月から次の年の二月頃までに降る僅かな雨が一年間のほぼ全降雨量であり、オアシスの街パルミュラに生命の約束を与えてくれる雨なのである。

パルミュラの主神を祀るベール神殿は、列柱廊で囲まれた広い神域の中にあった。ケッラの周囲は列柱の回らされた周柱式神殿であるため、一見したところではギリシア神殿を思わせる。しかし、良く見れば、コリント式柱頭に載るエンタブラチュアには異なるオーダーのアーキトレーブがあり、更にその上には、バビロニアからイランの古代建築に特有の狭間胸壁がある。しかも、内陣への入口はその矩形プランの短軸方向に開いている。明らかにバビロニア式神殿の構想にギリシア神殿の要素を加えた建築であることが分る。

内陣のかたわらには、浮彫で側面を装飾した大梁が置かれていた。恐らくベール神殿への祭の行進を表わした浮彫であるが、そこにはパルティア美術の特徴である硬い正面性がはっきりと現われている。女たちはヴェールで顔を隠し、神々は正面を向いて祭壇の前に立つ。このような祭のとき、神殿の前では、犠牲の動物が数多く殺されたのであろう。神域には動物を導く通路が設けてあるし、その血を流す水路の如き窪みも造られている。

犠牲の血の匂いとたちこめた香の煙のなかでパルミュラの住民は敬虔な祈りを捧げたのである。男も女も盛装していた。部族の長老や名門の男は、頭に円筒形の帽子を戴き、古代セム系の伝統的な服装で身を包んでいた。女たちも、宝石や貴石をちりばめたディアデーマを被り、頸輪や腕輪で全身を飾っていた。ギリシア人やローマ人の簡素な服装とは異なる東方世界特有の装いであった。

このような彼らの服装は、街の外にある数多くの墓廟に残る肖像浮彫から詳細に知ることができる。塔屋式、神殿式、ヒュポゲウム式の墓には、類型化した埋葬者の肖像浮彫が夥しく残っていた。類型化した胸像であるため真の肖像とはいえないが、むしろ、そうであるからこそ、パルミュラの市民のスタンダードな服装をそれらの浮彫に見ることが可能なのである。エジプトのファイユームから出土する埋葬者の肖像画が克明な写実性を有しているのと対照的である。

パルミュラは、第二次世界大戦後、シリア古文化財局とポーランド発掘調査団によって多くの遺構が砂の中から「救出」された。倒れていた円柱は立て直され、その上にあったエンタブラチュアも元の位置に戻された。この修復保存工事によって砂漠の街は、今世紀初頭よりも遥かに古代の姿に近い状態になったのである。街の中心を走る大通りの両側には、列柱が並び凱旋門からディオクレティアヌスの軍営にまで至っていた。その一本一本はパルミュラを代表する市民によってこの街に寄進されたのであり、円柱の中程から突き出た持送りにその彫像が載っていた。この種の彫像は今は失われているが、並び建つ列柱を見れば、往時の状態を容易に想像することができる。

パルミュラは隊商貿易によって栄えた街である。しかし、駱駝を唯一の運搬手段とする古代の貿易は、現代とは比較にならない規模でしかなかったはずである。そうでありながら、僅か約三世紀間に、オアシスの貧弱な集落が、シリアで有数の都市に発展したのは何故であろうか。それ程に隊商貿易のもたらす利益が大きかったのであろうか。

パルミュラにはジェラシュのような農業や鉱業による発展の可能性があったわけではない。また、今は荒野と化していながら古代には緑で覆われていたというコンマゲネの如き自然の変化もなかったと考えられる。従って、パルミュラの繁栄の原因としては、隊商貿易しか考えられないのである。そう帰結せざるを得ないにもかかわらず、尚、隊商貿易の歴史と機構を知らなかった私には、都市としてのパルミュラが何故にこれ程壮大で見事であり得たのか理解できなかった。シリア砂漠という大海に浮かぶ小島のような街、ヘレニズム時代からローマ時代の大きな政治勢力に影響されながらも独自の才覚によって街を繁栄に導いた人々、一時的にせよシリア帝国とも呼べるエジプトにまで及ぶ大国を建設したゼノビアの名前、これらが、十九世紀の浪漫主義のヨーロッパでパルミュラの名前を高めた大きな理由である。パルミュラの魅力は、今でも少しも変わることはない。ギリシア・ローマ世界とその周辺地域にある都市遺跡の中で、人々のロマンを最もひきつける遺跡であることに変わりないのである。世界中の国々が高度に組織化されつつある現在、それぞれの国や地方が複雑な社会的経済的機構のなかに組み込まれている。そのようなとき、この街を支えていた往時の隊商貿易の痕跡を殆ど知ることなしにパルミュラを見ると、現実に存在する砂上の楼閣の如く、人々の胸を打つのである。

エフェソスやオスティアには大きな港の跡が残る。カルタゴやアレクサンドリアには肥沃な耕作地がひかえている。そしてデルフォイやバールベックには信仰の中心であったことを示すいくつもの神殿が今も残っているのである。それらの遺跡では、かつての繁栄の理由を十分に理解できるだけの状況が今も残っているのである。パルミュラが他の遺跡ときわだって異なるのはこの点にある。この街の存在そのものを支えた経済の仕組を示唆するのは周囲の砂漠しかないのである。それが、最も有力な理解の糸口ではあるが、その糸口から、この街が栄えた理由を真に把握するのは決して容易なことではない。

パルミュラからドゥラへは砂漠を横切る最短コースをとった。古代の両都市を結ぶ隊商路とほぼ同じ道である。途中にウマイア朝時代に造られた「砂漠の宮殿」カスル・エル・ヘイル・アル・ガブリがある。アラビアから進出して来たカリフが狩猟のために建設した離宮である。巨大な貯水槽と高い城壁に囲まれた全体が要塞のような造りである。恐らくダマスクスにいたビザンチン帝国の建築家と職人を動員して建てたものと思われるが、ダマスクス国立博物館に移されている床絵はササン朝絵画の様式を伝えているため、ペルシア人もその建設に参加していたのかもしれない。

紀元四世紀からの三世紀間、シリアはビザンチン帝国とササン朝ペルシア帝国とが、それぞれの領土を接する地であった。しかし、ローマ時代やそれに先立つヘレニズム時代のように、東と西の勢力がそこで熾烈な軍事的政治的抗争を繰り広げるようなことはなかった。ユリアヌスの如き皇帝がいなかったわけではないが、概してシリアは平穏で、両勢力の緩衝地帯になっていた。古代におけるような隊商貿易の活発な活動がなくなり、その重要性を失ったためである。シリアにとっての平穏は、停滞に原因していたのである。

イスラム時代に入り、ウマイヤ朝がダマスクスに都を置くと、シリアは再び蘇った。カリフに率いられたイスラム軍はシリアを中心に、東と西への遠征に出発したのである。兵士たちが辿ったあとには、商人たちが同じ道を往来した。再び隊商貿易が復活したのである。隊商路の治安は中近東の殆どの地域がイスラム化したことによって完全に守られた。隊商路に沿った駅停にはキャラヴァン・サライが設けられ、古代よりも一層組織化されたのである。しかし、ヘレニズム・ローマ時代との大きな相違点が一つあった。それは、少なくとも近東のシリア、ヨルダンにおいて、隊商貿易にその存在の可能性を負っている場所が、大きな都市に発展し、独自の文化を形成することがなかったということである。パルミュラは、ギリシア・ローマ文化圏とパルティア、ササンのペルシア文化圏との接点に位置していた。この二つの性格を異にする文化の相互作用がパルミュラに独自の文化を形成させる大きな契機となったのである。そこにパルミュラの魅力がある。しかし、イスラム時代、この地域は完全なイスラム文化圏となった。単一文化圏のなかにあって、隊商貿易が如何に栄えようとも、それが新しい文化を形成することにならなかったのである。そのことを端的に示しているのがカスル・エル・ヘイル・アル・ガブリである。そこには、建造者であるカリフの財力と、如何なる文化を創ろうとしていたかを知る糸口は残されていても、時代の変遷とともに成長、発展し、そして衰退する都市の歴史の面白さはない。

ウマイヤ朝がシリアに進出した当時、彼らはビザンチン文化を積極的に摂取した。ダマスクスのウマイアッド・モスクのモザイクや、ヨルダンに点在する「砂漠の宮殿」がその証しである。ビザンチンの薬草図鑑ともいえるディオスコリデスの「デ・マテリア・メディカ」がビザンチン絵画様式で描かれ、アラビア語に翻訳もされた。しかし、イスラム教とその文化が有する特徴である他の文化に対する包摂性こそが、短時間のあいだに、その異文化性を同化してしまうのであった。パルミュラの文化が大きな広がりを持つことはなかったが、尽きることのない興味をひくのはこの点にあったし、同じ魅力がドゥラ・エウロポスにもある。

ヘレニズム時代、要塞都市としてセレウコス朝によって建設されたドゥラは、ユーフラテス河にシリア砂漠が落ち込む断崖の上にある。そこは、パルミュラよりも遥かに小さな街でしかなかった。軍事上の理由から街は城壁によって堅く守られた。ゼノビアの時代まで大した城壁を有することもなかったパルミュラとは大きく異なっている。

隊商貿易がこの街をどれ程に潤し、また街の存在自体がどの程度隊商貿易に負っていたのかを明らかにすることは難しい。ただ、この街にとっての隊商貿易の役割は、パルミュラのそれに対して遥かに小さかったことは明らかである。しかし、城壁内に残るパルミュラ神殿やアルテミス・ナナイア神殿、要塞宮殿やシナゴーグを見れば、隊商がもたらした様々な文化が、ドゥラで新しい一つの特徴ある文化に形成される大きな役割を果したことは明らかである。ギリシア、パルティア、ローマ、ササンの各文化が、この辺境の街に伝えられ、そこで摂取受容されてドゥラの文化を造り上げたのであった。ドゥラは文化の交流の十字路であり結節点であった。ドゥラの遺跡にはパルミュラやジェラシュそれにペトラの如き石造の大きな遺構は残っていない。しかし、文化という本来は、言語、文学、宗教、思想、歴史、美術、社会制度、技術、生活すべてを包括する「空間」の存在をドゥラで認識できるのである。

ドゥラの文化はその多様性と、多様性の素朴な調和に特徴を有している。しかも、古代の中近東を揺がした大きな歴史の波のなかに漂う小舟のような存在でしかないのに、そこには歴史の移り変わりが、層位の如く積み重なっているのである。この層位の正確な解明は、遺跡の発掘調査に当る考古学や歴史学を専攻する研究者の仕事である。しかし、幾重にも重なった時代の刻印は都市遺跡のいたるところに残っている。直角に交叉する街路による整然とした街割りのなかに不規則に走る街路、建築材料やその工法の異なりなどによって都市の歴史の重みを認識できるのである。

古代の都市遺跡は、そこを訪れる人々すべてをある感動に導く。歴史に造詣の深い人も、また、そうでない人も。そこでは、我々と同じ人間が、時を隔てていようと生活をしていたという、紛れもない証しがある。整備された街路に驚き、巨大な神殿に惧れ、そして、生活の知恵に親しみを覚えるのである。大きな時の空間を超えて感じるそれらの感動こそは、我々が有している最も確実な想像力なのである。

古代の都市遺跡は、分類されていない膨大な蔵書を控え目に誇っている図書館のようなものである。そこを訪れる者の関心の有様によってどのようにも自らを変え、そして我々に語りかけてくれる。

序

本書は一九二八年に書いた一連の紀行文を纏めたものである。同年前半のシリア、アラビア、パレスティナ旅行の印象が私の胸のなかで未だ新鮮なときだった。これらの紀行文は、まず、ベルリンとパリで発行されているロシア語新聞「統治」と「復活」の二紙に発表され、ついで、ロシア語雑誌「現代報告」（パリ）に改訂増補して再録された。最後に、それらは、一九三一年、パリで『近東への旅』という書名の一冊の本として出版された。その後、クラーレンドン出版社がその英語版の刊行を勧めたが、中東への一層野心的な旅行に再び発とうとしていた私は、帰って来るまで英語版のための見直しを延期することにした。旅行中に紀行文の対象となっている場所を再び訪れ、現代のイラクになっている南メソポタミアを含めるつもりだったのである。

私はこの旅行から新しい生き生きとした印象をたずさえて戻ってきた、と同時に、遺跡を詳細に検討し、それらの研究における考古学の目覚ましい進展を認識する機会をこの旅行が与えてくれた。私はこれらのことから非常に多くの新しい結論を得ることができたため、単に文章を推敲するだけでなく、部分的に書き直す必要のあることを悟った。そうするとともに、ロシア語版の最後の紀行文二章を削除した。というのは、そこではロードス、キプロス、ミケーネ時代のギリシアを扱い、隊商都市には触れていないからであった。

以上の旅行中、この本に採録している図版資料を集めることができた。それは、私の妻と、シリア・レバノン古文化財局および同局長セイリッグ博士（H. Seyrig）、ジェラシュとドゥラの発掘責任者であるフィッシャー博士（C. Fisher）とピレ氏（M. Pillet）、それにホプキンズ教授（C. Hopkins）に負っている。快諾された援助に対して、私はここに深甚なる感謝の意を表する。

隊商貿易全体についても、また詳細な隊商都市の活動についても、その決定的で完全な姿を本書で描きつくしたとは言えない。隊商貿易全体に関する考察は、経済、地理、気候、歴史に関する無数の問題を提起するのであり、十分に扱われたこともなければ、それに関する研究を試みた学者もいない。したがって、近東における隊商貿易に関する部分は、一つのスケッチにすぎず、誰かが将来埋めてくれるであろう、より大きな仕事の輪郭にすぎないのである。

隊商都市を扱った部分も同様に不完全である。ここに挙げた都市の選択は偶然でしかない。該当する都市の歴史的重要性に基づくのではなく、入手可能な情報の量によったのである。例えばシリアにおいて、ダマスクスのような街が隊商都市としてパルミュラよりも遥かに長く典型的な歴史を有していたことは明らかだし、また、トランスヨルダンではアンマンがジェラシュよりも大きく重要である。北シリアにおいても、アレッポの歴史は何世紀にもわたってドゥラのそれより特徴的である。しかし、これら重要都市に関する歴史は殆ど分っておらず、僅かに残る歴史も本質的に余りに断片的であるため、それらを利用して作るイメージは必然的に不完全である。ダマスクスにおいて、例えば、隊商路や神殿やキャラヴァンサライ（隊商宿泊場）の跡を今でも認めることができる。しかし、旧いものは新しいものによって殆ど覆われているため、その古代都市の痕跡は、それがペトラやパルミュラとの関係で研究されるときにのみ理解可能となるに過ぎない。アンマンも引続き成長している現代都市であり、それ故、全体を発掘するのは不可能である。今迄研究されたことのないアレッポの地誌は、再構築するには更に困難である。私の選択を決定したのは以上のような考慮によるのであり、賢明な選択であったかどうかは読者が決めるべきである。

最後に、各々が離れている都市の扱い方に短く言及せねばならない。シリア、パレスティナ、アラビアは、今や歴史学と考古学の組織的調査研究の時代に入った。多分、ごく近い将来、本書で考察される隊商都市に新しい光を当てることであろう。では、何故結論を記すことを差し控えないのかと批評家は問うであろう。何故もっと多くの史実が得られるようになり、より蓋然性の高い再構築が可能となるまで待たないのかと。そのような質問は適切である。しかも考古学調査においては、しばしば、一定の場所の発展に関する概観は第一義的重要性を有するのである。できるだけ簡明で満足のいく研究のためには、その研究の正確な対象の認識が必須なのである。私が本書で言及した歴史上の問題に関して十分な説明を行なったとは決して思わない。しかし、私が示した研究の道筋が正しいことには確信を持っている。また、シリアの多くの都市が特殊なタイプに属することが認められ、しかもその隊商都市としての発達が十分に認識されるとき、始めて、それらの歴史的重要性が正当に評価されると信じている。

参考文献についてもう一言。如何に特殊な問題であろうとも、それをすでに扱っている人々の学恩に対する感謝なしには、一冊の本も出版しないというのが私の方針である。私が本書で使用した古代史料、現代の著書と論文をすべて言及できなかったことを残念に思う。全部を記すためには、この本の性格を完全に変えねばならないだろう。従って、読者が、引用、あるいは全文が出版されている原文を見出し得る、しかも詳細かつ最先端の参考文献を含んでいる本や論文だけを言及することとした。

ミカエル・イワノヴィッチ・ロストフツェフ

隊商都市　目次

隊商都市

第一章　隊商貿易とその歴史

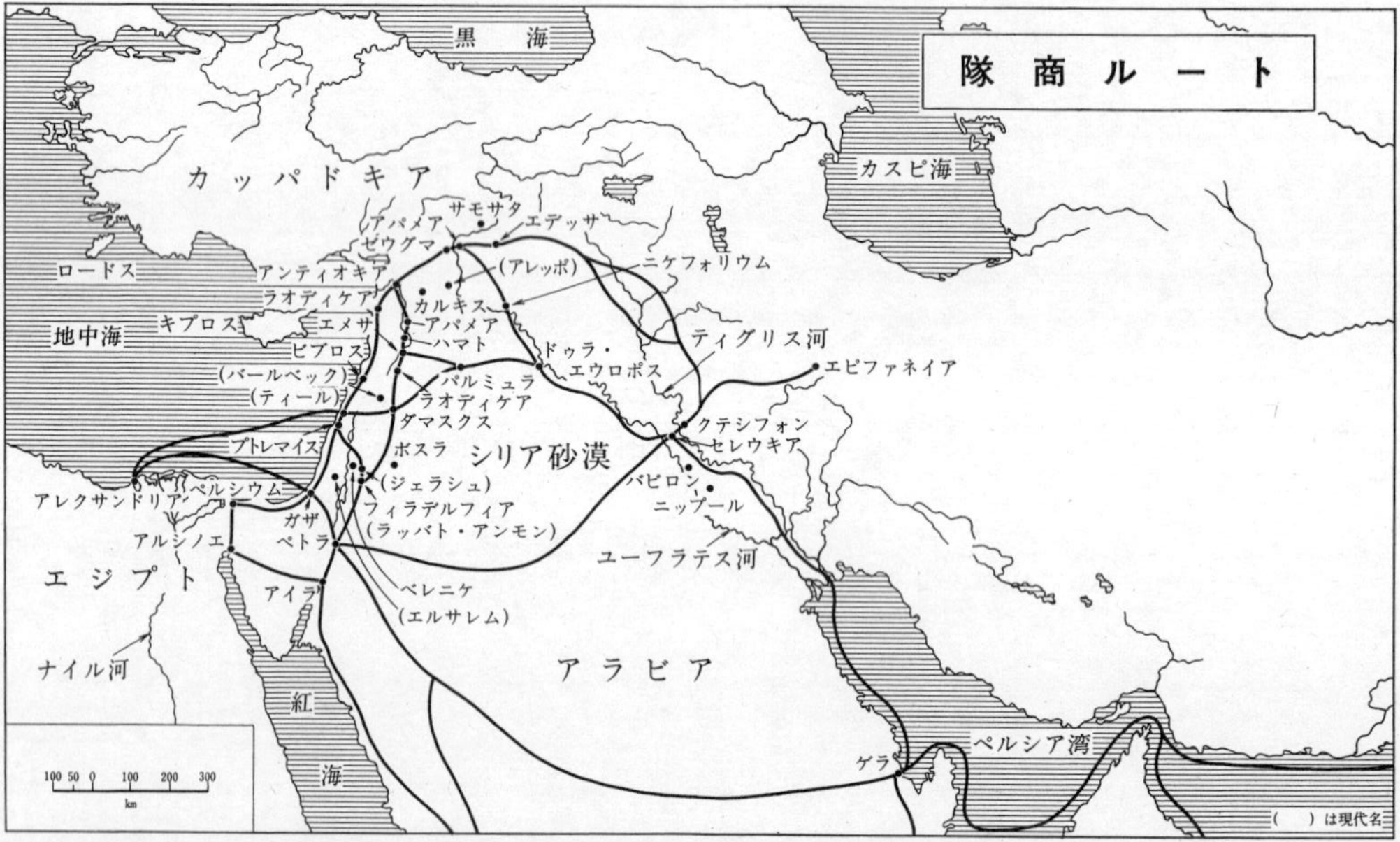
隊商ルート
黒海
カスピ海
カッパドキア
ロードス
地中海
キプロス
アンティオキア
ラオディケア
エメサ
ビブロス
(バールベック)
(ティール)
プトレマイス
アレクサンドリア
ペルシウム
ガザ
ペトラ
アルシノエ
アイラ
エジプト
ナイル河
紅海
アパメア
ゼウグマ
サモサタ
エデッサ
(アレッポ)
ニケフォリウム
カルキス
アパメア
ハマト
パルミュラ
ラオディケア
ダマスクス
ボスラ
(ジェラシュ)
フィラデルフィア
(ラッパト・アンモン)
ベレニケ
(エルサレム)
シリア砂漠
ドゥラ・エウロポス
ティグリス河
エピファネイア
クテシフォン
セレウキア
バビロン
ニップール
ユーフラテス河
アラビア
ペルシア湾
ゲラ
100 50 0 100 200 300
km
( )は現代名

キャラヴァン・シティ――隊商都市――という言葉で何を言おうとしているのか、この問いに対して答える前にいくつかの周知の事実を想い起こさねばならない。すでに良く知られている範囲を言及することにはなるが、シリア、フェニキア、パレスティナ、メソポタミア、それにアラビアの輪郭をまず辿る必要がある。大きな矩形をしたアラビア半島は、南をインド洋によって、東西をペルシア湾と紅海の二つの入海によって形作られている。「アラビア・フェリックス（幸福なアラビア）」として知られている南西海岸の肥沃な帯状の地域とオアシスを除くと、そこは、どこまでも続く砂漠の土地である。北に位置するパレスティナ、フェニキア、シリア、小アジアの高原と山脈、それにイラン高原が半円形にアラビアを取囲んでこの砂漠地帯の境界を形成する。レバノン山脈、タウロス山脈、イラン高原に降る雪や多量の雨が大小幾多の川に水を供給するのである。それらは、ヨルダン川、オロントス川、ユーフラテス河、カーブル川、ティグリス河などで、やがて、これらの河川が豊かで肥沃な平野をつくる。河川と頻繁な雨と海からの涼風によって生じる肥沃さが、地中海沿岸のシリア、フェニキア、それに海岸に近いパレスティナを殆ど連続した帯状の自然の庭園、実り豊かな穀倉地帯につくり変えたのである。沿岸地方の内陸部では、河川や雨が灌漑されるかあるいは部分的に灌漑された三日月形の広い地域を砂漠から奪い取り、砂漠の遊牧民族のための肥えた牧草地帯や、定住民族のための潜在的な耕地にそれを変えた。ティグリス・ユーフラテス両河、カーブル川およびそれら支流の速い流れは、流域の住民によって灌漑のため利用され、高い川岸の両側に沿ったかなりの地域を不毛の地から耕地に変えた。最後に、ティグリス河とユーフラテス河は、ともに南メソポタミアとして知られる肥沃な沖積デルタ地帯を形成するのである。もしこのデルタ地帯に十分な注意が払われ、排水設備を整え、灌漑が施されるなら、そこは荒地や沼地から、最も緑豊かな庭園、最も実り多い穀倉地帯、あるいは最も素晴しい牧草地になったであろう。

以上が、古代における中近東の輪郭であると同時に、現在の一般的概観でもある。イェール大学の同僚エルズワース・ハンティングトン教授による気候の歴史的研究は、砂漠周辺地帯の耕地が様々な広がりを持っていた事実を明らかにしている。この所謂肥沃な「三日月地帯」は、その地域の湿度の高低によって広がりを変えたのであり、それ故、湿潤な時代においては広範な地域が農耕・牧畜に可能なところとなり、乾燥期には不毛の地となった。湿潤期に入ると砂漠の遊牧民はその数を増すばかりでなく定住化の傾向も示した。しかし、次の乾燥期になると、飢饉が繁栄していた定住民の社会にも影響を及ぼし、人々の仕事と住民自身を荒廃させ破壊した。この荒廃作用が完結すると再び湿潤期が訪れて来る。そして、砂漠の再征服と文明化の過程が新たに始まる。

地域的な、特殊な場合には、気候に関する歴史的研究の明らかな正当性はしばしば証明されて来たし、私が述べた様な変化も概して気候条件によるものである。しかし、かつて隆盛したメソポタミアにおける現在の完全な荒廃に対しての責任は、自然ではなく人間が負うべきである。同じことが、昔繁栄したティグリス・ユーフラテス両河やその支流の畔にあった都市遺跡についても当て嵌るのである。この地域の人間は、身につけるには何世紀も要する継続的で生産的な仕事の習慣を失ってしまったのであり、それ故、かつては豊かな実りをもたらした庭園や穀物畑、それに青々と続く牧草地であったところに、ただ荒廃を見るだけである。水路を造り、堤防を築き、灌漑設備を施すのは自然ではなく人間である。それなくしては、如何なる文明も中近東の大河に沿った流域に存続することはできないのである。

今、問題にしている地域に対して、世界史上大きな役割を約束しがたい理由がそこにある。この地域の何個所かが住民を養うに十分な生産力を有しているばかりでなく、輸出用の余剰物資をも事実供給していたのである。しかし、そのためには、住民が農耕と牧畜の整備された組織を持つだけでは不十分だった。つまり、彼らは同じ程度によく整った通商システムを必要としたのである。輸出が可能な地域において生産と物々交換のどちらが先に現われたのかを決めるのは困難な問題である。何故なら、我々は人類の歴史において物々交換のなされていない時代というものを知らないからである。実際、物々交換は生産と同じくらい古くから存在していた。完全に孤立した域内経済があったとするのは、ただ理論経済学者の頭による想像上の作りものでしかない。中近東は物々交換の発達にとって理想的なところである。その東部は、ティグリス・ユーフラテス両河が北から東へ横切っている。両河が特に船舶の往来に適していたわけではなく、従って活発な交通の担い手となっていたわけでもない。しかし、その両岸には植物と水が十分にあったのでそこが自然の交通路となり得た。西のエジプトではもっと航行に適した穏やかなナイル河が南から北へ流れ、殆ど常に完全な物資の運び手となっていたのであった。

そして最後に、全く不毛の土地であるとか、文明の最果てであると見做されるべきではないアラビア砂漠がある。海と同じく、あらゆる方向からの交易に対して完全に開かれているのであるから、砂漠は、ある地点と他の地点を分つだけでなく、結びつけもする。しかも、その交易のための運搬手段さえも創出したのであった。それがあの「砂漠の舟」と呼ばれる駱駝である。アラビア砂漠の東側には自然に恵まれたイラン高原が広がり、その南と東、ペルシア湾の彼方に伝説的なインドの富が横たわっていた。その西には、紅海によってアラビアから引き離されると同時に結びつけられてもいるもう一つの伝説的な地方が存在した。それは、異国の貴重な産物を生む中央アフリカであった。一方、北のスエズ地峡がアラビア砂漠とエジプトとを繋いでいた。パレスティナ、フェニキア、シリアにある多くの良港が、アラビア砂漠と、地中海の諸島嶼、ギリシア、イタリア、それにスペインとの間に、緊密な関係をもたらしたのである。

現在迄知られている世界最古の文明がティグリス・ユーフラテス両河とナイル河のデルタ地帯に誕生し、その繁栄と発展が始まるとすぐに、あらゆる地域からの隊商がバビロニアとエジプトへの旅行を開始したのである。はじめは、最も近い隣人だった砂漠のアラビア人とイラン高原の住民である。その山岳地帯からの品々を運ぶもこもことした二瘤駱駝は、アラビアの優美な一瘤駱駝の北方亜種であり、その隊列が踏跡を辿っていった。北シリアや小アジアなど北部からは、重々しく荷を積んだ驢馬の列がティグリス・ユーフラテス両河の流域を下っていった。同時に、エジプト、ペルシア湾沿岸、南アラビア、それにインドの海岸から出航した最初の舟が海を渡りはじめた。

これらの舟や隊商はバビロニアとエジプトにはない品物を積載していた。文明化した人間にとって、それらは日毎に必要度を増し、もはや贅沢品ではなくなっていたのである。彼らが運んだのは、神殿や宮殿それに都市の建設のため必要な石材と木材であり、武器や農工業用具製造のための銅である。神々と人間の楽しみに必要な金、銀、象牙、珍木、貴石、真珠、香料であり、オリエントの人々にとって常に高価で大切な香水や化粧品、または料理用の香辛料であった。シリア、カッパドキア、イラン高原、インド、南部および中部アフリカにおいて、これらの産品は豊富であり、その交換物として、文明社会は様々な新しい品々を輸出した。戦争や狩猟用の武器を中心とした金属器、見事な彩色のある織物、ガラス玉、ブドウ酒、なつめやしの実、油、美味しいパンなどであったが、砂漠の半飢餓状態にあるベドゥインにとっては食料品が特に歓迎されたのである。文明国同士の間においても、すぐに、類似の交易が起った。最も新しい生産物の交換を回避することなどとてもできなかったからである。それ故、バビロニアはその最新の品物をエジプトへ送り、エジプトもバビロニアへ見返り品を送った。そして、インドはその産物をバビロニアへ送り、バビロニアのものもインドへ渡ったはずである。

バビロニアとエジプトにおける近年の発掘は住居址の最下層にまで達した。その結果、文明の最初期の段階にまで遡る神殿、宮殿、住居、墓などからの出土品をもたらし、その中には最古の文書史料も含まれている。出土品と文書史料から、メソポタミアのシュメール最古の都市国家は、その初期の時代に、隊商によってはるかな遠隔地と結びついていたことが明らかとなった。つまり、西のエジプト、北の小アジア、東および南のトルキスターン、シスターン、それにインドである。インドのハラッパーとモヘンジョ・ダロ、バビロニアのウルに共通する証拠資料の発見、カスピ海沿岸のアストラバードにおけるシュメール様式をもつアルカイックな金器の存在、エジプト、バビロニア、シリア、イランなどの銅製の武器や什器がもつ形式の類似性、などはこの事実を更に証明している。日常使用する器具だけでなく、エジプトとバビロニアに見られる装飾モチーフの数多い共通点も、二つの土地の密接な繋がりを示している。その上、初期外国貿易に関するより決定的な証拠が、ウルとキシュの王朝時代以前の墓の副葬品の分析から検出された。つまり、そこで数多く発見された金製、銀製、銅製それに貴石をちりばめた各種の木製の美しい出土品のどの材料もその土地固有のものではない。それらははるか遠方から輸入されたのであり、その輸入業務の一番肝要な部分は隊商貿易によるのであった。

数世紀が経過するとともに、文明は、更に、より広い地域に浸透した。前三千年紀のバビロニア・アッカド朝の王、サルゴンとナラムシンは、人類史上最初の大帝国を建設することによって、この傾向に大きく寄与したのであった。彼らは西アジアを単一の国家として纏めあげることによって帝国を形成したのであり、それは、後にウル第三王朝のウル・ナンムによって引き継がれる政策である。このことは、彼らをして、帝国内の様々な地域間における既存の交流関係の強化を可能にしたばかりでなく、東西南北の隣接地との新しい連携の成立をも可能としたのであった。しかし、この政策の一番重要な成果は、「三日月地帯」の流域や平野に多くの通商都市を出現させたことであり、パレスティナ、フェニキア、シリアの海岸の集落を主な商業の中心地に発達させたことである。小アジアにも都市が出現し、交易が地中海のヨーロッパ沿岸とも始まり、同じような通商上の関係が生れつつあった。インド、アラビア、アフリカの産物の需要は着実に増加し、一方におけるアラビアを介してのインド及びアフリカとの関係、他方におけるイラン高原との関係は、徐々に緊密なものとなり、やがて、より完備された組織となっていった。

通商協定が生れはじめ、今や専門的貿易業者となった人々が交易上の知恵を少しずつ身につけるようになると、民法と商法が次第に発達していった。それらは、はじめのうちは慣習によっていたが、やがて文字に記されるようになり、文明の正に黎明期に、バビロニアでは、単に書き記されるだけでなく、法典化さえもが為された。我々は、今日、前千九百年頃のハンムラビ法典が、刑法と私法を体系化しようとする最初の試みではないことを知っている。サルゴン王の帝国主義政策を踏襲したウル第三王朝は、すでにこの種の法典を作っており、多分、それは帝国全体における施行を意図されていたらしい。早くも前三千年頃には、殆どあらゆる種類の契約や協定が幾千となく存在しており、我々が知っている最古の法律語――シュメール語によって書かれている。これらの史料を研究する者すべてにとって明らかな如く、その契約や協定の法律要件とその形式は、サルゴン時代から、ギリシア法やローマ法が中近東に浸透するまで、殆ど変化しなかったのである。

時間の経過とともに、シュメールとバビロニアの領域外でも法律規範や、明確に規定された権利に基づく交易が慣行化していった。それは最近発見された前十五世紀頃に遡る古代アッシリア法典の断片からも立証されるのである。やや時代を下るもう一つの法典は、前二千年紀初めの数世紀間に十分な行政組織を有する文化国家に成長した小アジアの強国ヒッタイトに属するものであった。

物々交換は商法の原形であるが、やがて、法律が物々交換を明文化し、その広範な輪郭を明確化しながら、それを規制するのである。小アジアの北東部カッパドキアのキュル・テペ、後のマツァカにおける、法律的性格を有する非常に早い時代の何百という私文書の発見は、この事実の格好な実例を提供している。カッパドキアとキリキアの銀・銅鉱山の組織的開発が、地元民と南からの植民者との一致した努力によっていることに、この文書史料は言及している。その植民者はシュメール帝国、つまり初期アッシリア地方からの企業的植民者であった。彼らは前三千年紀後半には遅くとも移住しており、すぐにこの地方における産業の主導者となっていたのである。彼らは、政治的にはアッシリアに拠ってお り、同時に、シュメール・アッカド帝国の庇護の下にもあった。小アジアのこれらの鉱山が産する金属は、ユーフラテス河を下ってメソポタミアへ送られ、又、隊商路を経てフェニキアの港、特にビブロスへも運ばれた。そこからエジプトへは大きな円環の形にして送られたのである。

カッパドキア文書は隊商の組織化と発達に関する興味深い多くの事実を明らかにした。今、ここで、それについて詳細に述べることはできないが、この史料の大部分が重要な貿易商と金融業者の古文書類であることを記しておく。これらの企業は、南と南東へ旅する概して驢馬からなる隊商を整え、それを経営していた。粘土板は、特別の司法制度によって遂行される整然とした仕事などについてと同じく、当時の複雑な企業組織についてや、十分に発達した法律や社会的な手続きに関することを我々に伝えている。以上の如く、これらの文書史料は、その背後に何百年もの組織的物々交換があったにちがいなく、それを統制する法律が何百年という時間を通じて発達したに他ならないことを明らかにしている。バビロニアが、その発展の最初の基礎を置いたが、早くも前三千年紀には、小アジアは新しいオリジナルな多くのことを導入していたのである。その制度は、実際、シリアやその周辺の国々と同じように、小アジアの生活全体に影響を与えた。

アッカドとウルの両帝国の凋落は政治的アナーキーの時代を招き、その結果が小国に独立をもたらした。次いで、バビロニアの西セム系王朝、つまり有名なハンムラビ王朝の主導権の下に、新たなる連合時代が到来する。この時代、古代世界の政治的、経済的活動は次第に複雑な様相を呈していったが、バビロニアは、尚も、その支配的勢力を保持していた。

貿易の分野におけるシュメール・バビロニア文化が果した最大の功績の一つが、この頃、つまり、前三千年紀の後半に達成された。それは、交換用金属単位の導入である。それが造られたのは、一方で個人生活水準が驚くべく発達したことにより、他方で文明化した日常生活の複雑さが増していったことによるのである。この金属単位は、約二千年後の前七世紀に小アジアとギリシアにはじめて現われる流通貨幣の直接の先駆と言える。初期の単位は銀の「ミナ」に基づき、その下の単位を「シェケル（シクロス）」と称した。この発明の一部は民間商人（歴史上初の銀行商）によるのであり、他の一部は国家によるものであった。

このように、当時の出来事すべてが隊商貿易のより広範な発展と、より十分なる組織化に通じていた。砂漠のベドゥイン族、ティグリス・ユーフラテス両河上流の高地人、イラン高原と小アジアの住民、彼らは皆、かつては羊飼いか追剝ぎに過ぎなかったが、今や、商人か実業に携わる人間となった。隊商は明確な一個の組織体となり、複雑ではあるが十分規律のとれた小世界としての特徴をもち、鉄道や自動車が、未だ隊商の不思議な自立的存在に終止符を打たせることが出来ないため、現在も尚存続している。

バビロニア帝国は強力で、生命力をもち、ティグリス・ユーフラテス両河の河口域をしっかりと統治していた。その最大のライバルであるエジプトは政治的に、かつてなく隆盛し、驚異的な高い水準の文明を創り上げていた。このような時代、インドとアラビアの物産にとって、メソポタミアとその周辺諸国およびエジプトは素晴しい市場であった。

インド産の品物はバビロニアに向けて、あるときはインドの港から直接海路でティグリス・ユーフラテス河河口に送られた。しかし、通常は、ペルシア湾西岸のゲラをはじめとするアラビアの港にたどり着き、そこから遊牧民のアラビア人によって駱駝や驢馬の背に乗せられてバビロニアに運ばれたのであった。「アラビア・フェリックス」で産した品物や、バブ・エルマンデーブ岬の対岸のアフリカで、南西アラビア人によって求められた品物はゲラまで砂漠を横断して運ばれ、そこからバビロニアにもたらされるか、又は、舟で沿岸ぞいにゲラまで至るか、あるいは、直接ティグリス・ユーフラテス河河口まで運ばれた。

もう一つの重要な砂漠のルートはエジプトに向かっている。南西アラビア人は彼ら自身の産物や、インド・アフリカの品物を、紅海の東岸にそって北上し、シナイ半島を横切ってエジプトまで運搬した。又、あるいは、ゲラの住民が同じ品物と、多分、バビロニアの品物を、まずアラビア砂漠の中心部にある豊かなオアシス、テマに運び、そこから紅海にそった海岸ルートの駅停へ運び、エジプトへ至ったのである。

この初期の時代、陸路の方が海路より遥かによく利用された。海はまだ好ましいものでも、信頼のおけるものでもなく、絶対的に必要なときしか利用されなかった。砂漠を駱駝によって横切る運搬法は、船によるそれより遥かに安全で信頼性のある方法と見做されていた。インドやアラビアの産物だけでなく、中央アフリカの産物さえ、アラビアから、バビロニア、シリア、エジプト、あるいは更に遠方の北や西の地域へ隊商によって大部分が運ばれたのである。

バビロニア、エジプト及びそれらの属国（すべて文明化された国々）との系統立った利益の多い貿易は、以前カッパドキアでそうであったように、アラビアに組織的国家の出現と、独自のよく発達した文明の誕生をもたらした。これまでのところ、アラビア東部と南部に関して判明していることは少ない。我々には、ただぼんやりと、東部のゲラ人について、ハドゥラマウトとカタバーンの住民について、あるいは、南と南西沿岸域のサバ人やミナ人の王国の住民について知っているに過ぎない。この最後のミナ王国が、古代においても「幸福なアラビア」と称せられていたあの肥沃な地域を支配していた。最近、西欧の多くの学者がこの好ましい土地を旅行し、数千の碑文を発見し、その住民によって建設された都市、城塞、それに神殿などのすばらしい構築物に接するようになった。しかし、組織的発掘が行われていない多くの地域と同じく、ここでも幾多の困難な問題に直面している。その最大の問題が年代設定ではあるが、南アラビアにおける秩序と文明のはじまり、文字と建造物のはじまりがかなり古い時代に遡るのであり、多分前二千年紀にまで至ることを、少なくとも、結論しうる。

アラビアにおける最初期の文化的発展は、ゲラ人とミナ人とに関連していたように思われる。つまり、その地理的位置から、前者は東部の隊商路を、後者は西部のそれを支配していた民族なのである。カタバーン人とハドゥラマウトの住民は、世界交易史上、二義的役割をしか果さなかったようだ。しかし、ミナ人の隣接民族であるサバ人は、非常に早い時代に、これら競争相手をはるかに凌駕していたようである。

数世紀が経過して、ハンムラビ王国が滅びると、所謂「力の均衡」が近東に樹立された。

バビロニアの文化と貿易は、近東の大小の都市と国家に移った。その後継者は、印欧語族のミタンニ人、盛衰を繰返すアッシリア、アーリア系のヒッタイト帝国、主にアレッポやダマスクスなど北シリアの大きな通商都市、それにフェニキア海岸諸都市などであった。エジプトもこの推移を経験するのである。所謂シリアからのヒュクソス人支配者に一時的に隷属したあと、エジプトは前二千年紀中頃に、アジア的エジプト帝国なる偉大な十八王朝を創り、後の文化的、経済的社会の発達に大きな足跡を残すほど長期間存続した。

文明化した人類の歴史上はじめて西と東が一つの王国の中で結合し、バビロニアの生活様式がしっかりとエジプト的なそれと結びついた。歴史上、単一の大帝国領土内で諸地方間の交易が、大規模に行われたのはこのときが最初であった。帝国の力は近東だけでなく、キプロスやクレタにまで広まった。このようにして、当時の隊商による交易は素晴しい活力をもって発展し、前二千年紀、「力の均衡」を支えていた国々は、その生活様式の壮麗さ、建物の美しさと壮大さ、軍備の高水準において互いに相手を凌駕しようと懸命であったことは、驚くべきことではない。当時の外交関係の研究が、この事実の決定的証明なのである。例えば、アッシリアの献納物であるペルシア産ラピス・ラズリとバビロニア産のラピス・ラズリについて大変喜んで話をしているトトゥメス三世が、当時の文明世界を、商業上のつながりによってしっかりと結合した一つの複合組織体、と考えていたことは明らかである。

前一千年紀初頭、シュメール・バビロニア帝国、エジプト帝国、短命のヒッタイト帝国が、単一のアッシリア帝国に引継がれた。バビロニアが一時的に再興した後、このアッシリアは、今度は、強力なペルシア帝国によって征服される。交易、特に隊商貿易は絶え間のない発展の過程にあり、次第に一層整備されたものとなっていった。隊商貿易によって、近東で最も栄えたアレッポとダマスクスに富と壮麗さがもたらされた。又、フェニキア都市のティール、ビブロス、アラドゥスに、商業の発展上著しい重要性を獲得しうる位置を与えたのもこの隊商貿易である。

アッシリア、ペルシア両帝国における対外通商と隊商貿易の段階的組織化の歴史は未だ記されてはいないが、現代の学者がその断片的事実をところどころで書留めている。しかしながら、アッシリアがその発展に大きな役割を果したことは明白である。アッシリアには軍隊にとっての道路だけでなく、商人にとっての特別な交易路が存在していたことが分っている。これらの交易路は、多分地図に記されていたのである。何故なら、非常に早い時期の前アッシリア及びアッシリアの地図が今日まで伝わっているからである。そして、この地図がギリシアの地図作製法の基礎となったことは疑いない。道路と初期の地図は、発達した道路交通網の存在を予想させるのであり、又、アッシリアの王がこれらの道路網を軍事的目的のために造ったことは有名である。しかし、軍隊にとって有用なシステムは商人にとっても使用しうるのである。彼らは砂漠を横断し、山岳地帯にそって、警備された安全な道を選んだのであった。商人達は兵隊による井戸の設置と維持および帝国内のある地方から他の地方への、情報の定期的伝達によって大きな恩恵をこうむった。

強大なアッシリア帝国の庇護下にある隊商貿易の発達と、一層大きくなった安定性は、新しい、より短距離のルートが、隊商の旅行によって安全であると見做されるようになっていた事実によって浮彫りにされる。後に、パルミュラとして知られるタドゥモルに関する言及が、この時代のアッシリア文書史料にはじめて登場する。例えば、ティグラト・ピレゼル一世やアシュルバニパル一世の碑文にその名前を見出すのである。このことは、隊商がユーフラテス河の河口から砂漠を横切ってダマスクスに至るルートの使用が、その時代か、多分それ以前までに一般的となっていたことを明らかにしている。そして、このルートは後世の隊商や現在の自動車がダマスクスからバグダッドまで辿る道とほぼ同一である。同じ様に、ニネヴェからハーブル川の河口へ、そこからパルミュラを経てダマスクスまで続く直接の道がすでに使用されていたことも考えられる。

組織化された隊商貿易はアッシリア帝国領域内に限定されていたわけではない。ティグラト・ピレゼル三世やサルゴン王時代の王家の碑文、アシュルバニパル王の碑文と浮彫（ニネヴェ出土）は、北アラビアへの一連の遠征によって、アッシリア人がミナ人とサバ人をその支配下に置き得るようになったことを物語る。これらの王国がアッシリアの臣下となったわけでは決してなかったが、彼らはその意向に従ったのであり、時折、公式の献納ではない贈物をアッシリアの王へ届けるのが習わしであった。

贈物は南部アラビア人がアッシリアとの安全な組織的交易から得る利益に比べると極めて僅かなものであった。彼らの都市遺跡、特にサバ人の主都だったマリバなどによって証明されるその繁栄のはじまりは、多分、この時代におくことができる。前七世紀か、前八世紀にさえも遡る非常に変化に富んだ種類の何千という最初期の碑文が、この時代におけるアラビアの重要性を示している。それらが、たとえ我々の無知という暗黒に僅かな青白い不安定な光を投射するに過ぎないとしてもである。

これ以上の正確な知識を得るには、アラビアで科学的発掘が行われるのを待たねばならない。そして、そのときはじめて我々は南部アラビアの碑文と建築と彫刻についてのかなり正確な編年上の連続性を獲得するであろう。

しかし、すでに判明している事実に照らしてみれば、サバ（シバ）人の伝説的な富やその偉大な女王についての旧約聖書の記述は十分に正しく、そこに書かれた出来事が散文的でさえあることに気付くのである。ジレアドから砂漠を横断してエジプトへ旅する香料を積んだイシュメリトの隊商に関する聖書の記述は、もはや奇跡でも信じ難いことでもない。また、列王紀における、「シバ」の女王からソロモン王へ贈られた、金貨百二十タラント、香料、貴石類の豪奢な献上の話も完全な事実無根とは思えないのである。

もし、アッシリア人とその後継者の新バビロニア人が、新しい隊商路支配の意図を実現しようと努めたのであるなら、彼らがアラビアとシリアの砂漠で統治者になるため戦略的地点を掌中におさめようとするのは当然である。それ故、シリアの隊商貿易にとってのタドゥモル・パルミュラの重要性を最初に認識したのは、多分、アッシリア人であった。後にペトライアとして知られる地域を支配したナバタイ人の祖先エドミテ人が、アッシリア王に税を納めねばならなかったということを聞いても驚くことはない。このような政策に照らしてみると、最初はアッシリアの王が、後には新バビロニア帝国の高名な王、ナボニドゥス王がゲラだけでなくテマをも中央アラビアにおける隊商貿易の重要な中心地として支配しようと努力したことを、明確に理解できる。ナボニドゥス王は、仮の宮廷をテマにおき、そこからアモリト人とエドミテ人討伐の遠征隊を送った。

アッシリアと新バビロニア帝国の遺産がペルシア人の手におち、東方のすべての文明諸国の連合が、よく整備された強力な一つの国家になると、ペルシアの貿易に大きな刺激を与えることになった。ペルシアは領土を東西南北に横切る見事な道路をもち、地中海世界の隅々にまで行きわたった「ダレイコス金貨」という確固と安定した通貨を所有していた。文書史料が、ペルシアとより東のインドや中国との間の恒常的交流について述べているし、インドの建築と彫刻の発達や、中国の記念碑的彫刻に及ぼしたペルシア美術の影響からも確証される。私は、ルー・コレクション（C. T. Loo's Collection）の中国漢代青銅器を扱った最近の論文で、より詳細にこの影響を論じた。

明らかに、ダレイオスとその後継者たちは、小規摸な当時の交易に満足はしておらず、より広い地域での活動を望んでいた。彼らは海洋貿易、つまり、インドとエジプト間の直接の交流、アラビアを回ってアフリカへ達する直接の海路、そして紅海を通り抜けるスエズ運河のような方法による地中海への直接ルートを夢みていたのであった。

西方とのペルシアによる交易は、より一層拡大されたものであった。ギリシア本土の都市国家、黒海沿岸、イタリアとシチリア、北アフリカのフェニキア植民地、との通商であり、それらの経路による南西および北ヨーロッパ諸種族との通商であった。これらの国々に輸出されたのは、主に隊商貿易の産物なのである。特に、宗教儀式に必要な様々な香料、それに香水、化粧品、象牙製装飾品、貴木、紫紅に染め金の刺繡をした布地など多くの奢侈品であった。地中海沿岸のフェニキア都市と、小アジアのギリシア都市、特にミレトスなどはすべてペルシアの支配下に置かれ、その交易によって繁栄隆盛していた。小アジアのフリュギアや、後のリュディアの富は、ペルシア帝国初期、東西間の仲介者として果した役割の結果であった。そして、最後に、重要さでも決して劣ることのない、アレクサンドリアの前身であるギリシア人都市ナウクラティスで行われた大規模な貿易について触れる必要がある。この都市は、ギリシア人貿易商によって、エジプトと西方との間の中継地として機能すべくエジプトの北海岸に作られたのであった。その上、黒海北岸のギリシア都市は、その前六世紀から前五世紀にかけての繁栄を、主に、地中海の同邦人との通商によっていたが、多分、ペルシア帝国との活発な商取引によってもかなり利益を得ていたらしい。それは、コーカサス山脈と黒海を横断するルートと、トルキスターンからドン河とパンティカパエウム（ケルチ）に至る南東ロシアのステップ地帯を横切る古代の隊商路によったのである。前六、五世紀の南ロシアにおける東部ギリシア美術に及ぼしたペルシア美術の影響は、未だ、ロシア人学者の研究において正当なる認識を受けてはいない。

近東、つまりアラビア、メソポタミア、シリアにおいて、ペルシア帝国の隊商貿易は、その先駆者たちであるシュメール・バビロニア帝国やアッシリア帝国の隊商貿易と殆ど異なってはいなかった。アラビアを通る東西両ルートも使用されていた。この二つのルートのうち、東ルートがその重要性をやや増し、一方、今やペルシアの一地方となったエジプトに主要な目的地があった西のルートは、やや衰退の兆しを示していたことを指摘できるだろう。この事実は、シリア砂漠の古いセム系諸都市の継続した成長を説明する。つまりアレッポ、ダマスクス、ハマト（現在のハマ）、エメサ（現在のホムズ）、その他多くの都市である。それぞれの都市は、十分に発達した農業、園芸、それに牧畜の産物を有する規模の異なる、肥沃な耕作地帯の中心地であった。従ってそれらの一つとして、語義の上から、真の「隊商都市」、つまり、ただ隊商貿易によってのみ存在する都市ではなかった。しかし、ともかく、これらの都市を裕福にし、重要にしたのは隊商貿易なのであった。

ペルシアとアラビアの間の関係については、ほんの少ししか分っていないが、いくつかの偶然の言及が、両地域はアッシリア時代と同じ関係にあったことを示している。例えば、南アラビア人からダレイオス王へ支払われた年貢について我々は承知しているし、エジプトのミナ人商館について述べた文書を持っている。南アラビアの物産を輸入する国々の一つに、このような商人が存在することは、多分、稀なことではなかった。しかも、アラビア人商人が長期間ペルシア帝国に住むことができ、そのような訪問を一般的出来事と見なし得ることは、アラビア・ペルシア間の平和な交流と、ペルシアの権勢によるものであった。カルデア人、メディア人、アラム人、エドム人との盛んな商取引を行なっていたニップールに同様のユダヤ人商館があったことは、当時の隊商貿易の繁昌ぶりを示す更に重要な証拠である。

近東と南アラビアとの隊商貿易が定期的に行われていたことを証明するもう一つの重要な文書史料は、多分、ペルシア時代に属すると考えられる。私は、ミナ王国二番目の主都ベラギシュ、現ヤティル、出土のミナ語碑文について触れておこう。それは現存するミナ語碑文として特に重要なもので、アトゥタル・ドゥー・ガブディムに対して、エジプト、シリア、アッシリアとの交易に携わる商人から寄進された建物と犠牲について述べている。彼らは、大きな戦争の最中《さなか》にあって、サバ人から隊商を保護してくれた感謝に、神へこれらの奉物を献じたのであった。それは、恐らく、ペルシア・エジプト間の戦争の一つであり、前五三五年、エジプトが征服された際のものか、前三四三年、アルタクセルクセス・

オクスによって打負かされた戦争を指す。もう一つの類似の文書は、ミナ王国の首都マインから出土したものであるが、残念なことに年代が記されていない。ミナ人は、ペルシア帝国との交易を、彼ら自身の軍事的・商業的植民都市（そのうち最も重要なのが現在のエル・エラ）を通じて行ったようである。また、エジプトへの物資搬出は、ガザ経由の陸路で行うか、ミナ王国の港からエジプトの港に紅海経由で行ったらしい。海路は、ナバタイ人への関税支払いを避けるため、より頻繁に用いられたようである。

上に述べた文書と、他のいくつかの事実は、新バビロニア帝国末期か、ペルシア帝国初期に、新しい、自立した隊商の中心地が出現したことを指摘している。後で詳述するペトラについて少し触れておこう。恐らく、この時代、ナバタイ族アラビア人は、はじめてペトラでエドミテ人に取ってかわった。そして世界の支配者が静観するには余りに強大に、余りに豊かになっていたサバ人の力を衰微させるため、彼らはペルシアの手先となって働いた。

しかし、ペルシア帝国はアレクサンドロス大王進出の前に滅び、彼の後継者の下で、すべての中心地は東から西へ、漸次、移っていった。同じ変遷が、特にアラビアとシリアの隊商貿易においても起った。ギリシア東方世界の体制作りにおいて、アレクサンドロスは、概して、ペルシアの習俗伝統に従って行動したが、また改革者として、ダレイオスの後継者として、彼はペルシア人が到達したより更に遠い地点にまで達したいと考えた。余りに早い大王の急死以前に、彼が抱いた構想のうち、現在分っている一つは、アラビアに大王自身の地位をしっかり確立しようとしたことであり、アラビア人がペルシア帝国に対してとった友好的態度を、隷属関係に変えようとしたことである。これは、彼がアラビア周辺に、その軍隊と艦隊のための道を用意すべく送った二つの遠征隊の基本的な考えなのである。西方に向った遠征隊は、ペルシア湾からアラビアの周囲を回るはずであったし、もう一つの隊は東方に向い、紅海からユーフラテス河河口まで航海する予定であった。不幸なことに、大王の死が、この勇敢な、しかし全く理にかなった計画に終止符を打った。

アレクサンドロスの死後、彼の帝国は解体し、東方は多くの国々に分割された。そのうちいくつかはギリシア人の国であり、いくつかは半ばギリシア人の国であり、またいくつかは完全にその土地固有の国であった。ギリシアの影響が退潮したイラン高原は、パルティア王の領有するところとなり、彼らはペルシアの伝統を引継いだ。反ギリシア的バクトリア（アフガニスタン）は独自に成長・発展していった。インドは、まず、ペルシアの、次いでアレクサンドロスの帝国の一地方となったが、再び独立を取戻す。一時的にせよ、そこには強力な帝国が建設されたが、やがて、多くの独立国家に分れた。ギリシアと近東のシリア、エジプト、マケドニアなどアレクサンドロス帝国の強固な地に起った西方の国々は、常に、互いに紛争か戦争の状態にあった。後に、ペルガモン、ビテュニア、ポントス、カッパドキア、アルメニアなどいくつかの小アジアの王国が、この熾烈な競争に参加したのであった。比較的古い国々は、決してヘレニズム文化に疎かったわけではなく、多かれ少なかれギリシア化された王によって統治されたのである。しかし、彼らは、時の経過とともに、驚く程近東の同時代の支配者たちに類似して来たのであった。それらは、キメリア人ボスフォロス、トラキア、ヌビアの王国であった。ヘレニズムの影響が南北アラビアの諸王国に、程度は異なれ、エジプトから浸透していった。

一時は強大であった帝国が分裂しても、その文明の成長・発展が影響を及ぼされることはなかった。インド、アラビア、アフリカなどの産物に対する需要が次第に増大していった。しかし、東方貿易のたどるルートは、ヘレニズム世界の政治において深刻な問題となったのである。シリア王国はそれを専有しようと考え、エジプトの王たちは、自分の領土を通るそのルートを支配するために、可能な限りのことを行い、アレクサンドリアを最大の中継地とした。アラビア砂漠は、その最も重要な地方となったのである。まず、隻眼王アンティゴノスとその息子デメトリオスは、ペトラを領有することによって北アラビアに堅固な足場を築こうと考えた。次いで、シリアの領主であるセレウコス朝とエジプトの支配者プトレマイオス朝は、アラビアの隊商ルートの独占的支配を渇望し続けた。

アレクサンドロスも、彼の後継者たちもアラビアを征服することはできなかった。今日でさえ、イギリス人もフランス人も、その航空機と装甲車をもってしてもアラビアを屈服させることはできない。しかし、目下のところ、武器が役に立たないところでは外交が機能している。それはヘレニズム時代も同じであった。何故なら、シリアのセレウコス朝がメソポタミアをしっかり支配しており、エジプトのプトレマイオス朝がフェニキア、パレスティナ、トランスヨルダンを掌握していたにもかかわらず、和親協商の性格を有する如きものが確立されていたのである。この東部アラビアがもたらす結果として、イラン高原を通過する隊商ルートはセレウコス朝の支配下に入り、アフリカ貿易とともに西ルートはプトレマイオス朝の手に下った。メソポタミアにセレウコス朝は、ティグリス河畔のセレウキアを建設した。隊商貿易の影響の下に、それは、世界最大の都市の一つになった。一方、西においては、オロントス川ほとりのアンティオキアと、その外港、ラオディケア、セレウキア・イン・ピエリアとが、少なからず重要な都市に成長した。この同じ隊商貿易が、セレウコス一世とアンティオコス一世によって、セレウキアからゲラ人の土地に至る道と、ティグリス河から東方へ赴く道とに沿った多くの町邑の基礎をもたらした。そして遂に、商業的配慮からアンティオコス三世は説得されて、ゲラ人の征服という不首尾に終わる試みを強行することになった。一方、アレクサンドリアの発展は、西部ルート及びそれに繋がるインドとアフリカの連結に原因した。アラビア沿岸の二、三の港と、エジプト及び紅海沿岸の多数の港の建設は、同じ影響によるのであった。プトレマイオス二世フィラデルフォスがペトラを服従、もしくは、少なくとも孤立させようとした試みもこの事実に帰せられるのである。

前三世紀末頃から情勢に変化がみられ、前二世紀から前一世紀にかけて更に大きな変革が現れた。そして、長い壮絶な闘争の後、セレウコス朝は、遂にイランの国々を立ち退かざるを得ない情況に至り、メソポタミアをパルティアに譲らざるを得なくなった。しかしその代わりに、彼らは、今や全く勢力のなくなったプトレマイオス朝から、パレスティナとフェニキアを獲得する。シリアとパルティアの戦争は、イラン高原とペルシア湾の隊商路を殆ど破壊した。そして、パルティアによるメソポタミアの征服は、更に深刻な打撃を隊商路に加えた。パルティアはこれらのルートの支配権を得たが、この国は決して安定した中央集権国家にはならなかった。全シリア支配の夢を最後まで放棄しなかったパルティアは、そのためユーフラテス河周辺で常に紛争を起こしたのでそれがこの地方の特徴的な様相とさえなった。

従って、末期のセレウコス朝がパルティア帝国内を通る東部隊商ルートの生む利益を失い、パルティア人からの逃避を計ったことに気付いても、驚くべきことではない。彼らは、他の道によってできるだけ、インドとアラビアの通商を支配しようと努めた。この、他の道とは決して新しいものではない。つまり、記録に残っている時代以前から、彼らは、西部アラビアの道によって、エジプト、パレスティナ、フェニキアへ至るインド・エジプト貿易を行なっていた。しかし、セレウコス朝は、この通商に新たなる方向付けをしたのであった。つまり、この通商は、専らエジプトへ物資を搬入するかわりに、フェニキアとシリアに向けてのみ運んだのであった。

この点で、彼らは少なくとも一定期間の成功をみたものと思われる。何故なら、アンティオコス四世エピファネスが、その臣下の参列したアンティオキアでの祭儀において、金、化粧品、象牙、香料などインドとアラビアからの産物を、その栄光に満ちた先祖が成し得たと同じ程度に顕示することができた事実に示されているからである。この陳覧は、プトレマイオス二世フィラデルフォスや、エジプトの当時の王のそれに匹敵した。インド、アラビア、アフリカとの貿易をできるだけ保持するには、ただ一つのルートがプトレマイオス朝に残されていた。それは、つまり、ペトラが完全にセレウコス朝の影響下に入ってしまうことを防ぐため、また、より重要なことではあるが、インド産、アラビア産、アフリカ産の物資を海路でアレクサンドリアと紅海沿岸のエジプト側の港にまで到達させるため、ペトラのできるだけ十分な支配を維持することであった。

北部アラビア通商におけるかつての中心地であった都ペトラは、セレウコス朝にもプトレマイオス朝にも従属することを拒んだ。この都は両王朝へ、反友好的態度をとることによってその独立を保った。それは、同時に両者の弱点に幸いされた結果でもあった。何故なら、ペトラは、より確固とその手中に、南のアラビア・フェリックスへ至る重要な隊商ルートの支配を引き寄せることができたのである。そして、このルートは、多分、以前、プトレマイオス朝の統制下にあったものである。ペトラは、自らのための海への出口を得ることにも努め、前二世紀か前一世紀の一時期、アカバ湾のアイラ、現在のアカバ、と紅海のアラビア沿岸にある「白い村」(レウケ・コメ)を、自分の港にする程に成功した。ペトラがパルティアと直接の接触をもつようになったのは、この時代か、それより少し前であった。その接触はゲラと、パルティアの半独立的属国であるティグリス河河口のカラックス王国のルートを介してであった。末期のプトレマイオス朝は、ペトラに関する積極的なプトレマイオス二世の政策を更新するには余りに弱体化していた。しかし、一つだけ彼らにとって可能なことがあった。それは、つまり、多くの船団を送り出すことであり、それによって、ペトラの通商権から自らの貿易を自立させることができるのであった。そこで、彼らがアラビアの港に寄港せずにインドへ向うルートを探し求めたことが分っている。勇敢な商人が、代わるがわるそれを試みた。たとえば、クニドスのエウドコスが、前二世紀末、二度にわたり成功裡に終わる航海を行なったらしいが、決して孤立した冒険的企てではなかった。その結果、多分前一世紀、そのような商人の一人ヒュッパルコスがモンスーンを発見し、それによってインド・エジプト間の直接貿易が可能になったのであった。

近東におけるヘレニズム時代末期について、あるいはシリア、フェニキア、パレスティナでローマの勢力が漸次確立していったことに関して僅かなことしか分っていない。当時の主要な出来事は、一方におけるパレスティナの増大する勢力であり、他方におけるアラビア人の北部進出と、シリア帝国のいくつかの地域、特にユダヤによって表明された独立への強い欲求であった。北部の地方的アラブ王朝によって統治された独立国家がカルキス、エメサ、エデッサ、それにパルミュラにさえ出現した。同じ頃、ナバタイ人が北部地方にも侵入を開始した。彼らが前一世紀初め、ペトラとダマスクスとの間の隊商路すべてを支配し、同時に隊商路沿いの街々を支配下に置いたことは、文献や碑文から蓋然性のあることと考えられる。ナバタイ人はネジュド以南には進出しなかったことから分るように、同様の拡大が南部に見られないことは注目すべきである。セレウコス帝国分裂の過程は、その中央権力からのいくつかの重要都市、特にフェニキア都市の離脱によって更に一層明らかとなった。

これらすべての出来事が、或る新たな要因に関連せざるを得ない隊商貿易に影響を与えないことはなかった。そのうち最も重要な事実は、北シリアを経由してユーフラテス河に至る旧ルートが今や十分に安全ではなくなったことであった。というのは、旧ルートが貪欲でしかもよく規律のとれていない地方王朝の手中におちてしまったからである。この時代、アラビア隊商貿易の主たる支配者であったペトラは、シリアにおけるパルミュラの成長は、心地に取って代わる場所を探さねばならなかった。隊商都市としてのパルミュラの旧中部分的に、新ルート開拓の野望をもっていたペトラによっていた。それはユーフラテス中流域からパルミュラ、ボスラを経由してペトラへ至るか、或いはまっすぐに砂漠を横断してダマスクスに至るルートで、そのほぼ全域がペトラ自身の支配下にあったと思われる。前二世紀末から前一世紀初めにかけて近東を覆った無政府状態の時代に続いて、ポンペイウスはローマ人の手になる政府をシリア、パレスティナ、フェニキアに置いた。このことは、隊商貿易の市場が今や全ローマ帝国となり得たのであるから、隊商貿易の歴史に新しい時代の夜明けをもたらした。地中海全域とそれに繋がるすべての国々が隊商貿易に開かれた。これに続く長期にわたった内的、外的平和の時代（アントニウスがシリアを分割し、その南部にプトレマイオス朝支配を復興した短期間の内乱を除いて、中断されることがなかった）、帝国の繁栄はアウグストゥス時代から着実に増大し、それに伴って、外国品に対する需要も増えた。

ヘレニズム時代の先人と同じく、ローマ人もアラビア、インド貿易を重要な問題と見做し続けた。彼らはマケドニア人から非常に複雑な状態のままそれを受継いだ。西方の先進諸勢力間の敵対関係と、隊商路支配に関する恒常的紛争には終止符が打たれたものの、アラビア人とパルティア人は尚も存在していた。アラビア人は記録に残った時代以前からの特徴である無政府状態にあったが、パルティア人は征服されないばかりか、西方による征服は不可能であった。

ローマは、セレウコス、プトレマイオス両王朝から東方の隊商路整備の義務も継承した。エジプト貿易に関してアウグストゥスはアラビア人を恐喝した。まず、不首尾に終わるが大きな畏怖の念を起させたアラビア・フェリックスへの遠征によって、次いで、実行には移されなかった第二次遠征の周到な準備によってであった。この時からエジプト商人はインドへの船旅を容易に組織することができるようになったし、必要な際はアラビアの港へ寄港することも可能となった。

シリア北部においてローマ人は、プトレマイオス朝の伝統を受継ぐというよりセレウコス朝の後継者として自らを制定した。ペトラのナバタイ王国を滅ぼし、その結果として、トランスヨルダンの北部隊商ルートをローマの政治的軍事的統制下に置いたのはポンペイウスであった。ローマの名の下に、彼はこのルートに沿ったギリシア都市に自治権を与えた。ペトラが統制し、商人に対しては安全を保障したすべての隊商ルートは以前と変わらなかったし、ペトラの貿易上の影響力さえも昔と同じだったようである。変わったのは純粋に政治的なものだけであった。数次にわたる遠征の結果、前一世紀後半にペトラはローマの属国となったが、ただそれだけであった。ペトラから北の隊商路にある都市は、爾来、今迄にない繁栄の時代に入った。それは、軍事力と行政手腕をもつローマ人が、シリアの歴史で初めて隊商路上の往来を全く安全にしたからであった。その結果がボスラ、カナタ、フィラデルフィア（アンマン）、ゲラサ（ジェラシュ）の場合である。当時、この最後の都市が繁栄の時代を楽しんでいた事実は、フィラデルフィアからダマスクスに至る隊商ルートと、フィラデルフィアから重要な都市スキュトポリスを経由してパレスティナへ至るルートとがジェラシュを通っていたことから証明される。エジプト人は海上貿易を維持していた。その隊商貿易の部分はペトラからトランスヨルダンを横断してエジプトに至るルートを専ら使用した。

東方問題の解決は更に一層複雑で困難だった。高価な努力にもかかわらず、ローマ人はパルティアの制圧が不可能なことに気付いた。そこで、隊商貿易のために、ローマは外交方針を修正し、この件に関してパルティアと暗黙のもしくは文書による合意に達した。その結果がパルミュラであった。もともとは砂漠のオアシスにある名もない集落であった聖書のタドゥモル、つまりパルミュラは、ヘレニズム末期、ペトラの保護の下に急速に発展した隊商貿易の中心地である。それが今や、単に強力な中立国としてだけでなく、ローマ領シリアとパルティアの中間に位置する最も重要な貿易の中心地となった。ローマもパルティアも、シリアの更に北部ルートを支配し防御することが容易でないことに気付き、より短いより安価な代替としてのパルミュラ経由の砂漠ルートを選ぶことに合意した。ユーフラテス河の低地とイラン高原からやって来た隊商は、それ以降、パルティアの強固な要塞都市ドゥラを通過した。そこからユーフラテス河沿いに更に北上する代わりに、パルミュラへの砂漠ルートをとった。そして、ダマスクス、ハマト、あるいはエメサを経由して、アレッポかフェニキア、シリアの諸都市へ向けての旅を続けたのである。後章で、パルミュラとドゥラの殆ど寓話的でさえある後一世紀の発展について更に述べることにする。

アウグストゥスとティベリウスが、ローマの東方シリア政策の基礎を置いた後の隊商路の歴史については殆ど分っていない。しかし、ティベリウスの後継者であるカリグラ、クラウディウス、それにネロは、ポンペイウスの政策に注目したが、その政策こそはアウグストゥスと、特に、ティベリウスが終止符を打とうと考えていたものであったことが知られている。その政策とは近東を属国の王たちによって統治させることであった。それに照らしてみれば、聖パオロの述べていることや、ダマスクスまで及んだナバタイ王の勢力とその領域に関する紀元九三〜四年の碑文を容易に理解できる。彼らは、ペトラからダマスクスを経由してシリア、フェニキア海岸の港に至る北部隊商ルート全域にその勢力を及ぼしたものと思われる。フラウィウス朝およびトラヤヌスと共に、アラビアの歴史、東方貿易の歴史は新しい時代に入る。フラウィウス朝がエルサレムの破壊と略奪によってパレスティナに譴責を与え、殆どのシリア属国をローマ属州に編入すると、ローマの威信は高まった。もはやローマが妥協と外交によるその場限りの政策を続ける必要はなくなったように見えた。ペトラとパルミュラの隷属関係は時代錯誤のように思われた。トラヤヌスはペトラを併合し、パルミュラの支配を強化した。野望に満ちた建設活動が、見事な舗装道路とともにシリアと北アラビアを覆った。

素晴しい石畳の広い道路が、アカバ湾とペトラを、更にペトラと、アンマン、ジェラシュ、ボスラ経由のシリアを、パレスティナにおける隊商貿易の集散地とを結びつけた。レジァの荒地をまっすぐに貫き、パルミュラの市門に至る道路の一部を今でも見ることができる。トラヤヌスによって造られたローマ帝国の軍事的境界線上には、敵から新しい属州を守るため軍事基地、城塞、大小の見張り塔が満ちていた。しかも、それらの施設は守備隊のいる井戸（ヒュドレウマタ）の近くに配置されていた。それらは、恐らく、何世紀もの間ペトラの軍事的保護の下にあった同市の南部隊商路も守ったのである。というのは、エル・エラの近くで発見された駱駝隊（古代メハリ隊）の一員、ローマ軍騎兵の奉納文は、そう考えることによってのみ説明できるからである。

かつてはペトラのナバタイ国に属したローマ植民市ボスラは、アラビア州州都、州長官所在地になる程の繁栄期を迎え、拡大する隊商貿易の大集散地となった。残念なことに私はボスラの美しい遺跡の調査には行かなかったため、直接的な記述はできない。そこは、ローマ軍基地としてまた隊商都市としての奇妙に混合した様相を呈している。紀元二世紀のボスラの建築物は、明らかにペトラより優れていたし、その後の数世紀間、同市の富と重要性はペトラをはるかに凌いでいた。トラヤヌスの死後、隊商がペトラを経由しないもっと短距離のルートを選んだため、ペトラは幾分退潮の時代を迎えた。次第にペトラ商人はその手中から脈々と続いた隊商貿易を逸するか、またはボスラに移住するようになった。

トラヤヌスとその後継者たちは、かなりの期間、隊商貿易と隊商都市におけるローマの政策を定着化させたように見えた。ペトラの出番はすでにめぐり来て、過ぎ去ったのである。今度はパルミュラの番であり、少なくとも名目上、ローマ帝国の都市になったのである。その新政策は隊商都市の発展にとって好ましい影響力を持っていた。紀元二、三世紀はこれらの都市が絶頂に至るときであった。

次いで三世紀の混乱状態が訪れ、戦争と荒廃が帝国内を襲った。ササン朝によって再建されたペルシアがパルティアに取って代わり、新たなる戦争の時代がユーフラテス河流域に始まった。シリアは無政府状態に陥った。皇帝は次々に替わり、地方の族長たちが大胆さを取戻し、以前の盗賊行為を再び開始した。貿易は衰退したが、それを復活し保護する者はいなかった。相互の戦闘に明けくれたローマ軍団はペルシア人やシリアの反乱それにアラビア人に対して無力であった。ついに、隊商都市自身が、救出に乗出した。中でも特に独立していた、最も裕福な、そして最も強力であったパルミュラが、隊商路の通るすべての地域を変革し、隊商貿易の担い手であるすべての地方を単一国家に纏めようと考えた。隊商都市パルミュラは隊商帝国を建設しようと努め、一時的にせよそれに成功した。その政策と終焉は、オデナトとパルミュラの有名な女王ゼノビアの名前によって今日迄記録されている。

しかし、ローマの力はアウレリアヌスとディオクレティアヌスによって復興され、東方支配を喜んで放棄するようなことはあり得なかった。パルミュラと短命なその帝国は滅び、新しい時代が、古代史において始まった。ビザンチン時代である。

隊商貿易はこの危機と続いて起った変化を生きのびたが、その性格は変わった。いくつかの隊商都市、特にボスラやアンマンはその時代を乗越えたが、ペトラとパルミュラはその衛星都市とともに消滅した。本書は、ローマ帝政末期、ビザンチン時代における東方貿易の栄枯や、隊商都市の命運をたどる場ではない。これらの時代は本書の目的にはずれているし、それらを考える史料を私は持っていない。読者は、その問題に関する情報をラムマン神父のメッカとプレ・イスラム時代アラビアについての著作に求めるべきである。またハーバード大学図書館長ブレイク教授は、この時代の経済に関する概説書を準備中であることを私は知っている。それらの本に読者が求めるすべての情報が見出されるであろう。古代世界が栄えた時代の隊商貿易史をたどる目的のため、すでに十分なことを述べたし、次章から触れるモニュメントは、ビザンチン時代初期すでに廃虚と化していたのである。

第二章　ペトラ

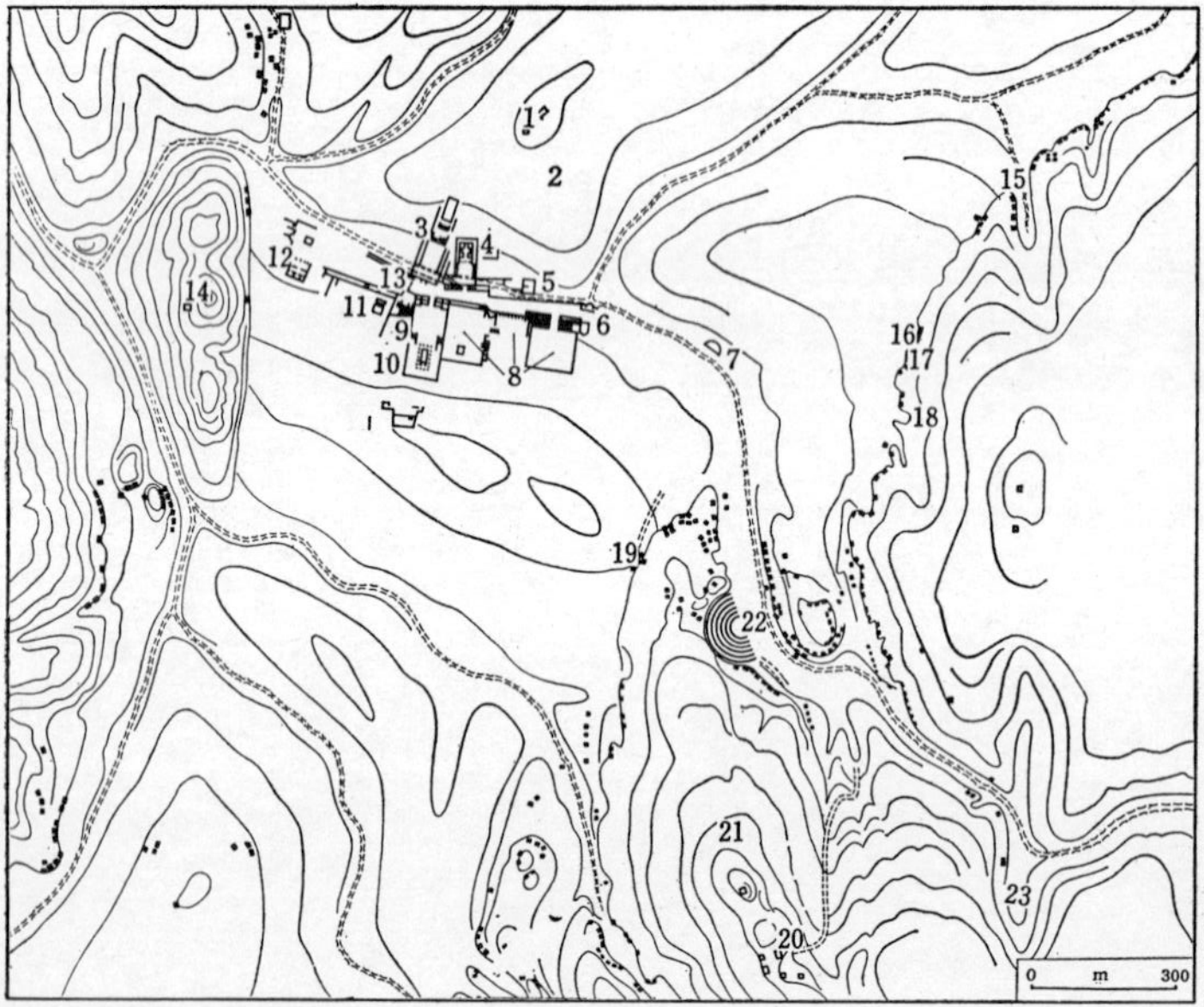

ペトラの遺跡地図

1　ビザンチン時代の教会堂と塔
2　古代住宅
3　ギュムナジウム
4　宮殿
5　ビザンチン時代の建物
6　ニュンファエウム
7　小劇場
8　市場
9　大神殿附属の宮殿（以前は浴場とされていた）
10　大神殿
11　小神殿
12　カスル・フィラウン
13　門（カスル・フィラウンのプロピュライオン）
14　要塞
15　セクスティウス・フロレンティヌスの墓
16　「宮殿式」の墓
17　「コリント式」の墓
18　「骨壺」の墓
19　市門
20　要塞
21　オベリスクと聖域
22　大劇場
23　「ファラオの宝庫」

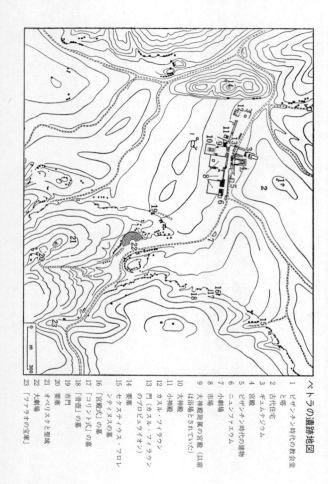

十九年程前、ペトラ、アンマンそれにジェラシュ訪問の起点となるパレスティナを初めて訪れた頃、これらの都市を見て回ろうとする試みは、聖ペテルスブルグ大学の若い教授にとって辛うじて遂行できるような長く困難な旅であり、複雑で出費のかさむ仕事であった。この三つの遺跡を踏査するには、キャラヴァンを組織し、ガイドを雇い、トルコ官憲からはイラデ（皇帝の許可）が必要とされた。しかし、これらの事情は、今日のパレスティナにおいては一変した。英国人が現われ、彼らが来る前の古代ローマ人のように、そこに秩序と安全、道路と新しい交通手段をもたらしたのであった。パレスティナにおいて自動車が駱駝を凌駕する一方で、スルタンのイラデ、領事館のカヴァス（旅行者護衛警官）、それにトルコ警官は、トーマス・クック旅行社とその饒舌なガイド、それにトランスヨルダン王国の警察に代わった。アンマンには比較的清潔なホテルが出現し、ジェラシュにも同様の施設が開設されることになっている。ペトラの峡谷にはトーマス・クック社が仮設ホテルをすでに造っていた。その客室はテント張りか、古代ペトラの摩崖墓、洞窟住居、洞窟厩が利用され、大食堂は、別の大きなテント張りに設けられた。旅行者は、以上のような改良の結果をたどればよい。ジェラシュやペトラを訪れる人々は、もはや今迄のように個人単位によるのではなく、十人単位、百人単位で数えられるようになるであろう。そして、近い将来旅行者は何千人にもなることであろう。

パレスティナとトランスヨルダンの新しい統治者は、この地方の観光を促進するために最善の努力を払っている。住民はこの政策に対して反対も賛成もしていないが、それは、多分、民族的に異なる起源を有するためである。その中には、ロシアからトランスヨルダンへアブドゥル・ハミッドによって移住させられた都市生活者であるサーカシア人がおり、残りは、レヴァント人もしくはパレスティナ・ユダヤ人である。彼らは新たなる居住者であり、法を犯さずにつまらぬ骨董品や土地の貧弱な産物を売りつけて外国人を食い物とすることに喜びを見出している。砂漠から来たベドゥイン族は旅行者に不快の念を表わし、彼らの旧い習慣である追剝ぎに戻ることを嫌ってはいない。しかし、そのような行為には高い代償が支払わされるのである。というのは、ペトラへ行く道の途中にあるマーンに新トランスヨルダン領の基地が設営され、飛行機、兵舎、装甲車用車庫などを配備したイギリス軍が駐屯しているからである。その騎兵隊は、古代ローマ軍と同じく馬や駱駝を用いているが、駱駝隊とは呼ばれず、「メハリ（競走用駱駝）」隊と呼ばれている。装甲車と飛行機は常に完全な整備が施され、砂漠のベドゥイン族を攻撃するため、彼らの不意打ちや外国人誘拐に適切な対応をするため、臨戦状態にある。その結果、欧米の婦人が狂暴なアラビアの族長に拉致されるような可能性は極めて少なく、ペトラのテントの中で起るかもしれないロマンチックな出来事程度を期待するしかないのである。

アンマン、ジェラシュ、ペトラへ行くため他の多くの人々と同じように、私と妻も、トーマス・クック社の平凡な業務を利用した。旅行の費用は高くついたが、私たちはペトラの完全な調査を行うため、それ以上によい方法を見出すことができなかったからである。もしアンマンとジェラシュだけに行くのであり、ペトラに行かないことを気にとめないのであれば、クック社の業務を無視することはできる。何故なら、エルサレムにあるパレスティナ・ユダヤ人運転手事務所に申込めばよいからである。そこは若いシオニストによる活動的な組織で、その殆どがロシアからの移住者によって構成されている。全く面倒がないわけではないが、彼らの手助けだけでアンマンとジェラシュを大した費用もかけずに訪れることができる。しかし、私たちはペトラに魅せられていたので、パレスティナで数日を過した後、トランスヨルダンに出発した。

パレスティナは長いこと考古学者に愛されて来た土地であった。コンスタンティヌス大帝や聖ヘレナ、そしてその後の多くの訪問者たちが聖地での発掘を開始した。一方、トランスヨルダンは、その過去についての研究に関する限り新天地であった。つい最近迄この地方における発掘は行われず、また行うことができなかった。今でもペトラ発掘の許可を得ることは決して容易ではない。事実、ペトラ考古学会が創立されたのは、私が調査に赴いた翌年になってからである。学会は、ヘンリー・モンド氏が寄附した基金によって一九二〇年の二カ月間、現地で調査を行い、トランスヨルダン考古局の局長ホースフィールドとアグネス・コンウェイ嬢が調査団の指揮に当った。しかし、ペトラの仕事は翌年から宙に浮き、それがいつ再開されるのかを私は知らない。調査結果は未だ完全に公表されてはいないけれど、その最大の成果は、年代比定の可能なあの珍しい陶器類であろう。それらは、より重要なペトラの建築物や廟墓の正確な年代決定に重要な役割を果すものと予想される。この調査団が発見した資料は、現在、すべて、ケンブリッジのフィツウィリアム博物館に収蔵されている。

ジェラシュとアンマンで数年前発掘が開始され、地表面の調査結果の整理に続いて、埋蔵物の研究が行われている。アンマンではイタリア人考古学者グイディが街を見下ろす城塞の発掘を開始した。彼はその中の非常に興味深い宮殿を発見し、ササン朝ペルシアが短い期間ではあるがこの街を支配した事実を明らかにした。現在、もう一人のイタリア人学者が仕事を続けているが、アンマンは発掘を行うには困難な場所である。というのは、コーカサス人の平凡な町が急激に発展して、大きなしかし清潔とは言い難いトランスヨルダンの首都となり、新市街が古代の街を覆ってしまったからである。街の大通りの下になってしまったため、隊商路の発見は、今や、殆ど望みようがなくなってしまった。しかし、川底に穹窿式の橋の一部が残っているし、道路は列柱、公共建築、凱旋門などで整備されていたことが分っている。大神殿や神域、今でも部分的に残っている公共浴場、それにキャラヴァンサライが道路に沿って建っていた。実質的に完全な状態で残っている劇場の素晴しい遺構は、周囲に何もない川岸で一際目立つその雄大さを誇り続けることであろう。それはローマ時代の古代都市が有していた富と規模の永遠の証しであり、また現在の街が古代のフィラデルフィアに少しでも近づくために必要な改善を喚起させる意義を有している。

ペトラとジェラシュの事情は全く異なる。ペトラでは貧しいベドゥインの居住者が、いくつかの洞窟住居と、広大なネクロポリスにあるいくつかの墓を占領しているだけである。そのため古代都市の中心部には人が住みついておらず、遺跡の大部分は何らの妨げもない状態にある。ジェラシュのアブドゥル・ハミッドによって造られた新しいコーカサス人集落は、古代街区の場末を占めているだけであり、川の東側に位置する。古代都市の中心にある街路や公共建築は素晴しい遺構の集まりで、実にユニークな遺跡である。東でこれと比較しうるのはパルミュラだけで、西には、北アフリカの諸都市を含めて比肩しうる遺跡はない。

ペトラに関しては多くのことが言われているし、すでに書かれたことを再び繰り返すつもりはない。私はこの都市を千夜一夜物語の不思議な出来事にたとえてみたい気持にかられるのである。川の流れが暗褐色の岩の中に造ったそれ自身の通路となっている峡谷へ周囲の高まりから下りて行くと、この世のものとは思えない大きな瘤のようなものに目が奪われるであろう。それは、砂漠の金色と、丘陵の緑の中にあって、赤紫色の生肉の固まりが置かれているかのようである。正に異様な情景であるが、馬に乗ってゆっくりと峡谷へ降りてゆくと、その異様さは更に大きくなる。上に行く程狭くなる峡谷の岩壁は、赤、褐色、紫、灰色、緑の色層の彩りをもち、左右にそそり立っている。目がくらむような明さと真黒な陰による明暗の対比の中に荒々しさと美しさがある。しかも、この峡谷は何世紀もの間、駱駝やラバや馬の通る幹線道路であった。我々と同じようにベドゥインも畏怖と神秘的な魅惑の念をもってこの道をたどったであろうことを如実に想起させてくれるのである。その上、目の前に突然現われるのが、犬歯装飾をもつ廟墓のファサードや、垂直な岩壁の上にたつ祭壇である。それらにはナバタイ語で神々への献辞や祈願が記されている。私たちのキャラヴァンはゆっくりと峡谷を進んだ。思いがけない曲り角迄来ると、前方に太陽の光にきらめく赤味がかったオレンジ色の何かが見える。それは神殿か廟墓の正面ファサードのようであった。美しいペディメントを支える瀟洒な円柱とアーチが、彫像の納まった壁龕の枠組を形造る。古典主義の衣服をまとって私たちの前にたち上っているが、古代に造詣の深いものにとっても新しい意外な様式によっている。どこかのヘレニズム様式の見事な劇場の舞台か、ポンペイ壁画、それも第四様式ではなく第二様式の壁画が岩に彫り込まれているかのようである。しかし、そんな対照はほんの数人の旅行者の心に浮かぶだけであろう。他の人々は、せいぜい、そこにバロック、ロココ時代の宮殿や庭園のパヴィリオンを見るくらいで、岩壁の豪華な壁龕の造りも、そのような様式による住宅や教会ファサードの壁龕と比較する程度である。しかし、バロックやロココを想起せしめるこの遺構は一体何なのであろうか。神殿であるのか、それとも廟墓であるのだろうか。そして何時の時代に属するのであろうか。

このような疑問に学者は明快な答えを出してはいない。一般にイシス神殿とされているが、私は誤りのように思う。この建物が神殿であって廟墓でないことには賛成であるが、エジプトの神とその侍神に献ぜられたとすることには疑問がある。むしろ、テュケーとかフォルトゥーナという土地の女神の座所で、つまり、ペトラの守護神の神殿ではないだろうか。イランのフヴァレノ神やセム系のガド神のヘレニズム的対応神であり、同時に、ペトラのアラブ人にとって大きな力をもっていた神、月神のアッラートではないだろうか。同一の女神が後代のペトラ貨幣にも表わされている。彼女とともに、ギリシア起源の二人の男性神が崇拝されていた。ギリシア人からはディオスクーロイと称され、一方は暁の星、他方は黄昏の星を意味した。この二つの星が、海を渡るギリシア人の道しるべとなり、一方、ペトラのアラブ人にとっても、暗い砂漠を横断する際、二つの星は真の道案内人の役割を果したのであった。水と繁栄をもたらす道、外国へ続く道をその星は示し、また、生まれた地へ再び戻るときも、旅人を見守ったのであった。

神殿の建築年代が次なる問題である。紀元二、三世紀説は、やはり正しくないと私は考える。建築様式はいかにも軽やかで優雅であり、装飾も非常に上品なしかも生気に満ちたものである。その上、ポンペイ壁画第二様式との関連性は明らかなのであるから、神殿はギリシア人美術家によってヘレニズム末期のある時点で造られたものと確信している。

この地点から峡谷は生命に満ち溢れる。死者を祀る家々のファサードがその両側に建並び、数えきれない墓が峡谷をうずめ、岩壁をそのファサードが満たしている。アッシリア・タイプの見事な銃眼壁で装飾された大きな塔状祭壇が見えて来る。それらは浮彫状に深く岩壁に彫り込んであるため、全く独立した建物のように見える。このため、規模は小さくとも量塊性のある同じタイプのファサードが、浅く深く浮彫りされる場所を祭壇の周囲を取り巻く岩壁に造っているのである。この土地固有の様式によるファサードに並んで、ヘレニズム様式のファサードが現われる。柱廊と、ギリシア様式もしくは地方様式の柱頭を戴せた円柱とから構成されている。ときには、ファサードがギリシア彫刻で装飾されたこれらヘレニズム様式のものは、一、二層の高さ、もしくは三層にまで達する場合がある。

死者の幻想的な街であるネクロポリス全体やあるいは、巨大でおとぎ話にも出て来るような劇場の舞台が目の前に広がって来る。峡谷は次第にその広さを増す。しかし、ここでは、古い幾つかの廟墓のファサードは、岩を切開いてきらめくような観客席を備えた劇場

「ファラオの宝庫」 アラビア語でエル・カスネ・フィラウン（ファラオの宝庫を意味する）と呼ばれるペトラで最も壮麗な遺構。確証はないが神殿というよりも廟墓であったと考えられる。建造年代は長く論争の的であったが、カスル・フィラウンの建築様式と良く似ていることから前一世紀末から後一世紀前半に造られたとする説が最近有力である。

エス・シクの峡谷から見た「ファラオの宝庫」　ペトラへ行くための現在最も一般的であり、古代においても同様であったルートはエス・シクの狭谷を辿る道である。西側に切り立つというより覆いかぶさるような岩壁に挟まれた暗い狭谷から、突然、日の光に当り輝くばかりの「ファラオの宝庫」がその姿を現わす。

「宮殿式」の墓と「コリント式」の墓　ペトラに数多くある摩崖墓のなかでも特に美しい墓の一つである。上下三層から成る正面ファサードの複雑に配された片蓋柱や、幾層にも重なるアーキトレーブやフリーズから成るエンタブラチュアは、正に「宮殿」の名にふさわしい。その南隣りには「コリント式」の墓がある。後一世紀に造られたと思われる。

カスル・フィラウン　ペトラの大通りの西端近くに位置する。現在神殿の内陣を囲む壁体と柱礎しか残っていないが、一部に壁面の漆喰装飾も認められる。前部（プロナオス）は袖壁の間に四本の柱を有するイン・アンティス形式であり、内陣は三つに間仕切りされている。プロナオスと内陣を合わせるとほぼ32 m四方の正方形という珍らしい平面を持つ。層位学的発掘調査と碑文によって、ナバタイ王アレタス四世の在位（前9年～後40年）初期に造られたことが明らかとなった。

エッデイル　ペトラの市街地になっている低地から北西へ渓流沿いの急峻な道を昇ったこのモニュメントと同名の高台にある。エッデイルの正面ファサードは「ファラオの宝庫」や「コリント式」の墓の形式と同じである。しかしそれらよりもナバタイ的要素を多く持っていることから前二世紀中頃造られた廟墓であると考えられる。一方、前一世紀初頭のナバタイ王オドバスを神格化して崇拝した神殿の可能性も近くから出土した碑文によって依然として残っている。

大通り　両側に神殿、宮殿、市場などが建ち並ぶペトラのメインストリートである。後一世紀頃に整備された街路と考えられる。遠方の岩壁には「宮殿式」の墓や「コリント式」の墓が見える。尚、この写真をとった地点背後にカスル・フィラウンのプロピュライオンとしての役割を有する門がある。

建築装飾　いずれの建物を装飾していたかは不明である。女性像はペトラの守護神のテュケーを表わしていると考えられる。その上に置かれた石の表面には海のケンタウロスやネレイデスが彫られている。ヘレニズム美術の様式と主題を示す作品であり、後一世紀のペトラにおけるこの美術の影響の大きさを物語る。

にその場所を譲るため壊されてしまっている。右側の岩壁は、全く驚嘆すべきファサードで覆われている。それらはヘレニズム時代の廟墓で、すでに映画でもしばしば再現されているためよく知られている。その先の川の両岸をペトラ人商人は自分達の街を建設するために選んだ。周囲が垂直の岩壁に取囲まれ、その表面に何千という墓室が刻まれているので噴火口のようでさえある。

旅行者にとってペトラはただ単に墓の街というだけでなく、岩を切開いた神域によって取囲まれた都市でもある。それらはいたるところに見出すことができるし、また概して保存状態が良好である。急峻な小径が、生きた街から、それを取巻く死の街を通って、山の頂へ至る。記録に残る以前から土地のベドゥインたちは、ヘレニズム化した子孫たちのように神殿においてではなく、天空の下で神々へ敬意を表するためそこに赴いた。ペトラの主神は、太陽の神ドゥシャラと月の神アッラートであった。彼らは人間の姿としてでなく、物神としてあるいはオベリスクとして、礼拝を山の頂で待っていた。ドゥシャラの象徴は男根の形をしたオベリスクであるか、または天空から降ってきた黒い隕石であった。その種の石は現在でもメッカにある。山頂の神域では血腥い犠牲式が、後の廟墓建築の祖形となった岩から切出された簡単な祭壇で行われた。礼拝のため山頂の祭壇にやって来たのは半ば未開の遊牧民とアラブ人の一族や家族たちだけではない。街に住む人々も急峻で狭い参道を昇って来たのである。街の中にある神殿は時流にのった市民の寄進を反映している。

しかし、敬虔な信者たちは山頂へ登り、昼間は、生命を授けてくれた永遠の太陽の日差しを浴びて、その身近にあることを感じ、夜は、銀の月の光に身を包まれて密やかに偉大な神秘性をたたえた女神との合一を感じたのであろう。

新たな景観が現われる。山の裂け目から滝のような水が流れている。それは生き物のような、生命を与えてくれる水のほとばしりである。そして、ここにも予期した通り神域があった。それは覆いかぶさるような岩の下の洞窟で不思議に和やかな光で満ちていた。小さな参道があった。この道を通って、生命を蘇らせてくれる水を求めて巡礼者が集まり、質素な食事を摂るための食堂としても利用された。

墓や神域は数多くあるが、それらに加えて、かつては活気に溢れた街が栄えていたのである。モハメッド時代以前のメッカが、ジェラシュやアンマンそれにパルミュラと大して違わない街、言換えると、隊商都市であったように、ペトラは裕福で商才に長けた商人の街であった。しかし、円環状の赤い岩稜の中にある幻想的で個性的な街でもあった。商人の街としての部分は殆ど何も残っていないが、その平面プランを今でも見出すことができる。実際、つい最近、ドイツ考古学者でありベルリン博物館館長のヴィガントは、今次大戦中に街の歴史上初めて、その平面図を描き上げることに成功した。そして、この図面に、すでに述べたイギリス隊がいくつかの新たなる事実を付け加えたのである。

ペトラの地形的輪郭は明らかで、ペトラと外界を結んでいる三つの峡谷が街への主な入口である。バブ・エス・シクと南のトゥグラ、それに北のトゥルクマニエである。後代の街区はより古い街とは一致しないようで、聖書や初期の記録によると城塞都市、洞窟都市であったようだ。城塞は多分エル・ハビスの上に建っており、ペトラの盆地と後代の建物を見下ろしていたのであろう。

北側のエル・ハビス城塞に近い二つの峡谷エス・シャグとエル・ムエイスラはホースフィールド氏とコンウェイ嬢が調査を行い、そこで岩壁に彫り込まれた数戸の大きく豪華な住居跡を発見した。そのうちのいくつかは後代に墓として改築されていた。盗掘されていない墓は殆どなかったが、比較的年代の古い陶器が発見された。この事実は、二つの峡谷の洞窟住居が、初めて隊商路の中心地になった繁栄期におけるペトラ住民の住処であったことを物語る。

これと関連して、アフリカでは決して珍しくない地下住宅を、これらの洞窟住居が想い起こさせてくれたことに触れておこう。ブッラ・レギアの名前で知られたチュニジアのローマ時代に栄えた半地下都市のことを知っている人は少ない。しかし、トリポリに近い同様の街、アラブ人とユダヤ人の住むガリアンはしばしば訪れる人があるし、その街を見たことのある人なら私の言わんとすることが理解されるであろう。

ヘレニズム末期からローマ時代にかけて、ペトラは峡谷に下りていき、地下都市から、地表を占拠した都市にその性格を変えた。今でもその遺構をたどることのできる城壁を都市の周囲にめぐらしたのはこの頃であろう。しかし、この城壁は現在でもよく残っているビザンチン時代の壁と完全に一致するわけではない。ペトラの古代城壁の建設年代は不確かであるし、城壁の周辺とその基礎の発掘が為される以前にこの問題を研究しても無駄である。しかしながら、前四世紀末から前三世紀初めに記述をしたディオドロスも、前二世紀末の状態を伝えているストラボンもペトラの城壁に関しては何も触れていないことを記しておこう。それ故、ナバタイ時代初期には城塞だけが防御施設であり、城壁をめぐらせたのは、ヘレニズム時代末期の混乱状態に乗じてシリア・アラビア帝国建設が可能であった時代のナバタイ王と思われる。

城壁内の都市計画は隊商路によって決定されている。中央街路は、一部水路化され一部は被覆されている主要な川、ワディ・ムーサの流れに従っている。今でもその遺構を残す所謂凱旋門と呼ばれる装飾の施された門は、その下に川の流れる街路をまたいでいる。中央街路の片側、街の西側台地には神殿や公共建築が、街を見下ろすような基壇の上に配置されている。二つの神殿が尚も堂々とした姿をとどめている。カスル・フィラウンと呼ばれる一つは、ケッラ（内陣）の壁に漆喰浮彫装飾を今も残している。三つの大きな市場の概要を確認することは尚可能である。あるところでは取引が結ばれ、あるところでは銀行業者、商人、仲買人、それに代理人たちが商売に励み、あるところでは金や貴石が交換され、またあるところでは、しょうがの皮や立麝香草が甘く香り、インドやアラビアから運ばれた芳香な樹葉や樹根、それに快い香水の香りに満ちていた。

少なくとも街の住居区の一部は、時代が下っても洞窟住居から成り、他の一部は中央街路の反対側に建つ住宅によって占められていた。そこには、諸王の王たる者の大宮殿の周壁が、その他の大邸宅の壁に接して建っていた。

街並、神域、住居、それに廟墓のファサードなど遺跡全体は見事であるし、非常にロマンチックであるが、この都市の歴史を語るものはごく少ない。建物は長い年月の塵によって今もはっきりしないままであるし、廟墓のファサードも年代比定は困難である。碑文は単調で乏しい内容しかない。ペトラの歴史上の展開と建築の発展に関するすべての学説は「宙に浮いた」ままである。トラヤヌス時代にその重要性をなくしたと考える学者の推測は、紀元二世紀がペトラの最盛期とする学説と同じように不確かである。現在ある唯一の確かな資料はフランス人ドミニコ派のジョッサン神父とサヴィニャック神父が手に入れたものである。二人はペトラ人の隊商都市エル・ヘグラにあるペトラ人商人の同じ種類の墓の碑文と建築を徹底的に研究した。現代の学者によってその発展過程に従って感嘆すべく分類されたペトラの墓のすべてのタイプが、紀元一世紀、つまり帝政初期に用いられていたことを我々は明確に認識している。しかし、完全にヘレニズム化されたファサードをもつ墓のタイプが欠けているのである。この事実は、このタイプの墓がアウグストゥス時代より後の、多分トラヤヌス時代に属することを物語っている。しかも、この種の墓は非常に豪華で見事なものであるため、ペトラの街が衰退の傾向を示す時代に建設されたことはあり得ない。

従って、私は、隊商都市ペトラが繁栄と衰退の交互する時代を経験したと考える。その経歴はペルシア帝国時代に始まる。そして、政治的にも経済的にもペトラにとっては困難なヘレニズム時代初期が来るのであった。その黄金時代はヘレニズム時代末期に始まり、通商は予測し得ない程に広がったのである。北のフェニキア都市シドンやイタリアで我々がペトラ人商人に出会いはじめるのはこの時代である。たとえばポッツオリで彼らは強固な財力のある社会を構成し、彼ら自身の神殿まで持っていた。あらゆる重要な隊商路の擁護が彼らの手中にあったようだし、その結果、彼ら自身の隊商帝国を創建したのもこの時代だった。その期間は、短い途絶はあったにせよ、少なくとも三世紀間は続いた。そして、この間、つまり前一六四年からトラヤヌス帝時代までの間、はっきりと名前の分っているナバタイ王が三人しかいないことは意味深いことである。アウグストゥス時代は比較的衰退気味の時代であったと考えられるが、このことも絶対的に確かなことではない。

トラヤヌス帝時代以降、ペトラは新しいアラビア州の最も重要な商業の中心地ではなくなった。しかし、裕福な市民は尚も城壁内に住み続け、自分達と子孫のために豪華な廟墓を造り続けた。この頃、交易の中心は徐々に政治的中心都市であったボスラに移っていった。当時の歴史がペトラの黎明期と同じように暗黒に閉ざされているため、この最終的な衰退期がペトラでどれ程続いたか分らない。

今迄述べてきたペトラの起源と終焉についての概略は建築モニュメントの分析、貨幣の研究、それに普通ナバタイ語で書かれた碑文に基づいている。ギリシア語の碑文はごく稀にしかない。碑文の大部分はペトラがあるその地点からではなく、アラビアにあるペトラの管轄地や、その商業権益の影響下にある地域からである。

しかし、貨幣や碑文はただこの街の発達に関する一般的な概念しか与えてくれず、ナバタイ人の神々や王の名前、ペトラ人市民や部族や氏族の名前を教えるだけである。つまり、ペトラ人の関心事や職業、政治機構や経済組織については殆ど何も語らない。時折、支配者や将軍、いくつかに分れた州の軍統治者による封建王朝に関してこの種の史料から学べることがあっても、それらはすべてナバタイ王国に属するのである。また、隊商路の防御や、ナバタイ王国のシリア、アラビア国境の守備に従事していたペトラの騎兵隊およびメハリ隊隊長の名前にも出会うことがある。面白いことに、軍指導者や地方の統治者の職名はアラム語ではなくギリシア語で、ストラテゴス（行政官）、エパルコス（州都督）、ヒッパルコス（騎兵隊長）、キリアルコス（千人隊長）と呼ばれた。ナバタイ人がその領土に北のヘレニズム化された地域を合併し、その領民にとって決して耳新しくはない軍事的社会的制度を設けねばならなくなったとき、彼らがこのような職名を必要としたことは明らかである。パルティア人も同じ時代に同様のことをせねばならなかった。ナバタイ人が、役人たちをストラテゴス、エパルコスと呼び、将軍たちをキリアルコス、ヒッパルコスと呼んだのは新しい領民のためであったし、何人かの王が「フィルヘレネス」(親ギリシア)の態度をとったのも彼らを喜ばすためであった。しかし、以前からの領民にとっては、「生命を蘇らせ救ってくれた王」であり、「民衆を愛する王」のままであった。

このような名称の背後に、このような統治者や軍団の背後に、北から南へ、南から北へゆっくりと移動し、ペトラに必ず立寄るわけでもない幾多の隊商を統御していたしたたかな商才をもつ王族の力を感じるのである。パルミュラにおいても、またジェラシュにおいても、様々の要素が混り合った都市ペトラ程に商業と隊商活動の脈動を明瞭に感じさせる都市は他にない。隊商の統率者である砂漠のベドゥイン族がもつ炎のような信念と山師的な商人のもつ熱烈な活力との結合が、これ程はっきりと感じられるところも他にはない。この素晴しい結合こそがモハメッドをもたらし、その強力な帝国を存在せしめたのである。私はメッカに行ったことはないが、ペトラの環境はメッカのそれによく似ているし、モハメッドのアラブ人がいかにして世界宗教を創り上げることができたのか、いかにして世界に広がる帝国を建設しシュメール人とバビロニア人の夢を実現することができたのかを私が初めて気が付いたのはペトラにおいてである。その様な夢がユダヤ人をとらえることは決してない。彼らは最初から余りに一つの国にこだわりすぎていたし、不十分な柔軟性と融通さしか備えていなかった民族であった。宗教史、文化史、政治史の上でアラブ人が果した役割を理解したいと思う人に私はただ一つの示唆を与えることができる。それはペトラに行くことである。そして世にも不思議な盆地の中で幾晩かを過ごし、耳を澄ましてジャッカルの夜のコーラスに聞き入ることである。山の頂にある神域に参拝してみることである。そうすれば、昔この地方で最も素晴しい隊商都市であったペトラの過ぎし日について何かを感じることであろう。

東方の砂漠を越え
何処へ駱駝はコショウを運ぶ

第三章　ジェラシュ

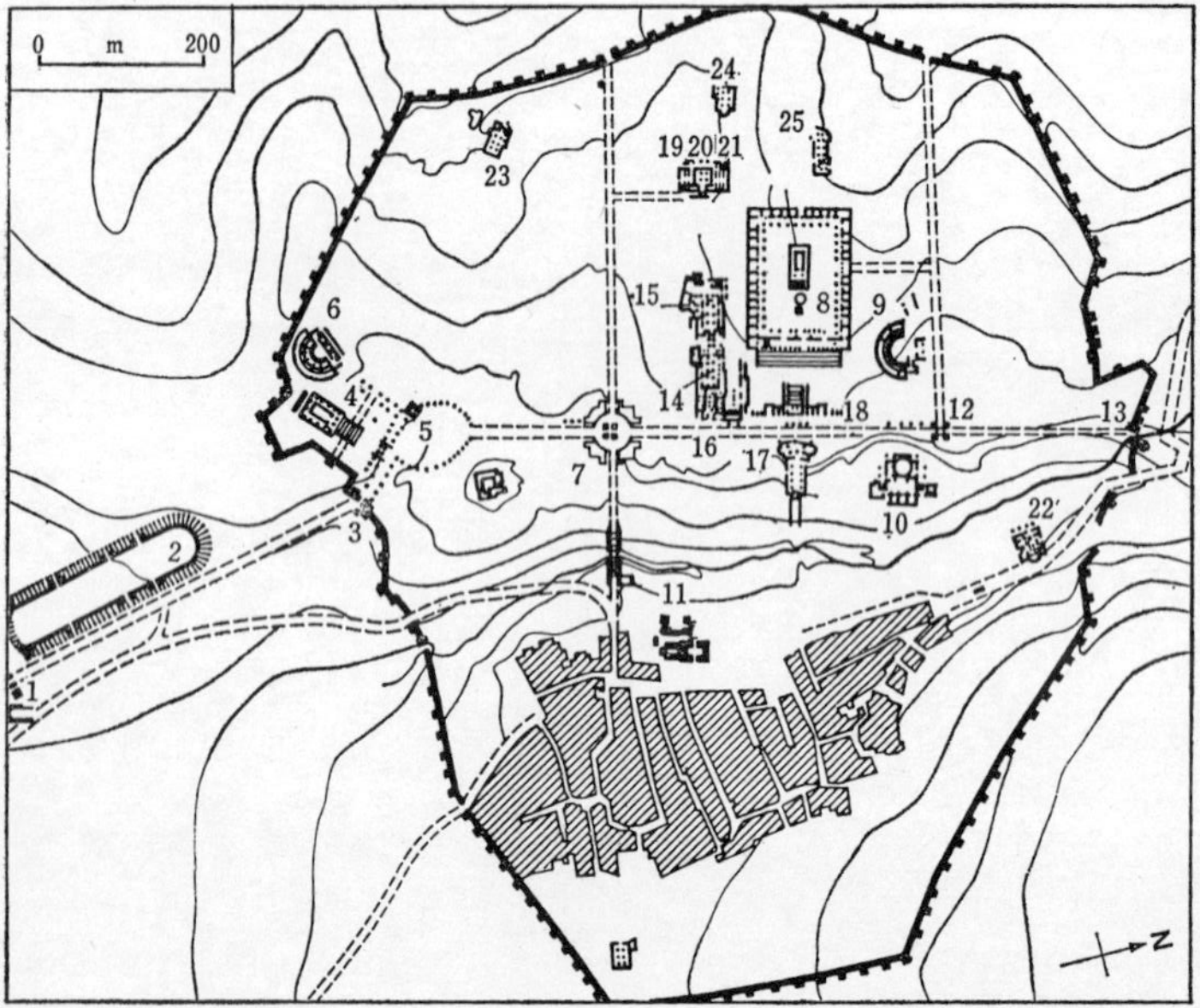

ジェラシュの遺跡地図

1 凱旋門
2 戦車競技場
3 南の市門
4 ゼウス神殿
5 広場
6 劇場
7 南のテトラピュロン
8 アルテミス神殿
9 劇場
10 西の浴場
11 東の浴場
12 北のテトラピュロン
13 北の市門
14 聖テオドロス教会堂
15 泉水のある中庭
16 ニュンファエウム
17 プロピュライオン
18 プロピュライオン
19 聖ゲオルギウス教会堂
20 聖ヨハネ教会堂
21 聖ダミアノス教会堂
22 マルティリウム
23 聖ペテロ・パウロ教会
24 ゲネシウス教会
25 シナゴーグ

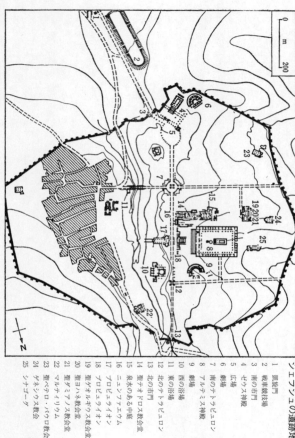

ペトラの誕生は、インドや南アラビアからエジプト、シリアへ通じる重要な隊商路によっている。アレクサンドロス大王の時代に続くヘレニズム時代だけでなく、後代のローマ保護下にあったときでも、ペトラは近東で最も繁栄した都市の一つであった。第一章でトランスヨルダンとペトラの歴史について少し述べた。ここではすでに述べたいくつかの事実を再び想い起さねばならないし、より一般的に概観する場合言及できなかったいくつかの見落せない細部を付け加える必要もある。

ペトラによる貿易が、少なくともペルシア帝国隆盛期には発達した段階に入っていたことは明らかなように思われる。その頃には、安定した交易がペトラとエジプト、シリアそれに多分バビロニアとの間に行われていたし、ペトラと南アラビアの諸王国との間にもあった。しかし、残念なことにいずれの交易に関してもはっきりとした史料はない。この時代の歴史は、エジプトに関しても、シリアに関しても、ましてサバ国、ミナ国、リフヤーン国に関しても余りに少ししか判明していない。

前四世紀頃にはすでにナバタイ王国は成立していた。それは一部の学者が指摘するように盗賊と海賊の社会としてではなく、組織化された商業国家であり、十分に考慮された明確な政策を持ち、近隣の勢力によって脅かされる自由のための力強い抵抗力の保持を意図していた。アレクサンドロス大王がナバタイ人に対してどのような態度をとったか分らないが、彼の直接の後継者たちはこの活気ある隊商都市への干渉を躊躇するようなことはなかった。大王の後継者の中で多分最も精力的な、最も才能ある隻眼のアンティゴノスとその息子デメトリオスによって最初の試みが成された。彼らの意図はエジプトからのペトラによる貿易を排除して、直接エジプトからフェニキアの港へ向かわせることであった。そのため、彼ら、もしくは更に有能であったと思われるその後継者ペルディッカスは、初めてトランスヨルダンに兵站所を設けた。それはペトラから北のパレスティナやフェニキアの港へ旅する隊商を保護するのが役目であった。しかし、アンティゴノスとデメトリオスの努力は失敗に終わり、ナバタイ人は独立を維持したのである。アレクサンドロス大王の継承者としてエジプトを統治していたプトレマイオス朝とナバタイ人の間の関係が短期間に樹立されたわけではない。この二つの勢力の初期の交流がどうであったか殆ど明らかではない。しかし、前三世紀までには、世界一の商業港アレクサンドリアとフェニキアの商業都市を支配していたプトレマイオス朝は、ペトラを彼らの支配下に置き、その命令に従属させるため、彼らの完全な影響下にある地域によってこの隊商の街を取囲もうと目論んだことは確かである。プトレマイオス朝は明らかにインドと南アラビアとの貿易を自分の港にできるだけ引寄せ、ユーフラテス河ルートを完全に支配していたセレウコス朝とヨーロッパ市場において競争すべく努力していた。ペトラの完全な独立、つまりアレクサンドリアやフェニキアへ行く途中の隊商に対してペトラが課している高い関税を許容することはできなかった。それ故、ペトラを屈服させるべくプトレマイオス朝がこの街を迂回して南アラビア貿易を行うための様々な手段を講じたことは決して驚くべきことではない。この政策によって、アレクサンドリアを統治した最も賢明なる商人といえるプトレマイオス二世の海路によるエジプト・南アラビア交易発展のための熱烈な努力が説明される。彼がナイル河と紅海を結ぶ水路建設に再び着手し完成させたこと、紅海のエジプト側に多くの港を開設したこと、アラビア側のギリシア人の港を建設するに当って彼が恐らく援助したこと、アラビアの隊商支配に関してミナ王国を継承したリフヤーン王国に確固たるエジプトの支配権を確立したことはすべてこの目的のためであった。

その結果、以前はミナ国の、今や、リフヤーン国の隊商基地となったエル・エラとエジプトの間に緊密な同盟が生まれた。多分ファユームで発見された石棺の興味ある碑文がこの事情を浮彫りにしている。エジプトの神官であると同時に、エジプトの神殿と南アラビアの商人との間をとりもつ仲介商人であったあるミナ人商人についてである。彼は神殿に香料を提供し、逆にアラビアへは自分の船で良質のリンネル（古代亜麻布）を運んだ。このリンネルはエジプトの神殿にあった織機で織られた特別の産物であった。

紅海におけるナバタイ人の海賊行為に関して我々が持っている情報も、プトレマイオス朝の政策に関連していたに違いない。というのは、ナバタイ人によるプトレマイオス朝の船の略奪は紅海におけるエジプトの商業政策に対する当然の返答にすぎないからである。その結果がフィラデルフォスもしくはエウエルゲテス一世指揮下のエジプト海軍による討伐軍派遣であり、しばらくの間ナバタイ人が一海上勢力にならんとする努力を食止めた。

フェニキア、パレスティナ、トランスヨルダンにおけるプトレマイオス朝の行動は、同じ政策に基づいていた。この地方の国々に対する支配権をまず打建てるため、次いでそれを保持するためにプトレマイオス朝がセレウコス朝との戦争に明けくれたのは、政治的商業的理由による。パレスティナとトランスヨルダンの支配者でない限り、プトレマイオス朝は有効なシナイ半島の国境守備を組織できなかったし、ナバタイ人を服従させる立場にもいられなかった。フェニキア諸都市の支配は、パレスティナとトランスヨルダンの支配に当然付け加えられるべきことであった。ティールとシドンがパレスティナ、フェニキア、シリアの海岸で、最古の、最良の港であったし、先史時代から二都市は近東の対アラビア、対アジア貿易の出発点であったことを忘れてはならない。セレウコス朝の手中にあるティールとシドンは、エジプトに対する恐るべき海軍基地であったし、近東の最も重要な隊商路を統御しようとするプトレマイオス朝の意図を阻止するための格好の出発点でもあった。

それ故、フェニキアとパレスティナをエジプトの属領とし、トランスヨルダンのアンモンびとの族長たちに保護統治権を確立するための十分な成果をあげたプトレマイオス朝が、これらの国々での勢力を強化するため大いに努めたことは驚くに値しない。この目的を達成する方法の一つは、セム的な生活と文明をもつこれらの中心地をギリシア化することであった。彼らの政策のこの部分は殆ど分っていないが、我々の知っている僅かな事実が、パレスティナ、フェニキア、それにトランスヨルダンでプトレマイオス朝が実施した強力なギリシア化政策を指摘している。都市建設、つまり都市化は、この政策が最も有効に実施される手段の一つであり、パレスティナとトランスヨルダンの両地においてプトレマイオス朝の王たちはそれを遂行した。パレスティナのベト・シュル、ガザラ、マレシャのような都市における近年の発掘が、これらセム系都市においていかにプトレマイオス朝の影響が大きかったかを明らかにした。そして、トランスヨルダンにおいてはフィラデルフィア、ベレニケ、フィロテレイア、それにアルシノエのような王の名前をもつ多くの都市が建設されていることから、この点に関してより一層徹底されていたことが分る。そこではマケドニア植民都市は彼らの到来以前に存在していたのであるから、プトレマイオス朝が最初の都市建設者ではなかった。しかし、彼らは、アンモンびと代々の追剝ぎになる性向を阻止しようと、マケドニアの軍事植民都市を強化し繁栄させるために最大の努力を払ったのであった。

トランスヨルダンでのプトレマイオス朝によるこの政策の結果はかなりよく知られている。ゼノンの有名な文書館が、前二五九年に書かれた多くの手紙の殆どとその他の文書を残しているからである。そして、アンモンびとの国におけるエジプトの活動状況と、特に当時エジプトとトランスヨルダンの間での活発な商取引に光明を投げかけている。ゼノンは、プトレマイオス、フィラデルフォスの有力な財務長官であったアポッロニオスの代理として、パレスティナとトランスヨルダンで一年を過ごした。ゼノンによって書かれた手紙と、パレスティナ滞在中、彼に差出された手紙がパレスティナ、トランスヨルダン両地方でのプトレマイオス朝の政策について多くの事実を明らかにしたのは当然である。アレクサンドリアに戻った二年後にゼノンはアポッロニオスの官房長になったため、同様の特徴を有する他の手紙の原物とコピーが彼のファイルに保管された。そこで、トランスヨルダンの国に言及したそのいくつかを見ることにしよう。

活発な書簡の交換がアンモンびとの首長トビアスと、アポッロニオス及び彼が仕えるフィラデルフォス両人との間に交された。これらの書簡及びゼノンの書簡史料から、トビアスがプトレマイオス朝の兵士たちを指揮していたことが分る。彼らは、トビアス家の主都であり、プトレマイオス・フィラデルフォスによってか、彼に因んでトビアスによってフィラデルフィアと命名されたラッバト・アンモンに駐在していた。このことは、トビアスが実質的にはフィラデルフォスの臣下であり、恰度、その現代の後継者がイギリス国王の臣下として統治していることと同じである。

首長と王との関係は非常に友好的であった。ゼノンとアポッロニオスを経て献納される貢物について前者は見事なギリシア語で後者に信書を送っている。その貢物は、馬、大型で強いアラビア種驢馬、野生の驢馬、野生の驢馬と家畜化された驢馬の混合種、それに犬であった。いかにフィラデルフォスが珍種の動物を好み、いかに王が外国からの輸入動物によってエジプト種の動物の品種改良に力を注いでいたかを、首長がよく承知していたことを示している。このリストに駱駝が出て来ないのは興味ある事実だが、この時代になってはじめてエジプトに駱駝の輸入が開始されたことが分っている。

フィラデルフォスに動物が送られる一方、アポッロニオスには他の贈物が献納された。桃色の頰とアーモンド形の輝くような黒い目をもった高貴な生まれの若い奴隷が、財務長官への贈物の中にある。

フィラデルフィアとアレクサンドリアの両宮廷間で外交関係が持たれていたとき、トランスヨルダンとパレスティナの社会は活気に満ちていた。多分、アレクサンドリアの高官の代わりにエジプト人の一団がパレスティナやトランスヨルダンのあちこちを旅行していた。パレスティナにあるプトレマイオス領の要港ガザから出発した一団はパレスティナとトランスヨルダンのすべての重要な市場を訪問し、南ではペトラのナバタイ人と、北ではダマスクスのアラム人と接触した。各地で輸出用の商品を購入したが、プトレマイオス朝の好敵手セレウコス朝の領土にアンモンびとが侵入した成果としての、奴隷と馬が大きな割合を占めた。

しかし、最も重要な取引は、ナバタイ人の隊商がトランスヨルダンとパレスティナにもたらしたアラビアの産物にあった。つまり、香料や没薬が主なる交易品であった。ナバタイ人支配を確立するためにとられたプトレマイオス朝による手段は概して成功し、和親協商にまで至ったものと思われる。その結果は、ペトラとアレクサンドリア間及びペトラとエジプト領アジア諸属国間における活発な隊商貿易であった。それ故、プトレマイオス朝領シリアとフェニキアを「金の豊富な」土地にしたのはナバタイ人との交易である、とゼノンの同時代人が我々に教えてくれたとしても不思議ではない。

以上の事実を考慮すると、隊商都市としてのトランスヨルダンにおけるマケドニアの要塞の歴史は、プトレマイオスの時代に遡ることは確かである。しかしながら、ジェラシュはその種の都市ではなかった。当時この街は羊を飼い、たまに土地を耕すアラビア人の平凡な集落でしかなかった。

前三世紀の終わり頃、トランスヨルダンに変化が訪れた。パレスティナとフェニキアは、プトレマイオス朝の手を離れ、尚もメソポタミアとイラン高原の一部の支配者であったセレウコス朝に移った。パレスティナとトランスヨルダンを領有すると、セレウコス朝は隊商貿易に対するプトレマイオス朝の態度を当然真似た。パレスティナ、トランスヨルダン、フェニキアの支配者たちはアラビア貿易を、ペトラ＝アレクサンドリア・ルートからパレスティナ、フェニキア、シリアにある彼ら自身の海岸都市に移そうと努めた。セレウコス朝がどの程度までこの目的を達成できたか不明であるが、この時代、ペトラはプトレマイオス朝よりもセレウコス朝に結びついていたことを証明する資料がある。たとえば、ナバタイ人（つまりペトラの商人）はフェニキア都市や、ヨーロッパにおけるセレウコス朝の要港デロスに居留していたようである。

すべての出来事から、アンティオコス三世とその後継者たち、特に有名なアンティオコス四世エピファネスは、彼らの祖先が開始したトランスヨルダンの組織的ギリシア化を遂行すべく、新たなる努力を重ねたことは確かである。いくつかの都市は、彼ら自身によって建設されたのであって、以前からある中心市街地が彼らによって発展したと見做すべきではない。近東の地図に目をやれば、セレウコス朝の都市建設政策及び都市開発政策の目的を十分に説明できる。

トランスヨルダンそれ自体は、耕作、馬の飼育、それに畜産に携わる者にとって肥沃な土地とは言えず、ほんの小規模な農場と牧場だけがそこで繁栄する可能性を持ち得た。ジェラシュの近郊ではかなりの鉄を採取することができた。

しかし、セレウコス朝やその先人たちを駆りたててトランスヨルダンのギリシア化を促進させ、植民開拓をさせたのは、平凡な鉄鉱石を採掘するためでも、農業上の配慮があったからでもない。植民集落を作ることによって、一方ではペトラとダマスクス、フェニキア、シリアを結び、他方ではペトラとエルサレム、パレスティナの諸港を結びつける隊商路沿いのいくつかの肥沃な平野を鎖状に繋げることであった。前二世紀を通じてセレウコス朝によって着実にギリシア化されたトランスヨルダンのこれらの街は、実質的には要塞化された隊商都市であったし、アンマン、またはフィラデルフィアが真のギリシア都市になったのは、多分、セレウコス朝支配下のときである。地方的な集落でしかなかった現在のジェラシュに、ギリシア都市を建設したのはアンティオコス三世か四世であったことは確かである。この村は半遊牧民ジェラシュ（古代名ゲラサ）人にとっての集散地としての役割を担っていた。そこが、今やゲラサびとのアンティオキアとも、あるいは街の中を流れる川にちなんでクリュソッロウスのアンティオキアとも呼ばれるようになった。このアンティオキアの遺跡が今も尚残る。

これ迄述べてきたトランスヨルダンの歴史は、尚も仮説としての歴史である。この地方は、ローマ時代の道路に関する以外の科学的研究をなかなか奮い立たせない。この時代の野山を横切っていた隊商路の行先はすでに確認されてはいるが、ヘレニズム時代の隊商路網に関しては単なる推測しかできない。正確な空中写真による地図に基づく詳細な考古学的調査が専門家によって行われるまでこれ以上のことは何も述べることができない。しかし、私は、トランスヨルダンの都市の成長は交易によってのみ説明されるべきであると考えている。ジェラシュはアンマン、ボスラ両市と素晴しい道によって後に結びついたことが指摘されよう。しかしながら、ローマ時代になってさえジェラシュとダマスクス、ジェラシュとパレスティナの繋りを証明する確かな証拠は何もないのである。

外的なギリシア的要素に対する民族的反動の波を抑えようとするマケドニアの王たちの努力が、いかに短命であったかを我々は知っている。マカベ人のパレスティナは反動的感情の中心地となった。アンティオコス三世を打破った後も、ローマ人はセレウコス朝を容易ならざる敵国と見做し続けたため、彼らはユダヤ人がギリシア化したセレウコス朝の人々から解放されるように多大の援助を行い、これらの野蛮人にギリシア的なあらゆる物、あらゆる人間を、徹底的にしかも残忍な程に破壊させたのである。トランスヨルダンの街はこの反動の犠牲となり、その中でも新たに建設されたゲラサ・アンティオキア（ジェラシュ）はアレクサンドロス・イアンナイオス（前一〇二〜七六年）のときユダヤ人によって略奪破壊された。セレウコス朝文化が定着するいとまもなく、不幸なこの街、クリュソッロウス川の川岸にたつヘレニズムの新しい中心地に終焉が訪れたかのようであった。しかし運命は違った方角に向いていた。

前一世紀のトランスヨルダンとジェラシュでの出来事は殆ど分っていない。しかし、ナバタイ人貿易がその発展段階における最も繁栄した時期に入ったのがこの頃であることは疑いない。前にも触れたペトラで最も素晴しいモニュメント、エル・カスネがこの時代に属することは理由のないことではないし、ダマスクスでのナバタイ王の支配に関する言及があるのも根拠がないわけではない。

ペトラの隆昌はユーフラテス河沿岸の無政府状態に大いに助けられた。これは、パルティア人の着実な進出であり、二大河地帯の征服に原因する。セレウコス朝とパルティア人アルサケス朝との長期戦は、ユーフラテス河の岸辺に建つセレウキアからの隊商路の一時的な混乱をもたらした。そして、しばらくの間、隊商にとっては、ゲラからユーフラテス河河口へ行き、そこから河沿いに北上するよりも、ペルシア湾沿岸にあるゲラもしくはカラックスからペトラへ行く方が有利となった。弱体化したエジプトがナバタイ人に対して自らの意志を強要することができなくなったことも、それに劣らず重要であった。以上の結果として、ナバタイ人は、シナイ半島を横断する隊商路とエジプトへの紅海ルートの一部を手中に収めたのである。ナバタイ王国は南と西へかなり膨張し、エラン（アカバ）湾東海岸の彼らの港は、レウケ・コメ（白い村）なる自由港となり、以前からあったいくつかの港を吸収し、プトレマイオス朝エジプトの港との活発な交流に加わった。

このナバタイ人の成功がどの程度トランスヨルダンに影響を及ぼしたのか分らないが、その繁栄の始まりがたとえそれ自身の復興ではなかったにせよ、この時代からと比定されるべきであるように思われる。ボスラの歴史がこの事実を証明する稀少な証拠というわけではなく、一九三〇年、ジェラシュでの前一世紀と思われる最初のナバタイ語碑文の発見も稀なものではない。

しかし、このことに関しては何の正確な情報もない。我々が確かなこととして知っているのは、トランスヨルダンの歴史上重要な出来事が、ポンペイウスがペトラ人のアラビア、シリア、それにパレスティナの独立に終止符を打ち、トランスヨルダンの諸都市に「自由」を与えたときに起ったということである。それ以来、近東におけるセレウコス朝の位置を、セレウコスの伝統という轍を踏んで新しいギリシア化推進者としてやって来たローマ人が取って代わったのである。シリアでは最初から彼らの政策はセレウコス朝のそれに似ていたし、トランスヨルダンの諸都市が後に大都市となって繁栄したのも、そのためであった。それ故、ジェラシュにポンペイウスが新しい創建者として登場したことは全く当然であるし、このことは、また、ポンペイウス暦とも呼べる新しい暦制（前六四年元年）の導入にもよく現われている。新王朝がこの年、政権の座についたかのようであった。それは実際にギリシアの王朝ではなかったが、かなり親ギリシア的であった。

ポンペイウスの政策は、概して、シリアにおける彼の後継者によって継承された。一世紀半以上もの間、名前も判明している土地の王たちが、ローマの属国としてペトラを統治し、アラビアの隊商路を支配し続けた。この点に関するローマの政策は完全に明らかとなっているわけではないが、帝政初期、ペトラ経由の隊商貿易の保護と促進よりも、エジプトと、インド、南アラビアとの独自の結びつきによってエジプトを強化せねばならなかったように思われる。ともかく、以上のことは、アウグストゥスのアラビア遠征と、彼の継承者、とりわけネロが紅海に適用した政策に関して判明しているかなり乏しい史料から得ることのできる印象なのである。

しかし、ヨルダン以東の諸都市は、この偉大なる体制の影響を受けなかったが、その活力は、当時、特に一世紀初めの数十年間、シリアとローマ帝国全体に達したのである。この体制の結果、シリアとパレスティナには大いなる繁栄の時代が訪れた。ヘロデ大王と彼の王朝の偉大な建設事業がその証しである。彼らはマカベ人の大いなる末裔でありローマの従順な属国で、一時は広大なシロ・パレスティナ王国を統治したのであった。この繁栄の証拠が、ジェラシュで最近始まった組織的発掘によっても発見された。一世紀初頭はこの街における旺盛な建設活動の時代であったことが証明され、また街の輪郭が形成されたのもこの時代であった。

しかし、最盛期が始まるのは、ジェラシュにとってもトランスヨルダン全体にとってもやや後の時代であった。それは、部分的には、近東での二種類の出来事に拠るのであった。つまり、ネロ帝とウェスパシアヌス帝に反対するユダヤ人の擡頭であり、ローマ皇帝のアレクサンドリアに対する政策である。七〇年のパレスティナ戦争によってフラウィウス朝の皇帝たちは、ユダヤ人狂信主義者の中心地を鎖状のヘレニズム諸都市によって包囲すること、つまりユダヤ主義をヘレニズムの鉄の輪で取囲もうと意図した。トランスヨルダンの諸都市は、ヨルダン河に沿って、幾重もの鎖の一つの環を形成した。ウェスパシアヌス帝とドミティアヌス帝はそこに、ギリシア系もしくは完全にギリシア化した屈強のローマ軍老練兵団を配置した。強力なローマ兵が再びトランスヨルダンのいくつかの都市に現われたのは、ヘレニズムとローマの影響を支持する人々を支援するためであった。フラウィウス朝がこの軍事政策に沿って、ペトラ貿易を促進し、それをトランスヨルダンの諸都市に向けるため何らかの方策を講じたことは十分に想像できる。この事実はジェラシュで最近出土した碑文からも知ることができる。

以上の政策はアレクサンドリアに対しても部分的に施行され、それが同市にもたらす結果となった損害は国際的なものであったことを否定できないように思われる。紀元一世紀のアレクサンドリアは、余りに豊かとなり、余りに栄えていたため、その住民はローマ人を嫉妬と軽蔑で見るようになっていた。衝突の兆がアレクサンドリアに一度ならず起ったし、ユダヤ人虐殺が真の反乱に発展しなかったのは、ローマ人高官がとった精力的な対応策のためであった。したがって、フラウィウス朝とその後継者たちは、アレクサンドリアの東方貿易の一部を他のローマ属州にふり向けることに懸念を抱いており、そこで、この目的のためトランスヨルダンの諸都市を選び、その貿易を促進するため彼らが最善の努力を払ったことは当然である。

このような観点からすると、トラヤヌスとその後継者の政策は十分理にかなっているし、紀元二世紀のトランスヨルダン諸都市の異常な、殆ど寓話的でさえある発展も同じく説明されるのである。トラヤヌスがペトラをしっかりとその掌中に収め、新しいアラビア州の一部にペトラを加えた方策を私はすでに述べた。そして彼は、はっきりと、住民にこれからは彼らの貿易が紅海ルートによる対エジプト貿易だけであってはならず、トランスヨルダン諸都市を経由して、ダマスクス及びフェニキア・シリア海岸とも交易しなくてはならないと言明している。トラヤヌスの計画は、すでに述べたアレクサンドリアとパレスティナの情況によるものであるし、またパルティアとメソポタミアに対する彼の態度にもよっているが、それについては次章で述べることにする。アラビアとトランスヨルダンにおける彼の政策は、後継者であるハドリアヌス、アントニヌス・ピウス、マルクス・アウレリウス、コンモドゥス、それに後のセウェルス朝によって継承された。ジェラシュの繁栄が頂点に達し、最も素晴しいモニュメントが建造されたのはこの時代であった。都市は川の両側に広範囲に広がり、典型的な隊商都市となったが、そのことについてはすぐ後で述べよう。

紀元三世紀で、この繁栄は中断された。トランスヨルダン諸都市は衰微し、廃虚と化した。正確な史料はないけれども、イランの新しい支配者、ササン朝ペルシアは、三世紀中頃、数度にわたってメソポタミアとシリアの海岸にまで至る全域を掃蕩し、その略奪と破壊を伴った襲撃の対象にはペトラとトランスヨルダン諸都市も含まれていた。これがこの地方の衰退理由の一つであったかもしれないが、主な原因は、明らかに紀元三世紀の殆ど全期間にわたるローマ帝国全域を覆った無政府状態と荒廃だった。そして、その影響を最初に、最も深刻に受けたのが隊商都市である。紀元二世紀のかつてない隊商都市の発達が、完全にローマ帝国の拡大する繁栄によっていたことを忘れてはならない。

ペトラが紀元三世紀の衰退から立直ったかどうかを述べることはできないが、ジェラシュはやがて復興期を迎え、段階的にゆっくりとキリスト教都市としてその重要性を獲得していった。平凡な教会が紀元四世紀以降神殿のそばに建設され、それに並んでシナゴーグ（ユダヤ教教会）も現われた。太陽神と月神はすべてを征服する十字架に取って代わられたが、都市の商業活動は、ゆっくりとした弱々しい恢復しかみせなかった。

ジェラシュが真に復興するのはユスティニアヌスの時代である。その理由は、ローマ末期とビザンチン時代における隊商貿易史の重要な研究に喜んで専念しようとする学者によっていつの日か説明されるであろう。しかし、一つの出来事が確認されている。それはユスティニアヌスの時代、隊商貿易が復活したということである。隊商はペトラか、あるいはそれを凌駕したアラビアの街を経由するトランスヨルダン・ルートをたどり、ジェラシュの社会にもはっきりとした影響を与えた。アルテミス神殿址のすぐ脇に大教会堂が出現したのはこの時代である。テオドロス・ストラテラテス大聖堂と呼ばれ、聖なる水槽と、隣接のよく似た異教神殿にも匹敵する大きなプロピュライオン（玄関部）をもっていた。

したのは彼らのためであった。

これらの異教建築はすべて教会堂に改築され、その内部は壁画とモザイクで装飾された。しかも、尚、異教徒であるか、半ばキリスト教徒であった一部の人間にも考慮が払われていたと考えられる。というのは、セム系の神マイウマスの祭祀を不道徳でふしだらと見做していた教会の神父たちの面前で、長い間祀られていたマイウマスの祝日がこの時代復活したのは彼らのためであった。

しかしながら、都市の再生は短命に終わった。ササン朝の嵐はこの都市をも襲い、前イスラム時代及びイスラム時代にはアラブ人の支配が続いた。彼ら東方の支配者はジェラシュ廃虚化にある役割を果しはしたが、この街とトランスヨルダンの他の諸都市に決定的致命傷を負わせたのは彼らではなかった。偶像破壊主義者オマール二世（ウマイヤ朝第八代目のカリフ七一七〜七二〇年）が、ジェラシュの教会をどのように破壊しようとも、街の大建築を廃虚に帰した七四六年一月十八日の地震以上の損害を与えたわけではない。しかし、オマールも地震も街の最終的な廃虚化の本当の理由ではなかった。真の理由は、アラブ統治時代の隊商貿易網の変化であった。貿易は新しいルートをたどり、ジェラシュを割愛した。細々とした生活がそこにはあった。紀元十二世紀から紀元十四世紀迄のアラブ都市の廃虚が最近発掘された。発掘が進展すれば、紀元十二世紀から紀元十四世紀にかけてこの街がいかに重要な役割を果していたかが明らかになるであろう。現時点で言えることは、この復興は部分的であり短命であったということである。そのすぐ後、ジェラシュは

プロピュライオン　列柱道路に面して造られたアルテミス神殿につながる門。道を挟んだ反対側（東側）にも対応するプロピュライオンがある。その東端は古代にクリュソッロウスと呼ばれた市内を南北に横切る川に至る。後二世紀に建造された「幻想的建築」つまりバロック的傾向を良く示している。

南のテトラピュロン　東方ローマ属州の都市に多く見られる。南北と東西に走る大通り、カルドとデクマヌスの交差点に造られる。

ニュンファエウム　列柱道路の西側に面して建つモニュメンタルな泉水祠堂である。壁龕と片蓋柱による空間の密と疎の対置、大きく突き出たコーニスが作る明暗の対比は東方のバロック的傾向を示す。後 191 年建造。手前の円形水盤は後代のもの。

アルテミス神殿　南北に走るカルドを見下ろすようにして建つ周柱式の神殿。六柱式で側柱は各 11 本。内陣（ケッラ）の側壁末端（アンタエ）の前に各一本の円柱がある。内陣は幅 13 m、奥行 24 m ある。神殿の周囲は列柱回廊がめぐり、121×161 m の広大な聖域（テメノス）を形成する。

列柱道路の円柱とアーキトレーブ　ジェラシュの主要街路は両側に列柱が並ぶ。地形の高低によって円柱の高さ自体を変えることもあるが、高低の差が大きい場合、本図の如く円柱の柱身より持送りを出して低い側のアーキトレーブを受ける処理がなされた。この様な解決法はローマ都市の列柱道路にしばしば見られる。

梨形の広場　本文で述べられている様な機能を有していたのか、それともローマ都市で一般に見られる公共広場（フォルム）であったのか定かではない。恐らくヘレニズム起源の広場で、南の市門と南北に走る大通りを結ぶため及び地形によってこの様な形態を生むことになったと考えられる。広場の周囲にはイオニア式の列柱がめぐらされている。本図に見る様な状態に整備されたのは後一世紀頃と考えられる。

列柱道路　主要街路に列柱が建てられたのは城壁を完備し、南の市門（後76年建造）が造られた頃と思われる。当時は梨形の広場の列柱と同じくイオニア式であったが、後二世紀に現在見られるようなコリント式の列柱に変わった。

聖ダミアノス教会堂の舗床モザイク　この教会堂は南側に並ぶ聖ヨハネ、聖ゲオルギウス両教会堂と一体として建設され、共通の前庭部（アトリウム）を持っていた。碑文によれば三教会は529年から533年にかけて造られたのであり、聖ダミアノスが最後に完成した。モザイクは幾何学文の他に魚や鳥が表わされており、ビザンチン時代におけるジェラシュの繁栄を物語っている。

劇場　ゼウス神殿の西側にある劇場。本文で興味深い言及がなされているのは北にある小劇場である。典型的なローマ劇場としての豪華な建造物の舞台背景を持つが、観客席は地形の傾斜を利用して造られている点がそのヘレニズム起源を伝えている。

凱旋門　城壁の外、戦車競技場の東に建つ。通路になったアーチが三つある凱旋門で、上部は崩壊している。ハドリアヌスの有名な東方大旅行の際、皇帝の来訪を記念して造られた門である。それ故、後130年に建造されたと考えられる。

南の市門　城壁外から市門を通して広場の列柱が見える。ユダヤ戦争の際に城壁が整備強化されたが、そのときこの市門も造られたことが碑文に刻まれている。後75年から76年にかけてのことである。

ゼウス神殿　現在残っている壁体は神殿内陣の周壁である。後22年もしくは23年に着工されたが完成したのは二世紀に入ってからである。

現在見るような街になった。シリアに数多くある遺跡の中でも最もロマンチックな遺跡の一つ、現代の考古学研究にとって最も有望な場所の一つなのである。

考古学者たちは今迄そこで何を成し遂げたのであろうか。十年前この地を訪れることは難しく面倒なことであった。今、困難なことは何もない。エルサレムで朝早く自動車に乗れば、昼食時迄にはジェラシュに着く。従って、十九世紀に遺跡を訪れた人々は数十人を数える程度であったのが、今や数百人に達し、ごく近い将来、数千人の人々が訪れるであろうとも不思議ではない。同じく、過去の考古学者はジェラシュの遺跡写真を撮り、碑文を採取することで満足したが、今や、同地の科学的、組織的発掘の時期が到来したのである。

我々二十世紀の考古学者は、十八、十九世紀の先達が我々のために準備した基礎の上に立って仕事をしている。これらの旅行者はまずジェラシュの碑文を蒐集し、最も重要な建築物の遺構のデッサンと写真を撮り、実測を行い、街の全体図を造った。この準備的作業の後、ジェラシュでの最初の発掘が、エルサレムのイギリス考古学研究所所長ガースタング教授によって行われた。

しかし、彼の在職期間中に、トランスヨルダンは、興味深い機構をもつ独立国として再編成された。元首は非常に新しいが、しかしアンマンの小さな宮殿に住むアラビアの王族の一人であった。そしてアンマンがこの王国の首都になった。彼は、地方の住民が選ぶ大臣によって構成された議会に諮問し、それぞれの本国人大臣にはイギリス人助言者が付いた。王は軍隊、トランスヨルダン軍を持っており、その将校は一部イギリス人であった。政府は、多分、プトレマイオス朝時代のそれと殆ど同じである。トランスヨルダン政府の最も重要な部局の一つは古文化財局であり、そこにも、本国人とイギリス人の監督官が任官した。著名な建築家のイギリス人補佐官ホースフィールド氏はジェラシュに居を構えた。彼はガースタング教授がとった方法に従って、街の組織的発掘とその部分的な修復事業によって、ジェラシュの歴史に新時代を開いたのである。

その事業でホースフィールド氏は多くの外国研究所の援助を受けたし、今も受けている。まずイギリス研究所が遺跡発掘に協力した。次いでイェール大学が、故ベイコン教授の助言によって、この仕事に積極的な関心をもち、その推進のためにホースフィールド氏とガースタング教授の後任者クラウフット氏を援助した。イギリス研究所が手を引くと、エルサレムのアメリカ東洋研究所の協力及びホースフィールド氏の援助と助言のもとにイェール大学がその仕事を遂行した。

同大学による最初の二年間、我々の目的は、遺跡のキリスト教時代を研究することであり、一方、ホースフィールド氏は異教建築を研究していた。そして、現在我々はキリスト教と異教とを問わず、最も重要なモニュメントの研究に従事している。

すでに完了した仕事について詳細に記述するつもりはない。というのは、完成した仕事の多くは出版される予定であるし、更に、それについての論述をすることによって学位を得ようとする人々の権利を私は侵したくないからである。ここでは、最盛期、紀元一、二世紀におけるジェラシュの概論的記述だけにしておこう。この時代以前がどうであり、それ以降ジェラシュがどうなったかという難問には、未だ十分な光が投げかけられていない。最近の発掘さえもヘレニズム時代の街を明らかにすることに失敗している。発掘によって、徐々に、キリスト教時代のジェラシュ、つまり紀元四世紀とそれに続く数世紀間だけが出土したに過ぎない。

ペトラと同じく、ここでも、遺跡は非常に明快なその骨組だけの概念を我々に与えてくれる。ジェラシュを囲む城壁は、取囲まれた地域の特殊性を浮彫りにしているが、その建設年代は不明である。多分、城壁の中核はヘレニズム時代と比定せねばならないであろうし、要塞化された部分はローマ時代初期、特にネロとウェスパシアヌスに対するユダヤ人の大反乱時代以前かその最中に造られたのであろう。その補修と改修は紀元三世紀かそれ以後に為されたようである。

ジェラシュの骨格で三つの際立った要素は、街の背骨ともいうべき主要列柱道路と、心臓に当る大神殿、腹部と考えられる列柱廊付の梨形をした市場である。劇場とゼウス神殿の堂々とした遺構は、南門を下に見る非常に孤立した場所に建っていて、その方角から街を守っているかのようである。

もしアンマンからジェラシュに入って来るなら、まず目につく建物は、ローマ帝国の殆どの都市で典型的なもの、つまり、帝国と皇帝の栄誉の象徴として建てられた門、凱旋門である。ジェラシュでは、ドゥラと同じく、それは街の外に建っている。献辞の碑文が残念なことに消えているため、建造年代は分らないが、南門に非常によく似ている。そこで二つの門が同年代に属すると結論するものもいるが、南門もまた年代不明なのである。

訪問者の目に入る次の遺構は、アンマンから来た道の左手にあり、尚も街の外である。それは通常の形をした大きなスタディウム（長さ二百メートル強、幅八十メートル）で、観客席と一対の「名誉席」がある。それには奇妙な誤解が結びついており、多くの学者は「ナウマキア」と呼称している。最初にこの名前を付けた人は、どうしてナウマキア（海戦の真似事が演ぜられる場所）が、半砂漠地帯で、水が金の重さ程に価値を有する地方に存在し得たかを説明しなければならない。この建物からは、両端が円くなった長方形トラックに水を満たすことができるような装置の跡を、僅かにせよ発見することはできなかった。その本来の用途は自明である。運動競技のためのスタディウムなのである。しかし、隊商都市により大きく貢献するもっと散文的な使用にも供されたであろう。たとえば、馬や駱駝それに牛の取引場としてであり、また、隊商が食料を購入しその余った動物を売却したのもこの場所かもしれない。この用途のためにスタディウムを使用することは、取引を決める前に動物を試してみる便宜を売手にも買手にも提供しようとする意図によるのであろう。後の、多分第二次ペルシア人侵入の間、スタディウムの南側部分が切り落とされ、小さな戦車競技場となった。

スタディウムから数分のところで、アンマンからの隊商は南門に達する。三つの通路を有する見事な造りと豪華な装飾のアーチ門である。

ジェラシュの城壁は、印象的な二つの建物が建つ高い丘をその防御壁の中に取囲むべく計画されているところに特徴がある。それは豪壮な神殿と劇場で、保存状態も非常に良い。市門とそれらの位置的関係を説明し、二つの建物の方角がなぜ他の建築物と異なっているかを説明するのは難しい。街路は真直ぐに東西、南北に走っている。それ故、全体の都市計画はローマ時代初期に行われたと考えられる。この計画には一致しない神殿と劇場はローマ人が建てたものではなく、ヘレニズム時代の古いジェラシュからの遺産なのである。

ローマ時代、ゼウス・オリュムポスに献ぜられた神殿は、未だ発掘されたことがなく、その初期の歴史に関しては何も分っていない。たった一つ分っていることは、紀元一世紀に神殿の建設か再建のために資金を工面せねばならなかったことである。神殿はローマ的な装いをこらし、ゼウスに献ぜられ、紀元一六三年にやっと完成した。

劇場の歴史は更に曖昧である。四千五百人を収容できる観客席は、ローマ時代初期の建設である。舞台は何度も改築されたが、その年代はまだ科学的に決定されてはいない。私の印象では、最も早い原型がヘレニズム時代に遡るとするのが正しく、また丘の上の建物すべてがこの時代実際に建てられたのであるなら、その後の改築はそれ程近接した時期ではなかったと思う。ヘレニズム時代以前、そこにはセム系の神に献ぜられた神殿があった。何故なら、後にゼウス・オリュムポスはヒエロドウロイ（聖なる奴隷たち）を伴ってこの丘に住んでいたと後代の碑文が記している。彼らは、以前の神殿が残した東方的遺産と考えられるのである。シリアの神殿と同じくこの神殿も、宗教目的に使用される劇場に似た建物と隣接していたのかもしれない。ヘレニズム時代になると、この土地固有の神域はゼウス神殿に改修され、劇場も建設された。恐らく、この丘はアクロポリスとなり、防御施設をも備えた城塞となったのかもしれない。ローマ時代初期、つまり紀元一世紀、神殿と劇場は最終的に改築拡張が為され、再び装飾が施された。それ以前の状態は、ペリボロス（周廊）によって神域が取囲まれていたらしく、そのテラスと、丘の下にある梨形の広場とを繋ぐ大きな階段がペリボロスに附属していた。広場からは街の大動脈、両側に列柱の並ぶ大通りが伸びていた。城壁が完成すると、強固な城塞は防御壁の中に取込まれたが、尚も城塞としての役割を持ち続けたようである。

隊商は市門を通過して、真直ぐにローマ都市の中に入る。そこで最初に彼らが目にする建造物は、規模、形態ともに並はずれた広場である。押し潰された梨の形を持ち、両端に壮大な門を構えている。広場は見事な敷石で舗装され、互いに連結していない二列のイオニア式列柱廊で取囲まれている。今年行われた試掘によって、現状の広場は、ローマ時代初期、つまり、ジェラシュの再建時期に造られたことが明らかになった。それ以前、この場所に広場はなかった。しかし、同じ発掘も、この特殊な広場の本当の使用目的を探り出すことには失敗した。けれども、私はペトラと同じくジェラシュでも、旅行者が街に入って最初に目にした建築物は、キャラヴァンサライのようなものではなかったかと考えている。それらは、店や倉庫や商品置場などで囲まれた市場の形をとり、現在でも隊商都市で見ることのできるキャラヴァンサライに類似していた。隊商はこの広場で立止ったに違いない。駱駝の手綱を解き、荷物を倉庫にしまい、旅人たちは体を洗い、身繕いをした。訪問者が清潔で優雅な街に入っていくのは、清潔で優雅な、しかも礼儀正しい装いをしてからであった。

梨形の広場から通じた広い大通りはジェラシュの誇りであった。恰度それがペトラの誇りであり、すべてのシリア都市の誇りであったように。その両側には五百本を超える円柱が並んでいたが、約七十本だけが現存するに過ぎない。大通りは、その中央部の始まりと終わりの二個所が、シリアで特に典型的な四柱門（テトラピュロン）二基によって中断されている。この間に、非常に重要な建物が道の両側に並んでいる。二つのテトラピュロンの東西に大通りを直交する列柱道路が伸びる。川にかかった橋に至るそのうちの一本は最初のテトラピュロンの下を通っている。

大通りの中央部には、殊に素晴しい建物がある。その北側に並ぶ建物は殊に有名である。

南側からやって来た訪問者には、最初のテトラピュロンを過ぎたすぐのところで、最も見事な一連の建築ファサードが目に入る。最初に現われるニュンファエウム（泉水祠堂）は、最近、ホースフィールドによって発掘され、部分的な修復が為された。豪華な装飾が施された三層の建物で、様式的には劇場の彫刻装飾に類似しており、同時に神殿、泉水、それに貯水槽の役割を兼ねていた。壁龕、彫像、多色の大理石板で装飾され、絶えることのない流水が更に彩りを加えていた。

次いで目に映るのは、一際豪華な階段入口部分としての優雅なプロピュライオンである。階段は、アルテミス神殿の隣に建つ平凡な小神殿に繋がる。恐らくそこは女神の配偶神の住処であったのであろう。男神は、多分、妻の偉大さを恐れてこの静かな隠れ家に身を退いていたが、それは多くの場所でハダドがアタルガティスから身を退き、多くのシリアや小アジアの男神が身を退くのと同じであった。何故なら、この地方では、「永遠の女性」の具現である偉大なる女神が、たとえ日常生活においてはそうでなくとも、宗教界では男性を支配していたからである。小神殿が教会堂に改築されたキリスト教時代になっても、堂々とした階段のような主要建築部分はそのまま使用されたが、建物は次第に増改築されて壮麗なテオドロス・ストラテラテスのバシリカとなった。それに関しては以下で詳しく述べようと思う。

その向うには、ジェラシュの守護神であり、ローマ時代、ギリシア名に市の「幸運」の意味であるフォルトゥーナの名前を付け加えられたアルテミスの神殿に至る見事な入口部分が建っている。賞嘆すべき大胆さと手腕によって設計されたこの入口部分は、帝政時代のギリシア風ローマ建築の中で、イリュージョンを意図した建築グループに見られる高度に発達した技術の特徴である完全な精緻さを持っている。神殿への主要な入口はそれと直角に交わる列柱大通りからである。川の反対側から、この列柱大通りに至る場合も、まず橋を渡り、次いで両側にコリント式円柱の立つ狭い矩形広場を通過する。壮大な門が、この広場とより大きなもう一つの台形広場とを結びつけている。その長辺の側が列柱大通りに面し、大きな三層凱旋門で装飾されている。この二番目の広場は真のトロンプ・ロイユ(目だまし)で、あらゆるものがアーチの印象的な輪郭を強調しているイリュージョン建築の素晴しい成果である。道は凱旋門を通り抜けてプロピュライオンに達する。キリスト教時代、川から大通りまでの一群の建物は聖プロコピウス教会堂に改築されたが、創建時の基本的な輪郭線は、今でも識別できる。

プロピュライオンはホースフィールドによって見事に修復された。基本的輪郭線の単純性と優雅さがこれらのプロピュライオンを特色あるものにしている。しかし、プランが単純でも独創的というわけではない。それは三つの入口をもつ壮大な門によって構成され、そこから、広く真直ぐな階段がペリボロス入口迄達していた。そのプランは見事に意匠されていたので、プロピュライオンが今は廃虚となっていても、その建築細部に目を転じることができさえすれば、深い感銘を受けるに違いない。しかもイリュージョン建築においては、これらの細部は必須なものなのである。何故なら、建物に必要な明暗の効果を与えるのはこの装飾細部だからである。建築物すべての長所を認識するためには、時代と様式の異なる多くの建築物をテラス状の台地に纏め上げるという最も困難な問題を解決した建築家の勝利こそを、最初に、そして最大に評価せねばならない。

何百人という人が、市の女王アルテミスを崇拝するためにこのプロピュライオンを通った。金持や貧乏人、男や女そして子供たち、旅行者、隊商が定期的に街に居留させた商人、あらゆる種類のジェラシュの市民たちであった。重要な隊商の指揮者、単なる駱駝や驢馬の御者、解放奴隷や奴隷、彼らは皆こぞって街の女主人のところに赴いて、敬意を表し、その泉水の澄んだ水で身を清め、彼女の前で自らその罪を赦し、そして、供物を捧げ祈願をするのであった。

ニュンファエウムと二つのプロピュライオンのファサードの間の空間は、石造二階建の大きな店舗、紛れもないバーリントン・アーケードが占拠していた。それは神殿や後で述べる小劇場の建つ台地を背にしていた。すべての店舗が均一であるため、このショッピング・センターは市の所有になっており、その賃貸が市の財源にとって重要でしかも確実な一定額に昇ったことは明白である。

アルテミス神殿は非常に印象的な遺構である。というのは、今日でも、見事なコリント式柱頭を戴く十二本の円柱が原位置に残っているからである。地震の際、倒れた円柱は、その近くに散らばっているため、ペリボロスを取囲む列柱廊や列柱を構成していた崩れ落ちた円柱を修復することは容易である。神殿地下には大きな穹窿が広がり、現在、遺跡の碑文や建築の資料を集めた博物館として整備されている。遺跡は美しいし、良く保存されているが、神殿は我々にとって今も謎であり、荘厳な中に神秘性を湛えている。いつ創建されたのか、誰がいかにしてそれを建てたのか、隊商都市としての基礎が置かれる以前から神聖な場所であったのか、去年から始まった発掘が、多分いつの日にかこれらすべての質問に答えてくれるであろう。現在分っている唯一の確実なことは、神殿の現存する形のプロピュライオンが紀元一五〇年に建てられたということである。

以上が街の概観である。ペトラと同じく、ローマ時代のジェラシュは、その発展を隊商貿易によっている都市として出現し、都市計画も意識的にせよ無意識的にせよ隊商に合わせてあった。街にあるそれ以外のものはすべて二義的な意味しか持たず、しかも、時間がその殆どを抹消してしまったことは驚くべきことではない。しかし、アルテミス神殿の背後にあって神殿に附属しているように見える一群の建物は、前面に奇妙な矩形広場付の有蓋劇場から成り、二義的とは言えない重要性を有しているように思われる。この広場はフォルムのような性格を持ち、ローマ時代、そこに民衆が集い、老人たちがやって来たのである。そこはまた宗教儀式や宗教音楽の演奏、それに儀式的性格を有する舞踏の場にもなった。後述するドゥラのアルテミス神殿とよく似ているが、ジェラシュの方がすべてにわたって規模が大きい。
以上がクリュソッロウス川の西岸にある街の様子である。二つの石造の橋によって西側と結びついている東岸地区の地形は明らかではない。その地区の遺跡は重要ではないし、その痕跡の殆どは、コーカサス人移住者によって造られた集落によって駄目にされてしまった。彼らは一八六〇年にトルコへ移住し、次いで一八七八年ジェラシュへ移されたのである。その中の一、二の人は今でもロシア語を話すことができる。街のこの区域には古代ヘレニズム都市の建物が建っていなかったようであり、むしろ、対岸の中心街区からの住宅や種々の建物が溢れ出て来た様子を示していた。現在でも壮大な浴場の遺構が残ってはいるが、西側のものと比較するとはるかに質素である。

古代世界のあらゆる都市と同じように、ジェラシュにも、第二の堂々とした街が、生命あるものの街のすぐ背後にある。それは死者の街であり、注目すべき廟墓建築で満ちている。ペトラやパルミュラ程ユニークでも美しくもないので、ここでそれらを記述する必要はないだろう。しかし、ダマスクスやパレスティナ、フィラデルフィアやボスラ、もしくは十都市同盟の諸都市からやって来る旅人たちが最初に目にするのは廟墓建築なのであるから、それなくしてジェラシュは完全ではない。神殿や小祠堂、巨大な量塊性をもつ石棺、大きな基壇にのった階段式ピラミッド、岩に刻まれたファサードなど、すべてが幻想的一連性をもって存在しており、多分、生けるものの街の素晴しさを訪問者に準備したのはこれら廟墓建築であった。

ジェラシュで最も不可思議なモニュメントの一つがその中にある。それは北のネクロポリスにある大きな水槽もしくはプールで、そこに多くの泉の水が流れ込んでいた。明らかに都市の給水設備である。古代世界の多くの都市にあるような貯水槽ではなく、恰度現代のアメリカにあるような地表に出ている貯水池のようなものである。この貯水池から水は水門を通って水道に流れ、所謂ダマスクス門の西にある街へ入って行く。そして、アルテミスに献ぜられた建築群の背後をぐるりと回り込んで、先に述べた大通りの美しいニュンファエウムに至るのであった。貯水池は遮断壁によって大きさの異なる二つの部分に分けられている。その南側の一群の建物と貯水池はフィッシャー博士によって最近発掘されたが、いくつかの問題がそれに関してなお未解決のままである。

貯水池の南側に沿って、水辺沿いに列柱のあるテラスが走っている。テラスの反対側には約千人収容可能な小劇場が続く。テラスへの南側入口はアーチ門によって装飾されており、そのすぐそばから、これから話そうと思う長文のギリシア語碑文の刻まれた石塊がかなり以前に発見された。劇場がもし実際に通常の舞台を持っていたとしたら、その観客席から貯水池は見えなかったことに気付く。もし舞台部分が非常に低いものであったら、「半円形の観客席の両端から舞台上で行われていることを見るのは困難であったろう」とフィッシャー博士はその発掘に関するタイプで打たれた論文で述べている。

前述した紀元五三五年の後期ギリシア語碑文がなかったとしたら、この一群の建造物の性質がいかなるものであるのかを推測できなかったであろう。しかし、碑文は、ここでマイウマスの祭が行われたことをはっきりと証明した。それは、異教の地シリアにおける最も有名な宗教儀式の一つであったが、キリスト教徒からは特に嫌悪された。というのは、シリア特有の劇場タイプの神殿において観客を前にして裸の女性たちが儀式としての入水を行なったからである。

この儀式にとって必要なすべての要素が貯水池の隅に残っているし、その行為すべてを再構成することが可能であるように思える。事実、ジェラシュの女神を讃えるためこの場所で行われたに違いない儀式の非常に生き生きとした絵を描くことができる。しかし、残念なことに去年の発掘の結果、小劇場は貯水池で行われている儀式を見るために建てられたと推定するのが困難になった。というのは、すでに述べた如く、池で行われていることを劇場の観客席から見るのは殆ど不可能だからである。従って、ジェラシュで催されたマイウマスの儀式がもしこの劇場と結びついているのなら、それは貯水池とは無関係であったと結論せざるを得ないし、あるいは逆に、それが貯水池で行われたのなら、劇場とは何の関連もなかったと考えねばならない。発掘は多くの仮説を生み出してくれると同時に、また否定してもいくのである。

以上がローマ帝政初期のジェラシュの概様である。住民の生活に関しては殆ど分らない。出土した多くの碑文によって、いくつかの建物の以前の状態や神々への信仰を再現することは可能である。しかし住民に関しては、ローマ帝国内の他の諸都市とも共通した出来事である大した意味もない、興味をそそられることもないようなことしか概して教えてくれないのである。

とはいっても、非常に丹念な碑文の研究は我々に何かを伝えてくれる。たとえば、この街は完全にギリシア的ではなく、常に増え続けていたアラブ人やユダヤ人など、この地方のセム系の人々によってギリシア人が凌駕されていたことを知らされるのである。従って、外観はギリシア都市であっても、その基盤はアラブであり、宗教に関しても同様であった。

パルミュラの碑文は例外であるが、ジェラシュやペトラの碑文には、都市の繁栄が隊商貿易の結果であることは記されていない。それは古代の碑文がそのような散文的事実を滅多に取上げないからである。しかも、街の全体像やモニュメントの特徴からジェラシュに、かつて、隊商貿易商人が住んでいた、と想像することはできない。ペトラとパルミュラはそうではない。両市の全体プランは典型的な隊商都市のそれである。

そうではあっても、私はジェラシュが隊商都市であることを確信している。数日間、注意深く調査すればそのことを十分証明できる。実り少ない土地と僅かな植物とどうでもいいような鉱山を見れば、ただ仲介貿易だけが、前述した建築事業に必要な富をもたらし得ることは明白である。建築に必要な資金は住民のポケットから出たのである。住民たちが外からの財政援助を受ける可能性はなかった。というのは皇帝の誰かがジェラシュの都市整備に寄附をするようなことはあり得ないからである。皇帝がある都市に援助をする場合、それなりの特別な理由があった。たとえば、フィリップスは近在するカナタの将来に興味をもっていたが、彼の血がアラブ人であることを忘れてはならない。セプティミウス・セウェルスはアフリカのレプティスを彼の理想の都市にしたが、そこは彼の生地であり、心から愛していたからである。そのような関係をジェラシュは持たない。街の壮麗なモニュメントを建設するために必要な巨額の資金を供することができたのは隊商貿易だけであった。この事実は深い意味を有することであり、古代経済史研究に専念する人々が考慮しなくてはならないことである。それは、隊商貿易に関連した経費がいかに大きく、またそれによってもたらされる利益がいかに大きかったかをはっきりと示してくれる。

ローマ帝政初期のジェラシュの基本的な輪郭は、やがてキリスト教都市となり、巨大なアルテミスが邪神に変貌しても変わることはなかった。外面的な様相は多分変化していった。紀元三、四世紀の怠慢と荒廃の時代においてさえ、見事な建築は一つずつ教会堂に改修されていった。これら初期の教会堂は小さく、質素なもので異教徒の遺構と比較することはできない。しかし、完全な復興の時代が紀元五、六世紀に始まり、特にユスティニアヌスの時代になると、キリスト教徒は、古代と同じように輝かしいジェラシュの建設事業を自らに課した。彼らは異教時代の遺跡の上に建物を建設したのであった。

このようにして、軍人聖者テオドロス・ストラテラテスの大聖堂がアルテミス神殿の脇に建った。そこは他ならぬ女神の軍神である伴侶の神殿址であった。プロピュライオンや大階段、美しい壁画と見事なモザイクそれに彫刻を伴う大聖堂は以前の異教神殿のキリスト教的模倣に過ぎないが、最近明らかとなった建築の一部分は特殊である。それは中庭の興味深い機能であり、次第にジェラシュで普及する複合した建築の「中枢」と言える。

中庭は、紀元五、六世紀の教会堂と、紀元四世紀に属すると思われる街路に面した教会堂との間にある。その中央には印象的な泉水があり、瀟洒な階段が中庭から時代の下る教会堂に繋がる。泉水の正面、この教会堂のアプス（後陣）の真裏には司教座がある。キリスト教時代のニュンファエウムは、その前の異教時代の泉水があった場所に造られたことは明らかである。しかし、更にそれをたどってみることができる。というのは、キプロスの司祭エピファニオスが紀元四七五年頃に書いたパナリオンの一節で、キリスト教世界における奇跡について言及し、キリスト昇天の日に一致するガリレア湖のカナの記念祭のときに、湧き出る水、つまり泉水の水がブドウ酒に変わったいくつかの場所を挙げているからである。そのリストの中にジェラシュも数えられており、奇跡は「マルティリウム」で起ったと記されていた。キリスト教の奇跡が、かつて異教的秘儀にとって神聖であった場所で起ったことは疑いないし、異教時代のアルテミス神殿の中かあるいはその近くで同様

の奇跡が起ったことは明らかである。(原註1)

原註1　この北アラビアではアルテミスの男性相当神は、豊穣の神、ギリシア人がディオニュソスと見做したドゥサレスであることを思い出す必要がある。ジェラシュの住民が「アラブの神」と呼んだこの神性は、ゼウス・オリュムポスやアルテミス自身と同じようにジェラシュで崇拝されていた。この神への三つの献辞がすでに発見されている。そこで、我々は、アラビアのドゥシャラもしくはドゥサレスが、ギリシアのディオニュソスの図像によってだけでなく、軍神としても彫刻や浮彫に表現されたことを想像できる。そのことが、彼の聖域においてキリスト教時代に成立した軍人聖者崇拝を説明するのである。

聖テオドロス教会堂だけがジェラシュにおける唯一のキリスト教建築ではない。我々の発掘が開始される以前にも、他に三つの教会堂が知られており、そのすべてを綿密に調査した結果、すべてが紀元六世紀以降、つまりユスティニアヌスの時代以降であることが判明した。この発掘によってその他六つの教会と一つのシナゴーグが出土したのである（このユダヤ教集会堂からは洪水を表わした舗床モザイクを発見した）。実際、瓦礫の山によってそれと分る遺構のあるところはどこでも鍬を一振りさえすればすぐにキリスト教の教会堂であることが判明する。これらすべての教会堂は同じ時代に属し、ジェラシュが完全にキリスト教化するユスティニアヌス帝治下の時代である。当時この街は貧乏というわけでは決してなかった。勿論、ジェラシュのすべての教会堂が異教建築から採った石材によって建立されたことは事実であったが、内部装飾は全く新規なものでそれぞれ特徴を有していた。かつて内部を飾り上げていた壁画や天井モザイクは今やすべて消失してしまったが、鋪床モザイクの断片は残っている。その中の二つは歴史家と考古学者にとって特に重要である。というのは、その周辺が古代諸都市の図式化された景観で構成されており、それぞれの傍に各々の都市名が記されているからである。景観の大部分は消失してしまったが、運命の女神は現存する二つの景観が同一の場所を描出することを強く望まれたのであった。つまり、広大なアレクサンドリアとその有名な燈台ファロスの景観であり、メンフィスの街がそれに並んで描出されている。

ビザンチン美術史と、ビザンチン時代のアレクサンドリア及びメンフィスの地誌学にとってこれらのモザイクが有している重要性を述べるつもりはない。何故なら、この問題はモザイク発見という幸運に恵まれたクラウフット氏がすでに扱っているからである。しかし、エジプト文化の始まりと終わりをそれぞれに表現しているメンフィスとアレクサンドリアの二都市の景観がたまたまジェラシュに保存されていたことは注目に値する。ユスティニアヌス帝時代、両都市とも同じような重要性を有していたが、それは、幾多の世紀を遡る歴史上の伝統を伝達する者としての役割によってではなく、両都市が新しい文化、キリスト教帝国の文化の担い手だったからである。時代の象徴であり規範としてその中に描出されていると我々が見做すものは、過去の大建築ではなく、キリスト崇拝の大神殿なのである。それらは単に過去の文化の後継者というだけでなく、完全に新しい文明の具現なのである。コンスタンチノープルではアヤ・ソフィアによって占められた場所、ローマではヴァチカン、ラテラノ、サンタ・マリア・マッジョーレで占められた場所が、ジェラシュでは、他の多くの教会堂によるのと同じく、テオドロス・ストラテラテス教会堂のマルティリウムによって占められた。

東方は驚く程強力で活力に満ち溢れていた。ギリシアの異教文化は数世紀の間ジェラシュで栄え、やがてギリシアのキリスト教文化がそれを凌駕した。しかも、ペルシアのアフラマツダとモハメッドの連続した波がジェラシュになだれ込み、あれ程強固に見えた古代ギリシアの建物も、蜃気楼が消えいくかのようにもろくも消え去ったのである。三日月が水平線に現われ、すぐに異教とキリスト教の街の遺跡を支配するようになると、その円柱と列柱廊は、今見るようにゆっくりと荒廃していったのである。

第四章　パルミュラとドゥラ

インド、イランからパレスティナ、シリアあるいは小アジアへ至るペルシア帝国の隊商路は、インド―アラビア・ルートが生んだと同じように、独自の街を造り上げた。このようにしてできた最古の都市に、ダマスクス、ハマ、ホムズ、それにアレッポなどがある。それらは早い時代に栄えたというだけでなく、現在でも重要な商業の中心地であるという理由から有名である。ずっと後のヘレニズム時代になるとセレウキアがティグリス河河畔に建設された。更に時代を下ると、砂漠の中心部に位置し、ユーフラテス河流域と、シリア、パレスティナの肥沃な土地や森や港との中間にあるパルミュラが重要性を増した。セレウキアと同じ頃にドゥラがユーフラテス河中流に出現した。この街は重要性や裕福さにおいて上記の諸都市に比肩すべき運命にはなかったが、歴史上の意義はそれらと同じように大きかった。

シリアで最も古い隊商都市の歴史は殆ど分っていない。一つには、隊商都市の大部分が今日でも商業都市として栄えているため発掘されたことがなく、将来も発掘される可能性が殆どないからである。バビロニアあるいはアッシリア時代の隊商都市の存在に光を当てる文献史料や参考史料は稀であるし、これまで比較研究の対象になったこともなかった。ペルシア及びヘレニズム時代に遡る参考史料さえも少なく、僅かに存在する史料も歴史的重要性は小さい。ヘレニズム・ローマ文化によって特徴づけられるセレウキア、ドゥラ、パルミュラの三つの隊商都市はそれぞれに大きく異なっており、その地誌学上の研究と遺構は現在徐々に解明されている。セレウキアは隊商都市と大規模な河港としての要素が混り合った街として成長したし、ドゥラは隊商の宿泊地であると同時に国境の砦であった。一方、パルミュラは、シリア砂漠にあってローマ時代最大の隊商センターとしてはっきりとした性格を有していた。セレウキアでは現在科学的発掘が進行中であるが、現時点でその調査結果を議論することは余りに早急である。ドゥラとパルミュラに関しては、多くの史料がすでに入手可能である。というのは、ドゥラでは組織的発掘が目下七年越しで行われているからである。また、そこを訪れる旅行者にあの見事な列柱がロマンチックな感興を与えるパルミュラは、近年、デンマークの私的調査団が開始した組織的調査の対象になり、現在、シリア政府によって遂行中だからである。以上の理由から、ドゥラとパルミュラの歴史と地誌は徐々に解明されつつあり、体系化されれば将来の考古学者の仕事を容易にするであろういくつかの基本的事実をすでに指摘し得るのである。

最も早い時代、ユーフラテス・ティグリス両河の低地から、あるいはペルシアの高原地帯からやって来た隊商が、シリア砂漠を横断するかその回りを迂回してユーフラテス河沿いに上流まで、北に、西に旅行したであろう可能性を私はすでに指摘した。この時代、これらの隊商は西へ向う旅の宿泊地として、ユーフラテス河とダマスクスの中間に位置する水量豊かな硫黄鉱泉を、その周囲にあるオアシスと同様に利用していたらしいのである。そのような鉱泉のそばには非常に早い時代に神殿が建設されたに違いないし、その周辺には集落が発達していたと思われる。聖書でタドゥモルと呼ばれ、後にパルミュラと命名されるこの集落は、オアシスを所有する一部族の中心地として発展したのである。しかし、部族の中心地や鉱泉やオアシスが集落を隊商都市に変えるわけではなかった。そのためには物資交換の便宜と快い宿泊所が必要だったのである。タドゥモルは隊商都市ではなかったし、そのための必要条件に欠けていた。その上、ダマスクス、ハマ、それにホムズなど砂漠の周辺にあるより古い隊商都市はすでに交易の中心地となっていたし、その商業上の重要性にとってライバルとなる街を容認するようなことはなかったのである。その結果、タドゥモル＝パルミュラが隊商都市に発達するには、尚、時間の経過が必要であった。

ユーフラテス河に沿った隊商路を守備するための砦が、早い時代からこの河の両岸に建設されていたに違いない。そして、ドゥラは恐らくその様な砦の一つであった。いくつかのアッシリア要塞都市に共通するその名前が、砦とか自治都市を意味するアッシリア語ドゥルに由来しているのはそのためである。

ヘレニズム時代以前のタドゥモル＝パルミュラについては殆ど分っていないし、ドゥラに関しては皆無である。後者についての最初の言及は前二八〇年迄遡る。つまり、シリアにおけるアレクサンドロス大王の後継者セレウコス朝のニカノールという一将軍が、マケドニア兵による要塞と植民都市をドゥラの地に建設し、エウロポスというマケドニア名でその地を呼んだのであった。もしこの建設行為を促進した理由を考慮するなら、ドゥラ・エウロポスだけがユーフラテス河の岸辺に存在できるはずがないことは明らかである。ドゥラは、ユーフラテス河沿いの隊商ルートと渡河地点を守備するために建設されたマケドニア要塞植民都市の長い鎖の一つの環であったに違いない。このルートは、一方でイランの支配者であり、他方で小アジアの支配者だったセレウコス朝にとって極めて重要であった。何故なら、ティグリス河河畔のバビロニアの都セレウキアと、オロントス川河畔の都アンティオキアを結んでいたからである。このルートなくしては、セレウコス朝の中核であるギリシア人のシリアや小アジアと、東方の豊かなペルシア人のサトラピー（封国）との間の交流は不可能であった。それ故、セレウコス朝は当然のこととして、この隊商路を遊牧民から絶対に安全で自由なものとすることに努めただけでなく、それをギリシア化し、ギリシア人の要塞と植民都市をそこに配置する努力を払ったのである。

ドゥラが建設されたのはこのようにしてであり、建設者がそこに兵士を駐屯させ、同時に富裕な土地所有者としたのも、以上の理由によるのである。一部がブドウ畑であったドゥラの領土は、植民者に分割されていたことを史料が解明しているが、これ迄の発掘によって、どこが畑でどこがブドウ畑であったかを明らかにすることはできない。史料が言及している耕作地は、今でも灌漑が行われている豊穣なユーフラテス河左岸にあったのかもしれないし、ドゥラの街がある右岸にあったのかもしれない。現在ドゥラ周辺の土地は一部砂漠化しており（城壁背後の高台）、一部は野生タマリスクの木立ちで覆われている（河沿いの帯状沖積地）。しかし、あらゆる可能性からして、古代もそうであったというわけではない。城壁の外側にある特殊な囲みは明らかに住民の畜牛と隊商の荷役用動物のためであった。そのことは、街の裏側にある現在砂漠化している高台が、昔は今より多い降雨量を伴った立派な季節的牧草地であったことを示している。一方、河沿いの帯状沖積地が何の造作も加えられていないことは、主に住民の怠慢と、非常に早い時期にはあったかもしれない灌漑設備の放棄によって説明される。ドゥラの近く、河の上流と下流の沖積地の一部には水路址が今でも残っているし、事実、上流にある沖積地の広い土地は今もなお現地人によって耕作されている。

　ドゥラの建設理由が何であれ、この街は、ごく早い時代、大商業センターでなかったと明言することができる。当時、ユーフラテス河沿いの主要隊商路は、今日のようなシリア砂漠を通ってその周辺にある街へ向い、そこからシリアとフェニキアに達するルートではなく、むしろもっと北の方角に向っていた。アンティオキアを発したそれらの一つはゼウグマ、アパメアを通過し、ここでユーフラテス河を渡る。次いで河の左岸づたいに南東へ方向を変え、ニケフォリウムで再び渡河するのである。もう一つはアレッポを通過後、恐らく現在の道路とほぼ同じコースをたどってユーフラテス河を渡らずにニケフォリウムで最初の道に合流するルートである。いずれのルートもそこからはユーフラテス河の右岸をティグリス河のセレウキアまで南下した。小アジアとメソポタミアを結ぶ多くの道は、アンティオキアかエデッサでシリアに至るのであった。

　この頃、パルミュラに言及したものはなく、ただ分っているのは、この時代がダマスクスにとっての繁栄期だったわけではなく、ハマとホムズにとっても同じことが言えるということである。シリア砂漠を横断して海に達するルートがより短く、従って北のルートよりも経済的であったことを想い起す場合、以上の事実は奇妙に思われるが、セレウコス朝がそのルートを放棄した理由は明白である。そのルートはダマスクス経由でフェニキアに至るのであるが、当時フェニキアはプトレマイオス朝の手中にあり、ダマスクスをも支配していた。このプトレマイオス朝はセレウコス朝の主たるライバルであった。それ故、当時のパルミュラについて何も分らなくとも、また、地理的にパルミュラと緊密に結びついているドゥラが要塞もしくは農耕集落にすぎず、隊商も城壁内で小休止をとるだけで通過していったとしても当然なのである。

　以上が前三世紀と前二世紀初頭の、セレウコス朝が、尚、勢力を有し、メソポタミアとイランを支配し続けていたときの状況である。アンティオコス三世がフェニキアとパレスティナを奪取したことは、ある変化をもたらしたに違いない。恐らくシリア砂漠経由の交易がこのとき復活し、ダマスクスに新しい繁栄の時代をもたらしたのであった。しかしそれに関して分っていることは僅かであるし、全体の状況は大して変わらなかったと推定し得る。

更に重要な出来事が、東方のメソポタミアとイランにおける流動的な状況からもたらされた。つまり、イランの復活とパルティア王国の急速な発展である。ここでもまた我々の知識は不完全で一方的なものであった。というのは、我々の情報はすべてまずギリシア人史料に由来しており、次いでローマ人（つまり敵側の）の史料によっているのである。ギリシア人とローマ人はパルティア人を、ギリシア文化でうわべを僅かに飾ったバルバロイと見做していた。パルティア人は彼らの側からみた自分たちについて何も伝えてはいない。彼らの貨幣は単に編年を提供するだけであり、碑文は殆ど残っていない。パルティア史の伝承は、一度だけ、ミトリダテス大王の目的と個性に関連してパルティア人に言及した古典作家ポンペイウス・トゥログスによって扱われただけである。同様に考古学も、宮殿や城塞など多くの遺跡が残っているにもかかわらず、パルティア人の解明に大きな光を当てるには至っていない。唯一の例外であるハトラを除いて、すべての遺跡はより古い都市がすでに存在していた場所に建設された。発掘者は、できるだけ早く最古のレベルまで掘り進みたいので、パルティアの遺物をごく簡略に扱うべきつまらない障害物と見做す傾向があった。

しかし、ようやく、より大きな関心がパルティア人とその後継者ササン朝に向うようになり、その結果として、パルティア時代のレベルにも注意が払われ、考古学上の知識も相対的に増加しつつある。我々はアッシュールで綿密な発掘とパルティアの要塞宮殿のプラン作製に従事しているアンドレーを知っている。彼は、また、ハトラの科学的調査を行って、出版もしている。それは、ティグリス河中流からさほど遠くないメソポタミア砂漠にある不思議な街で、かつてはパルティア王国の属国であったアラビア王国の強力な都であった。ミシガン大学調査団はセレウキアの遺跡を発掘しており、パルティア時代の出土品を注意深く記録している。イラン人の土地においては、オーレル・シュタイン卿、ザッレ、ヘルツフェルトによるその時々の発見が、イランのパルティア時代にかすかな光を投げかけているが、それはまだ始まったばかりで、パルティアは、尚も、謎である。

しかし、古代史からパルティアを排除することは不可能であるため、これらの事実は十分考慮されなければならない。ヘレニズム及びローマの歴史家、特にタキトゥスとカッシウス・ディオの著作を一読すれば、内紛で疲弊し、蛮族が住みつき、ヘレニズム文化の敵であり、しかも残忍で弱々しく臆病な非文明的王によって支配されているというパルティアのイメージを作るであろう。

それでいてすでに前三世紀に、パルティアがイランの一地方を統合し、ペルシア帝国の伝統がパルティアを活気づけ、めざすべき目標としての役割を果したそのペルシア帝国を部分的に再興し得たことが判明している。セレウコス朝の子孫である有能な王の誰一人としてパルティアを打破ることができなかったし、イランの領有権を取戻すことにも成功しなかったのである。それに反して、パルティアは着実に拡大していった。インドの一部はパルティア領となり、イラン全土がパルティアに傾斜した。この王国は西方にじわじわとその触手を伸ばし、前二世紀後半には、メソポタミア全域を手中に収めた。セレウコス朝は疲弊していたし、それ故占領されたと言う人がいるかもしれないが、たとえそうであっても、ポンペイウス、クラッススあるいはアントニウスに率いられたローマ軍が、これら将軍の卓越した手腕にもかかわらずパルティアを征服することができなかったことを想起すべきである。カエサルの軍団はパルティアを占領する意図は持っていなかったし、少なくともそう主張することさえなかったと思われる。何故なら、カエサルに先駆けた人々やその後の人々がすべて不思議にも不首尾に終わっているからである。このような事実に関してはただ一つの解釈が可能である。つまり、そのような抵抗を示すためには、パルティアが、僅かしか分っていない、堅牢ではあるが柔軟性のある社会制度を持っていたと同時に、同じく輪郭さえも分っていない彼ら自身の特殊な創造的文明を有し、強力で、文化的にも発達した勢力であったに違いないということである。それ故、パルティア像というものを与えてくれることのできるいくつかの遺跡の徹底した組織的発掘が極めて重要なのである。そして、以下で詳しく述べるドゥラとパルミュラこそはそれらの遺跡の一つに数え上げることができるのである。

前三世紀末から前二世紀初めにかけて、パルティアが一層西方へ発展していたという事実に対して、すでに関心が払われてきた。セレウコス朝の偉大なる二人の王、アンティオコス三世とアンティオコス四世による、一方はパルティアに対する遠征によって、他方はユーフラテス河沿岸の重要都市を完全にギリシア化するという政策によって、パルティアの西方伸張を阻止しようとした熱烈な企ての後、メソポタミアは少しずつパルティア人の手に落ちていった。前一四〇～一三〇年頃迄に、低地メソポタミアはすでにパルティア人の地となっていたし、その領有を来るべき数世紀にわたって保持したのである。

前二世紀末か前一世紀初めのあるとき、ドゥラはパルティア王国の一部となり、強力なパルティア軍の基地となった。この街は、そのとき同時に、隊商貿易の中心地になった。隊商都市としてのパルミュラの発展が時を同じくしているかどうか分らないが、この頃、ユーフラテス河上流域で起った混乱と隊商にとっての障害を考えるなら非常に高い可能性がある。

いくつかの史実を思い出してみよう。オスロホエネが独立国となり、エデッサを主都にしたのはこの時代であった。アブガルが最も一般的な名前であるようにその王たちは皆アラブ名を有する地方王家によって統治されていたのである。後にエデッサはキリスト教史において有名となった。オスロホエネの隣国コンマゲネは、半イラン的文化と半イラン系の王家を有する独立国となった同様の例である。巨像と碑文が発見されたニムルド・ダーの聖域は、半ヘレニズム化した小王国の性格と歴史に関して格好の概念を与えてくれる。昔からあるエメサの街（現在のホムズ）は、大して時代を下らないとき、殆どの王がサムプシゲラモスなる名前をもつイトゥラエア朝としての独立王国となった。同様に、「レバノンの支配下にあった」カルキスは、モニコスと呼ばれる一アラビア人によって同じ頃「建国」されたことが分っている。多分、このアラブ人の王国には、後に豊かで活気に満ちたローマ植民都市となるヘリオポリス（現在のバールベック）の街が属していたと思われる。ローマ時代に建立されたその美しい神殿址は、エデッサでも同じように崇拝されていた北シリアの神々、アタルガティスとハダドに献ぜられたものであり、今でも尚、誇らしげな栄光に包まれて聳え建ち、何百人という旅行者を魅了している。僅かに時代の下るポンペイウスの時代、カルキスは、マンナイオウの息子である一ギリシア系プトレマイオス人によって建国された短命のイトゥラエア王国の主都の一つとなった。

多くの群小アラブ王国は、規模や人口においてだけでなく追剥ぎや強盗の役割においても、以上の比較的大きな国々と殆ど変わらない力を有していた。更に、前一世紀の一時期、ナバタイ人の隊商国家はダマスクスにまでその勢力を広げた。パルミュラがナバタイ人の主要隊商路と関係を持つようになったのは、多分その結果であった。これらの出来事は、末期のセレウコス朝とパルティア人が、ドゥラとパルミュラを経由する砂漠の道によって結びつくことを一層好都合なものとしたに違いない。

これに反して、前二世紀末から前一世紀初めにかけては、ドゥラとパルミュラにとって繁栄の時代ではなかった。物事の趨勢は尚も流動的であったし、シリアとの戦いはいまだに続いていた。つまり、パルティアはシリアの征服にいたく熱心であったし、ヘレニズム諸国はその猛攻に対して頑強に抵抗していた。このような状況は、ユーフラテス河に沿う隊商路の繁栄を確立する方向にはなく、むしろ、すでに述べたように、その一時的な衰退がペトラの隆昌をもたらしたのであった。セレウコス朝の伝統の後継者であり、シリアにおけるギリシア文化の有力な支持者であるローマが、もし助けに来なければ、ヘレニズム諸国はイランの攻撃に抗することができなかったであろう。ローマの最初の一歩はミトリダテスの黒海王国を破壊することであり、次いで、小アジアにおけるイランの進攻を押しとどめることであった。

シリアの併合には、この国へ一挙に攻め入ろうとしていたイランの波濤に対して防波堤を築こうと考えたポンペイウスの意図があった。長く激烈な戦争は終結した。そして我々は皆、パルティアを征服しようとして失敗したクラッスス、カッラエ、アントニウスの名前をこの戦争で思い出す。我々が初めてパルミュラを耳にするのはアントニウスのとき

（前四一年）である。この頃すでにパルミュラは、将軍の欲望を刺激するに十分豊かな隊商貿易の中心地となっていたが、完全に確立していたわけではなかった。それ故、住民たちはその家財道具を集めて、ユーフラテス河の方角、恐らくドゥラに安全を求めて避難することもできなかった。パルミュラの発展は私がたった今述べたことと矛盾はしない。何故なら、無政府状態でも隊商貿易を抹殺することはできないし、たとえそのようなときでも尚パルティアからシリアへ旅する僅かな隊商にとって、この無秩序な地域における最も安全な方法は、パルミュラ経由で砂漠を横断するルートだったからである。隊商が行きかい、街が発展し続けたのはこのルートであったが、それが真に栄えるためには大きな変化が必要であった。ともかく、最近の発掘が示すように、パルミュラは前三二年にはその大神殿の基礎を置くことができたのであった。

クラッススの敗北とそれに続く死去およびアントニウスの不運は、この事態を認めようとする人々にはっきりと、ユーフラテス河流域は軍事力によっては何事も達成し得ないことを証明した。パルティア征服は、帝国が意図するには余りに高価であり、余りに複雑であることをローマ人は悟った。一方、パルティア人は、ローマが決してシリアを彼らに譲りはしないであろうことを認識せざるを得なかった。実際、両国ともシリアとメソポタミア全域にわたる恒久的支配権を獲得する望みを持つことはできなかったし、両国にとって、決定的重要性を持つ商業上の利益が集まるユーフラテス河に、平和が必要であることを知っていた。そのためには、妥協とある種の理解が必要であり、そのことをアウグストゥスは十分認識していた。そこで、彼の外交官たちは共和制時代の将軍たちが失敗したことを成し遂げることができたのである。彼らはユーフラテス河を越える隊商貿易を奨励し、シリアとイランの間に何世紀も続いた交流に注目するようになった。クラッススが奪われた軍旗とパルティアから捕虜の返還を記念したアウグストゥスによるコインの発行は、この政策の重要な契機であった。というのは、それによって、実際に、ユーフラテス河流域に対するパックス・ロマーナの一時的な導入を祝ったのであり、それとともに、ユーフラテス河沿いの隊商貿易の復興を祝うことになったからである。

最近キュレネで発見されたプトレマイオス七世（エウエルゲテス二世）の遺言や、ペルガモン出土の碑文にあるペルガモン王国アッタロス三世の遺言などローマ外交の勝利を証明しているすべての史料と同じように重要な碑文が、将来パルミュラから出土する可能性はある。つまり、二つの敵対する帝国の間に中立地としてのパルミュラを建設し、隊商都市としての輝かしい基礎を置くということを証明する史料であるが、このような史料がパルティア・ローマ間の明確な条約という形をとることは殆どあり得ない。むしろ、一方でアウグストゥスからシリアの属州長官へあてた手紙と、他方でパルティア王からメソポタミアの総督へあてた手紙の発見が期待されている。それらは、多分、ローマとパルミュラ、パルティアとパルミュラの間のある一致に関する協定を述べていることであろう。これらの書簡がどのような形式をとっていたにせよ、その価値は疑うべくもない。というのは、それによってパルミュラは、公式には敵対する二つの勢力であるパルティアとローマの物資がそこで交換される中立の半独立都市になったに違いないからである。交易がかつてのように繁栄するため、両勢力は、パルミュラにその自由と安全をしっかりと保障した。更に、両者はその領界を守り、都市を防御することに努め、同時に、パルミュラに彼ら自身によって打立てられた統治形態の是認に同意していたことは十分あり得ることであった。

この了解こそが、パルミュラを驚くべく急速に発展させて、シリアにおける最も裕福で最も豪奢なそして最も優美なる都市の一つに発展させたのである。魔法の杖の一振りで、パルミュラが砂漠の砂の中から突如出現したのではないかと考えるかもしれない。それ程またたく間に、タドゥモルの村にあった、古くはあるが、明らかに小規模で素朴な神殿が変貌したのである。すでに、アウグストゥス及びティベリウス時代、それはシリアの最も重要な神域の一つとなっており、この地方に当時存在していたいかなる神殿ともその荘厳さにおいて比肩することができた。

タドゥモルを通過する隊商路は、ローマ属州シリアの諸都市に見られる最も大きな街路の一つにパルミュラの中で成長していた。何百という円柱がその両側に並び、テトラピュロンが大通りを二分し、いくつかの街路が交差し合い、バルコニーが通りに向って開かれていた。隊商が休息をとる泉のまわりの土地は、砂漠から奪い取った場所であり、素晴しい住宅が建ち並び、活気ある中心地に変わっていった。そして、その周辺では街の商業と政治が展開された。同じ頃死者のための最初のモニュメントが現われ始めた。パルミュラの最古の墓碑は前九年に遡る。近隣の僅かな硫黄鉱泉を使い切ったパルミュラ商人が、何マイルにもわたる周辺砂漠の地下水すべてをこの急激に発展した街に集めたのも同じ頃であった。

当時、ドゥラはどうなっていたのであろうか。紀元一六四年、ローマがこの街を略奪するまでずっと、ドゥラはパルティアの要塞であった。そこには強力な兵隊が駐屯し、住民の生活はパルティア人の総督兼将軍が統治していた。従って、その住民がマケドニア人でありギリシア語を話し続けていたにもかかわらず、次第にイラン化していった。恰度、同じ時代の南ロシアにあるパンティカパエウムの住人と同じようにイラン的となっていた。同時に、その女性の大部分がセム系起源であるため、ドゥラの住人はセム化への傾向を強めていったのである。しかも、街の文化は依然ギリシア的であり、僅かにイラン的要素があったにせよ、グレコ・セム系の文化ではなかった。

パルティア統治時代がドゥラの最盛期であった。私はすでに、ドゥラが多分セレウコス朝の、次いで、パルティアの一国境要塞に過ぎなかったことを述べたが、この事実が、街の軍事的性格や大きな城壁それに城塞を説明しているに違いない。パルミュラの建設とともに、ドゥラは単なる要塞から、ユーフラテス河を出発してパルミュラに至る主要隊商ルートの出発点に成長した。地図を一目見れば、ドゥラはユーフラテス河の最短の渡河地点であることは明らかである。更に、もしドゥラがパルティア領内のユーフラテス河沿岸にある最北の要塞であったのなら、パルティア人はパルミュラからのメソポタミア、イランを目指す大部分の隊商を、当然、ドゥラ経由で送り出したのであり、パルミュラへの帰還を待ち受けたのもドゥラであった。このように推測する十分な理由がある。ドゥラの兵隊は、西方、南方、ユーフラテス河を渡る東方への各道路の安全に対して責任を負っていた。この事実だけでも、隊商商人にドゥラを通過させる十分な理由があったし、長期、短期いずれにせよそこに逗留させることさえあった。

この結果、ドゥラの富は増大した。そのマケドニア人土地所有者は、レヴァントの商人となって、隊商にブドウ酒、油、パン、野菜、荷役用動物、その他あらゆる必需品を供給し、ドゥラに滞在したりそこを利用したりするすべての隊商から様々な税金を見返りに徴収した。これらの税金は、パルティア人によって多分課せられた主たる関税とは別のものであった。遺跡の研究によって、ドゥラは紀元一世紀には大きく豊かな都市になっていたに違いないことが明らかとなった。そしてそのすべての美しく豪奢な建物はこの時代に属する。

つまり、劇場を伴い、豊富な彫刻と壁画の出土したアルテミス・ナナイア神殿とアタルガティス・ハダドの神殿、裕福な市民のために描かれた素晴しい壁画のある城塞北東隅のパルミュラ三神に献ぜられた大神殿、それに対応して城塞の南隅に建ち、ユーフラテス河沿岸の近隣集落アナト（現在のアナー）の好戦的太陽神アフラドに献堂された祠堂を有している神殿、そして最後に、近年発見された地方的アタルガティス神、つまりアルテミス・アッツァナトコナ神の「劇場」を附随する神殿、これらすべての神殿は、前一世紀末から紀元一世紀初めに、現在見られるような形を持つに至ったのである。

アウグストゥスとその後継者によって採用された近東における平和と平穏の賢明な政策が、紀元二世紀に入り変化したことは有名な事実である。ここでトラヤヌスに関して述べることはできないが、しかし、アウグストゥスの妥協と友好の近東政策を意識的に覆そうとし、外交から戦略へ、交渉と条約の代わりに征服戦争へと転じたのは彼であった。この政策においてトラヤヌスはカエサルとアントニウスの轍をたどったのであるが、それは、全文明世界をアレクサンドロス大王のときそうであったように単一国家とするためのパルティア征服の可能性を、彼が、恐らく確信していたためである。トラヤヌスのパルティア遠征はその不明瞭な輪郭だけしか分っていない。しかし、彼は一時的にせよパルティアからメソポタミアを取り上げ、そこを、ローマ属州に変えることができたのは事実である。ティグリス河とユーフラテス河沿いに南下の途中で、トラヤヌスの二つの軍隊が殆どパルティアの抵抗に遭遇しなかったことも分っている。一方の軍隊が徒歩と河の上流で建造した舟でユーフラテス河を下る途中、ドゥラを占領したことは確かであった。というのは、その軍団の一つがドゥラに近い隊商路に凱旋門を建てたからである。以前は大きな墓と考えられていたこの凱旋門の遺構は、イェール大学調査団によって発掘され研究された。短いラテン語碑文の断片が、この凱旋門はトラヤヌスのために建立されたことを教えてくれるが、それ以上明確にドゥラの軍事的重要性を表明するものはない。

トラヤヌスの征服はパルミュラとドゥラの住民を大して喜ばせはしなかった。ローマによるメソポタミアの恒常的占領がパルミュラにとって良い前兆というわけではなかった。何故なら、パルティアとローマの仲介商人としてのパルミュラの役割は、すぐに終わりを告げるであろうし、それに伴って裕福な独立の時代も終わるからであった。パルミュラは、この地方に古くから存在する隊商都市との望みのない抗争によって疲弊し、ローマ属州の一都市になり下る見込みしかなかった。このように、トラヤヌスの政策は、ペトラに対しては殆ど影響を及ぼさなかったが、パルミュラにとっては真の致命傷となるかもしれなかったのであった。

しかし、継続的な反乱がメソポタミアと帝国の両方で起ったためトラヤヌスはパルティアを完全に征服することができず、そのため、ローマ属州のままではなかった。パルティア遠征における最初の退却直後に皇帝が逝去すると、その後継者ハドリアヌスはアウグストゥスの近東政策に戻った。その結果、まずメソポタミアが、次いで、ドゥラがパルティアに復帰し、パルミュラの懸念は落着した。ハドリアヌスはこの意味でパルミュラの新しい建設者であった。いち早く皇帝の業績を評価したパルミュラ市民は、当然のこととして自分たちを「ハドリアヌスのパルミュラびと」と呼ぶようになった。ハドリアヌスの彼らに対する政策がいかなるものであったか詳細には分らないが、当時この街は通常のローマ都市ではなく、大きな自治権を獲得していたことが明らかである。このことはパルミュラの税表に記録されていた事実から証明される。つまり、関税はローマ人地方行政長官によって決定され徴収されたのではなく、多分ローマ顧問団の監督下にあったこの街の参事会によって決定、徴収されたのであった。このような顧問団がいたにせよいなかったにせよ、パルミュラは、ハドリアヌスの寛容な扱いにもかかわらず、西方と密接な関連を持つようになった。この街は以前よりも一層ギリシア的となり、その体制は非常にギリシア化した。その歴史において初めて多くの市民がローマ市民権を獲得し、自分たちのセム系の名前にローマ人の族名（ウルピウス、アエリウスなど）を付け加えるようになった。パルミュラが初めてローマ兵によって占領されたのはハドリアヌスのときか少し後のマルクス・アウレリウスのときである。この事実はパルミュラ最大の神殿がある場所から発見された碑文（未公表）によって証明される。これらの碑文は以前街の中で発見されたいくつかの同類の碑文を解読するためにも役立った。

ハドリアヌスと彼に続く後継者たちの治下、紀元三世紀の内乱が起るまでパルミュラはかなりの繁栄期を迎えた。街の非常に重要な建物の大部分はこの時代に建造され、多くの塔屋式廟墓が紀元二世紀に建立されたが、その重要なものの大部分は、少し前の時代に属する。印象的な大通りの両側に並ぶ大円柱の殆どはこの時代に建てられたのであり、パルミュラの領域が拡大されたのも同時代と思われる。パルミュラがローマ軍に騎馬射手隊を提供することができたのはこの広い領土によるのであり、それは後にローマ帝国全域に配置されていた。この時代のパルミュラ貿易の発達は更に大きな意義がある。その商人たちはパルティアとシリアの商業都市の間にあって、単なる仲介商人としての役割に満足するようなことは、もはや、なかった。つまり、彼らは今やパルティアのあらゆる重要な交易都市に続々と隊商を送り出し、自分たちの支店、詳しくはバビロン、ウォロゲシア、スパシヌ・カラックスの交易植民都市に出店を持つようになった。西に対してパルミュラは、ダマスクスを越えてフェニキアの諸都市にまで進出すると同時に、オリエントの限界をはるかに越えて商業上の出店を打ち立てた。エジプトとローマに並んで、ダニューブ河沿岸やはるか遠方のダキア、ガリア、スペインにもその出店があったらしい。世界の首都であるローマで、パルミュラ人は、祭壇や彫刻で装飾の施された自分たちの神々に献ぜられた神殿を持っていた。

このパルミュラ貿易の発展とはるか遠方との商業的関係及び巨大な経済上の利益がパルミュラに集中したことが、一見奇妙に思われるペトラとの密接な交流を説明するのである。つまり、パルティアの隊商の一部がペトラとエジプトへ向う途上パルミュラを通過するばかりでなく（南メソポタミアから直接ボスラへ砂漠を横断して行く代わりに）、南アラビアの物資をフェニキアの港へ向けて運ぶペトラの隊商も、ダマスクス経由よりもパルミュラ経由を通常ルートとしていたのである。この事実はパルミュラが単なる隊商都市ではなく、隊商の銀行業務と財政の重要な中心地であったことを証明するものである。

トラヤヌスの政策に戻り、パルティア王国が直面している困難につけ込もうとするハドリアヌスの後継者たちによる発作的な企ては、パルミュラ末期の歴史においては単なる出来事にしか過ぎなかった。パルティア王国は今やその没落の直前にあり、その権力は別の王朝、ササン朝の手にやがて移ろうとしていた。その領土はイランの異なる種族、ペルシア人に移ろうとしていた。トラヤヌスの死後、最初のローマ軍によるパルティア遠征はルキウス・ウェルスが指揮をとった。彼はマルクス・アウレリウスの兄弟であったが、この遠征の完璧な成功は、後に帝国の皇帝位を要求して失敗するアウィディウス・カッシウスの敏腕に負うものであった。戦いの結果、北部メソポタミアは征服され、それに伴ってドゥラも陥落した。紀元一六五年、この前哨基地はパルティアの要塞ではなくなり、ローマの強力な兵隊によって占拠された。

この国籍の移行はドゥラに大きな影響を与えることはなく、そこは依然として隊商都市であった。しかし、この頃から、ユーフラテス河沿いの頻繁な戦いは、かなりの数の隊商を別のルート、たとえば、パルティアの隊商都市からユーフラテス河に沿ってパルミュラに行くのではなく、直接砂漠を横断するルートに向かわせた。

セプティミウス・セウェルス以降、ユーフラテス河流域の占領政策は伝統的なものとなった。セム系王朝の創設者であったその後継者たちであるカラカッラ、ヘリオガバルス、それにアレクサンデル・セウェルスの政治において、多くの有能な女性が指導的な役割を果した。中でも、セウェルスの妃、ユリア・ドムナ、彼女の後継者ユリア・マエサ、ユリア・マムマエア、それにユリア・ソアエミサスらが際立っており、すべてセレウコス朝の伝統に従って教育されていた。彼女たちは、アレクサンドロス大王のギリシア帝国復興としての、東方に首都をもつローマ帝国を夢みていた。その目標がパルティア征服となっていったが、パルティアが滅亡の苦悶の最中であったにもかかわらず、セウェルスも彼の王朝もパルティアを最終的に征服することはできなかった。あらゆる可能な努力にもかかわらず、セウェルス朝は征服地のリストに南メソポタミアを加えることはできなかった。そしてセプティミウス・セウェルスの没後、彼の政策は、一連の不幸に見舞われた。彼の皇位継承者カラカッラはパルティア遠征の途上、部下によって殺害されたし、アレクサンデル・セウェルスは、ササン朝初代の王アルダシール一世の手から命からがら逃げたのであった。

パルミュラのセウェルス朝時代は、大きな変革の時代であった。この半セム系王朝は、パルミュラ人を好み信頼をおいていたらしいことが、何人かのパルミュラ人がローマ貴族階級に入ることを認められていることや、殆どすべてのパルミュラ人貴族がローマ市民権を得ていることから分るのである。セプティミウスとその息子カラカッラ・アウレリウスの名前はパルミュラのローマ市民がもつ名前の一部分となった。この二つの名前に、しばしばセプティミウスの妻でありカラカッラの母であるユリウスの名前が付け加えられた。ドゥラや他のシリア諸都市と同じく、パルミュラはローマ植民都市のタイトルを授けられたが、それは一属州都市としてのレベルを強いられたのではなく、大きな自由と自治権を保持していた。

ローマ風の名前にもかかわらず、パルミュラの市民は一向に変わらなかった。彼らは、後で詳しく述べようと思う奇妙な服装をしていたのである。セプティミウス・セウェルスの政策がもたらした唯一の変化は、パルミュラ人をローマにより接近させたことと彼らを支配王朝との密接な関係に置いたことのように思われる。

軍事行動にも同様の現象を見ることができる。帝政初期のパルミュラにおける軍事機構は殆ど分っていないが、恐らく紀元一世紀にこの街はローマ軍によって占領されていた。とはいってもローマ兵たちをトラヤヌス以前に見ることはできない。この街に彼らが出現した後でも、パルミュラは市内にパルミュラ自身の警察力を有しており、隊商の安全を図り、その領土から四方に伸びている隊商路沿いのキャラヴァンサライ（カタリュマタ）と井戸（ヒュドレウマタ）の維持に努めた。

この警察力について何も分っていないが、隊商の通常の安全が、その指揮官や、街の元老、裕福な中心的市民に委託されていたことは想像できる。彼らはそれぞれ、駱駝か馬に乗った射手からなる部隊を恐らく持っていた。隊商のリーダー（シュノディアルケス）たちと隊商の警備隊の守護神は後章でも述べるアルス、アジズなる二神であった。残念なことに、この隊商守備隊がパルミュラ軍の一部であって、パルミュラという都市によって徴兵されたり、傭兵されたり、あるいは両者混成であったりしたのかどうか、または、その都度隊商のリーダーかその構成員によって雇われた兵隊であったのかを知ることはできない。

常備軍が道路、井戸、隊商の駅停の安全のために必要とされた。誰もが、隊商と砂漠のベドゥインの生活にとってどんな方法が適切であるのかは分っている。ナバタイ人が自分たちの支配下にある隊商路にそのような防御策を講じ、次いでローマ人がナバタイ人から隊商路を取り上げると、ローマの隊商路は大小一連の軍事基地によって守備されるようになったことは確かである。それ故、パルミュラの隊商路にも同様の防御策が施されたことは疑いないし、パルミュラ領内の隊商路がパルミュラ軍によって守られ、その司令官はパルミュラの最高位の行政官である軍司令官（ストラテゴス）であった。

戦時中、といってもトラヤヌス時代以降、戦争は東部シリアとメソポタミアで全く日常的となっていたのであるが、都市と隊商路双方の安全が砂漠遊牧民の無秩序な振舞いによって影響されるとき、パルミュラはローマ人行政府の同意もしくは指導のもとにパルミュラ軍司令官のような特別行政官を任命し、軍の独裁者として活動させたのであった。最近発見されたいくつかの碑文から、アントニヌス・ピウス治下に最高行政官が一人、セプティミウス・セウェルス時代そのような人物が二人いたことが分っている。そのうちの一人は平和を維持するため街を預かっていたし(一九八年)、もう一人は遊牧民に対する軍司令官であった。

カラカッラもしくはアレクサンデル・セウェルス時代、第十二パルミュラ歩兵隊がドゥラに駐屯していたことは興味をひく。この事実からキュモンは、当時パルミュラはローマ政府によって約十二の歩兵隊から成る特別常備軍、つまりローマ人将校に指揮されたパルミュラ兵少なくとも一万人を保持することが許されていたと結論するのである。しかし、パルミュラが独自の軍隊を所有するという理論それ自体は魅力的であるが、確かなことではない。セプティミウス・セウェルスかカラカッラ時代以後、当時の皇帝の一人からローマ植民都市の名前と権利を獲得したパルミュラは、以前行なっていたようなローマ軍に不正規騎兵隊（ヌメリ）を提供することはもはや止めて、ローマ帝国の他の地域と同じように混成隊を編成していたとする方が可能性が高い。ローマ人がドゥラに守備隊として、もしくは守備隊の一部として派遣したのはこのような歩兵隊の一つであった。

この度重なる戦争の時代、ドゥラは着実にローマの軍事基地としての重要性を増していき、同時に隊商都市としての機能を失っていった。最近の発掘は、ローマ軍の征服（一六五年）直後に強力な守備隊を受け入れたドゥラが、パルティア帝国に向うローマ遠征軍の重要な集結地点になっていたことを証明している。明らかに、この街はローマ領メソポタミアの南部国境にある最も堅牢な要塞であったし、低地メソポタミアにあるパルティア（後にはペルシア）の首都クテシフォンに向ってユーフラテス河を下るローマ軍の通常ルート（トラヤヌスがたどったルートと同じである）沿いにあったからである。ドゥラの軍事的重要性が、セプティミウス・セウェルスとカラカッラの時代に街の一部を、その中心としての見事な「プレトリウム（軍本営）」や部隊の訓練を行う「練兵場」それに浴場や神殿を備えたローマ正規軍基地に変えたという事実にも影響を及ぼした。この基地の発掘が完了し、この街で発見されたすべての碑文、羊皮紙文書、パピルス文書が発表され図版化されたとき、我々は、セプティミウス・セウェルス、カラカッラ、マクリヌス、アレクサンデル・セウェルス、ゴルディアヌス三世、アラブ人皇帝フィリップス、ウァレリアヌスの遠征軍においてドゥラが果した役割についてもっと多くのことを知るであろう。

パルミュラの自治組織と独立した自衛軍は、三世紀後半におけるパルミュラの役割に影響を与えた。ローマ帝国史におけるこの困難な時代の歴史にここで立入るつもりはない。というのは、無政府状態や度重なる戦争、頻繁な皇帝即位は誰にも馴染のことだからである。中近東では、この不穏な状態がローマをメソポタミアだけでなくシリアをも失わせる脅威に曝《さら》した。ペルシアの新たなるササン朝の勢力はアルサケス朝パルティア帝国よりも更に強大で活力に満ちており、血腥い本国の内乱によってローマ帝国の屋台骨が根元からぐらついてきた正にそのとき、ローマ帝国に対する攻撃として次第に頻繁となり強力なものとなった。アレクサンデル・セウェルス以降の皇帝たちは、この分裂を押しとどめるための努力に熱中したため、パルミュラという自治都市国家が力を増して行く過程を無視せざるを得なかった。彼らはパルミュラ軍の膨張を見過ごすだけでなく、同市の有力家族の一つであったユリウス・アウレリウス・セプティミウス家（この家族の者たちはしばしばハイラン、オデナトそれにヴァバッラトという名前を持っていた）が徐々に支配的家族に成長し、小規模な王朝に変貌しつつあることに注意を払わなかった。そしてこのような発展過程はシリアでは稀なことでなかった。

ササン朝ペルシア初代の王アルダシールとその後継者シャープルに率いられた圧倒的なペルシア軍の侵攻が始まったとき、ドゥラには張りつめた緊張がみなぎった。後の章で詳しく述べるが、都市の中心部にあった個人住宅内の仕事部屋の壁には、所有者自身の手による商売上の記録が記されていた。その中に「五六〇年（紀元二三八年）ペルシア人が我々のところまで下りて来た」と走り書きされた文を読むことができる。これはアルダシールによる壮烈な、しかも有名なローマ帝国侵略のことである。熱狂的な活動が当時のドゥラに満ちた。このような敵による進攻にドゥラが直面したことはかつてなかったことである。同市の役割は反撃を目的とする遠征のための出発地点として果されるはずであった。パルティア人から引き継がれ、一六〇年の地震によって崩壊してしまったドゥラの旧要塞が、整備され、ある程度補修されはしたが、再建もしくは面目を一新されることがなかったのはこのためであった。城壁に寄りかかったような市内の建物も邪魔にされることはなかった。ペルシアの危険性がドゥラ駐在のローマ軍兵士を無関心さから立上がらせた。要塞をできるだけ早く、しかも効果的に再建するための最大の努力が彼らによって為された。二三八年から二五〇年の十数年間にローマ人によって為された仕事を記述するには余りに多くのスペースが必要である。それ故、その最も重要な仕事が、ペルシア人の攻城用兵器から城壁を守るため、厚い日干し煉瓦の壁によって砂漠に面した側の城壁の二重化にあった事実を述べるだけで十分であろう。しかし、徒労に終わった。

紀元三世紀の半ばを過ぎた頃、シャープル王に率いられたもう一つのペルシア軍の進攻があった。シャープルはシリア全土を手中に収め、アンティオキアまで進んだ。この侵略期間中、ドゥラはペルシア人の手に落ち、一時、彼らに占領された。ドゥラの遺跡で発見された何千というコインのうち、紀元二五六年を下るものは一つもない。ウァレリアヌスは近東を救うための遠征軍を組織し、それが二六〇年のエデッサの略奪で壊滅的に終わると、パルミュラの無冠の王オデナトはローマ帝国の盟友として、ペルシア人と、ウァレリアヌスの後継者ガッリエヌスなる別の敵に対して戦争を開始した。戦いは八年間続いたが、次々に勝利を重ねた。そして、このような勝利によって、オデナトが自らをアルサケス朝の後継者と見做すようになったことは当然の帰結である。彼は、まず諸王の王なる適切な称号を選び、次いで「全オリエントの復興者」（ローマ皇帝によってのみ称された全く栄誉的な称号）もしくは我々が知らないある官職を表わしていると考えられる「全オリエントの改革者」という幾通りかに解釈し得るもう一つの称号を採用した。この称号は、彼のヴァバッラトと称した時代の記録に表われ、同名のヴァバッラトによってオデナトにその死後の碑文に献じられている。

イラン風の諸王の王であり、ライバルたり得なくともローマ皇帝のオリエントにおける承認された分身であったオデナトは、その統治時代の大部分をパルミュラの外で過ごし、ペルシアと戦った。同市では、彼の不在中（二六二〜二六八年）パルミュラ貴族の一員であるユリウス・アウレリウス・セプティミウス・ウォロデス——イラン人とローマ人の混血貴族——が代理をした。この人物がパルミュラでもっていた称号は非常に興味深い。つまり、ローマの用語からすると、彼はプロクラトル（行政長官）でありユリディクス（裁判官）であったし、イランの用語からするとアルガペテス（軍司令官）であった。パルミュラの二面的性格に関して、またオデナト自身とパルミュラでの彼の代理人の前述した称号にいつも表われている——一方におけるイラン的と他方におけるローマ的——二重の顔をこれ程明確に表わしているのは他にない。

パルミュラの繁栄の終わりを告げる暗黒時代について、オデナトの息子ヴァバッラトの統治について、ゼノビアの名で一層有名な彼の母バト・ツァドバイの執政について、あるいはまたローマ帝国との条約違反についてこれ以上話す必要はない。いかにしてヴァバッラトが、シリア、エジプトそれに小アジアを含む彼自身の帝国を建設したか、またいかにしてゼノビアが世界的な令名を馳せたかということは、歴史家の周知するところである。パルミュラ発展の最初の理由は隊商貿易であり、隊商都市と隊商の女王を生み出したのもこの貿易なのである。また、エジプトがこの貿易圏の一部になったのは偶然の気紛れではない。何故なら、エジプトはかなりの期間、パルミュラの通商上の影響圏内に入っていたからである。

しかし、ゼノビアの隊商王国は短命であった。いかにローマ帝国が復権し、いかに統一が回復し、そして、アウレリウスがいかにパルミュラを略奪し破壊し、更にゼノビアによって彼の勝利を象徴せしめることに成功したかを、我々は良く承知している。

パルミュラの短い繁栄の期間中におけるドゥラの状況は不明である。ペルシア人が完全な略奪と部分的破壊を行ったこの街を、どれ程の期間所有していたか分っていない。また、ユーフラテス河を下る戦勝裡の遠征中、オデナトがこの街を占領し、そのモニュメントのいくつかを修復したかどうかも分っていない。パルミュラ神神殿と主門のいくつかのモニュメントが、アレクサンデル・セウェルス時代以後に確かに修復されているが、その正確な年代を知ることはできない。一方、二五六年以降に比定される貨幣(シャープルの二つを除いて)も碑文もドゥラでは発見されていない。この修復も再占領も、明らかに長続きはしなかった。ゼノビアに対するアウレリウスの勝利と、同帝によるそれに引き続いたパルミュラの反乱鎮圧の後、ドゥラは決して再びローマ軍によって占領されることはなかった。同市はローマ帝国とペルシア帝国の中間に位置する所有者のいない土地となり、砂漠の一部になってしまった。ユーフラテス河流域にローマの支配を復活しようとする果せぬ望みを持った機の熟さぬペルシア遠征途上、ユリアヌスがドゥラを通過した際、そこはすでに廃虚と化し、かつて栄えた植民都市に砂漠が侵食し始めていた。パルミュラはドゥラよりも、かなりの期間生き永らえたが、ゆるやかな衰退の後、この街も崩壊し、隊商貿易がアラビア人の手で復活されたときも、同市はそれからはずれていた。パルミュラは、最初にその繁栄を、次いでその廃虚化を、この貿易の様々な変遷に負っているのである。

第五章　パルミュラの遺跡

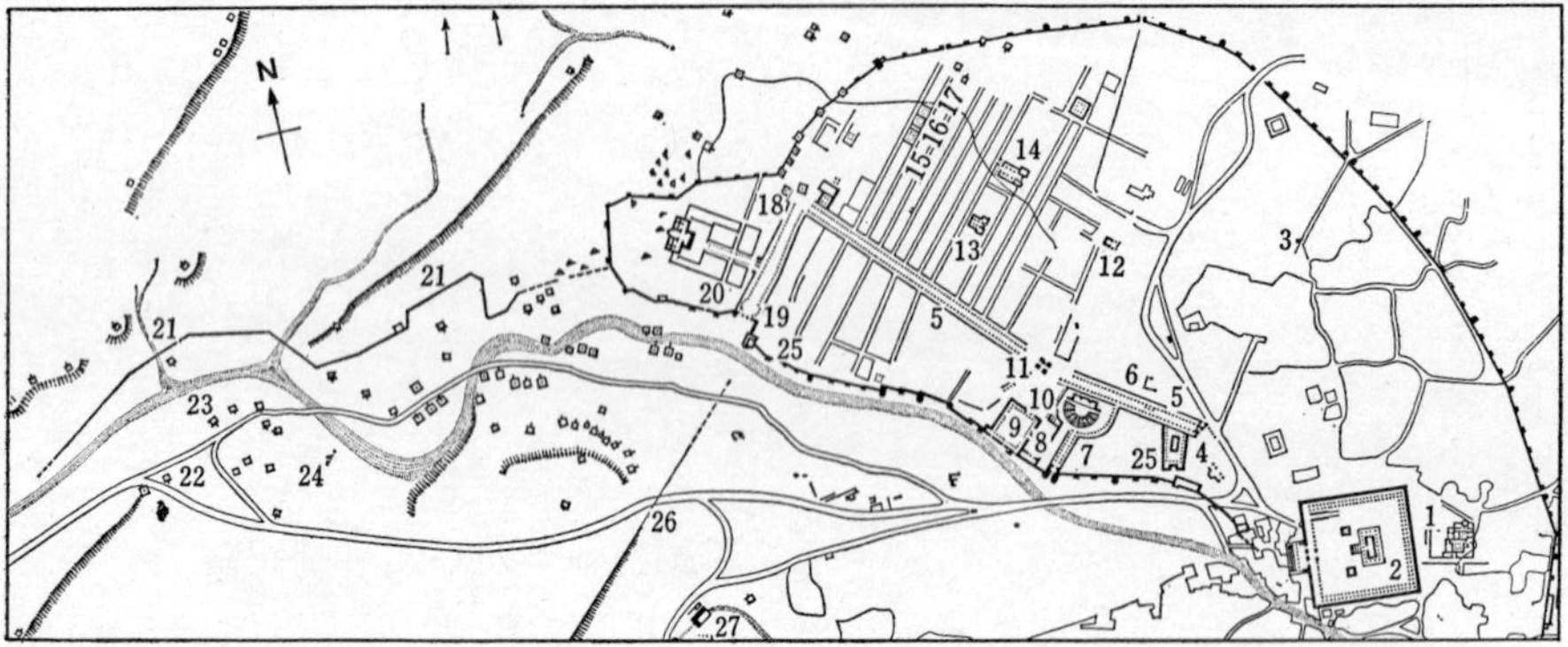

パルミュラの遺跡地図

1　住宅　2　ベールの聖域　3　記念柱　4　記念門　5　列柱道路　6　ディオクレティアヌスの浴場　7　劇場
8　セッラリオ（キャラヴァンサライ？）　9　アゴラ　10　クリア　11　テトラピュロン　12　バール・シャミーン神殿
13、14　ビザンチン時代のバシリカ　15、16、17　住宅のペリステュリウム　18　神殿式廟墓　19　列柱道路
20　ディオクレティアヌスの軍営　21　水道施設　22　アテナタンの墓　23　エラベルの墓　24　イアルハイの墓
25　ディオクレティアヌスの城壁（ユスティニアヌスが改修）　26　前一世紀初頭の城壁　27　エフカの泉

パルミュラとペトラは、疑いもなく古代世界の最もロマンチックな遺跡ということができる。この二つの遺跡と比較し得るものはどこにもないし、他では見出すことのできない不思議な趣がそこにある。幻想的なペトラ渓谷の彩色されたような岩を背景にそそり立つあの素晴しい摩崖墓のファサードは、それを見るすべての来訪者の胸に、忘れることのできない想い出を必ず焼き付けるであろうし、パルミュラもそれに劣らぬ生き生きとしたロマンチックな感銘を与えるのである。初めてそこを訪れる前に、私はこの都の多くの碑文を読んだし、そこをロマンチックな読物の華麗なる章句と同じように考えていた。それでも尚、長い砂漠横断旅行の末に、やっと塔屋式廟墓建築の輪郭が水平線に現われ、やがて風に舞う砂が作る煙のような薄膜からゆっくりと離れていき、遂には列柱と記念柱がくすんだ金色の砂漠を背に私の前にすっきりとそそり立つとき、私以前の来訪者すべてが持ったと同じあのロマンチックな魅力が有する不思議な力を感じたことを認めねばならない。今や旅行者はスピードのあるフォードやシボレーに乗ってパルミュラに到達することができ、居心地のよいホテルに泊まれるのであるから、感銘は更に深いのである。ところが、二十年前の旅行は駱駝の背に跨り、武装ガイドを伴わねばならなかった。というのはパルミュラの族長たちは常にその残虐さと強欲さで知られていたからである。

これら古代の最もロマンチックな遺跡が初めて真面目に「発見」されたのは、ヨーロッパ史上最も夢多き時代、十八世紀になってからである。古典主義は尚も影響力を有してはいたがそれに対する浪漫主義の反動が恰度始まっていた。事実、パルミュラは既にイギリス商人がアレッポから一六七八年に訪問しており、再度の一六九一年には大成功に終わっていた。早くも一六九五～七年にかけ、第二次遠征隊の一員であったウィリアム・ハリファックスが『哲学紀要』にスケッチと旅行記を発表した。一六九三年、同じ遠征隊の一員であったホフステッドはパルミュラの詳細な油絵を制作し、現在もアムステルダム大学のホールに掛かっている。これら先駆者の仕事はただ専門家や考古学者の興味をひいたに過ぎなかった。次のパルミュラ訪問者はコルネリウス・ルースという人物で、彼はスウェーデンのカール十二世のポルタヴァ遠征の参謀付であり、後にストラルサンド政庁付建築家になった人物である。ルースの仕える王がベンデルでトルコ人に捕えられると、共にいた彼は王の軍隊のため新しい制服をデザインして時間を紛らしたのであった。そして、一七一〇年、カールは古代のモニュメントを描かせるため彼をシリア、パレスティナそれにエジプトへ派遣した。この旅の途中パルミュラを知見し、しばらくそこに滞在してその重要な遺構をスケッチした。一七一一年彼は自分のスケッチと報告書を王に提出したが、その一部はトルコ人とスウェーデン人とのベンデルでの戦いにおいて紛失されてしまった。一部が、現在ウプサラ大学図書館に残っているが、残念なことにスケッチも報告書も未だ適当な形で公表されていない。それらに関して、私は、そのいくつかを新聞に紹介したルンドのアンダーソン教授のお陰で承知している。

パルミュラは、正に一七五三年になって初めて、イギリス人芸術家ウッドによって近代世界に紹介された。彼が一七五一年裕福な旅行家ドーキンスと共に同市を訪れ、その記述が、文明社会のあいだで大きな成功をもたらしたこと以外、彼の仕事やその人となりについては殆ど分っていない。実際この本のため、ロシア皇帝カテリーナのフランスの友人たちは彼女の都を「北のパルミュラ」と名付け、そして多分それ故に、彼女をゼノビアになぞらえたのであるが、それは以前彼女をセミラミス（同じようにロマンチックだが、はるかに可能性が薄い）にたとえたと同じであった。それがカテリーナにとっても、またロシア人にとっても決して喜ばしい比較ではなかったが、「北のパルミュラ」の名は聖ペテルスブルグに残った。ウッドの著作は今日でも代表作なのである。パルミュラから出土した往時の人相書を伝えるような彫刻や胸像がすべての博物館で見出されはしても、爾来、このことに関しての「概説書」を誰も書いていない。

アラム語のパルミュラ方言で書かれた現在まで知られている最長の文章、パルミュラ税表はロシア人旅行家で、パルミュラに関する興味深い本の著者アバメレク・ラツァレフ公のお陰である。公は故ラティシェフ・ドゥ・ボグエ侯爵、ドゥソウ教授の助力をかりて個人的にそれを出版した。税表が刻まれた石は、コンスタンチノープルにあった以前のロシア考古学研究所の努力によって大戦の直前にエルミタージュ美術館へ移されている。同様に重要なのは、ロシア・アカデミー会員故ウスペンスキーとファルマコフスキーによる調査団であり、彼らが税表をペテルスブルグへ移送するあらゆる手配をしたのである。またこの調査団は、今日のパルミュラ案内人がゼノビアの墓として旅行者に示す壁画装飾墓で当時偶然に発見された壁画を、初めて模写し出版したのである。実際は、その碑文が示すように、ある市民によって岩に彫り込まれた多くの墓の一つであった。その市民と彼の子孫は、そこに一族の者を葬るだけでなく、他人にもその一部を売却するという利潤のあがる商売をしていた。エルサレムの高名なドミニコ僧ペレ・ジョッサンとサヴィニャックによる最近の調査団が、このロシア調査団に学問上比肩し得る唯一のものである。

旅行者や商人が勝手に行っていたパルミュラ遺跡の略奪は最近になって終わり、地表にある古文化財の完全な記録を目的とした考古学調査団や探検隊の時代もまた終結した。フランス・アカデミー、シリア政府、それに委任統治領シリアのフランス統治官たちのお陰で、やっと地表面下の発掘が行われるべき時期に至り、更に重要なことには、遺跡の完全な保護と修復の段階に至ったのである。自動車の出現以来、パルミュラの破壊が急速に進んでいたのであるから、それは辛うじて間に合ったと言える。もしそのままに放置されていれば、数十年のうちに、一本の円柱も、一つの記念門も、現在の場所に建っていなかったであろう。ルースやウッドが見た原位置に立っている何百本もの円柱が時間や何か他の作用によって倒壊していったように、それらも崩れ落ちていったかもしれないのである。

遺跡の詳細な記述をすることがこの短い章の目的ではない。何故なら、そのような記述には現地での何カ月にもわたる細心の作業と、重要な建物や建築群の地下を発掘する必要がある。しかし、この遺跡全体についていくつかのことを述べる必要はある。

この街に関する地誌学上の知識は少ないにもかかわらず、全体像は明瞭であり、むしろ、細部によって重要な要素が隠されてしまう完全発掘地点におけるよりも、砂に覆われた外郭の方がはっきりしている。大規模で見事な「死者の街」は、「生ける者の街」の正面にあって、その輝かしさを競っている。というのは、今日の旅行者は、優美なプロポーションをもちながら輪郭の厳格な石造の塔屋式廟墓からなるネクロポリス（墓地）をまず目にするからである。一方、古代の旅行者は、街に近づくにつれ、塔屋式廟墓以上のものを見るのであった。彼らは、内部が豪華な壁画で装飾され、彫刻と浮彫で飾られた神殿式廟墓の柱廊付正面に対峙するのであった。また地上のなんでもない構築物も目に入った。それは単純な土盛りで、その下には岩に彫り込まれた地下の広間があり、その壁は絵画によって装飾され、その壁龕には石棺が置かれていた。様式上、決してギリシア的ではないし、セム系のそれでもない特殊な建築のために、また形式化された絵画と彫刻であるとはいえ写実的に宗教場面が表現されている保存状態の良好な内部装飾の故に、墓は歴史家にとって貴重な資料である。しかしながら、墓の実際的な役割は、この都市へ入って行く道――隊商路――を示すことにあり、一方、肖像や多くの碑文は、パルミュラ商人貴族階級の裕福な構成員に関する多くの歴史上の情報を与えてくれるのである。もし、このような墓の多くがアラブやヨーロッパの人々によって荒らされることがなかったら、またもし、墓にあった胸像や碑文が、ヨーロッパやアメリカの何百という公共、個人のコレクションになんの正確な出土地の記録もなしに散逸してしまうようなことがなかったなら、歴史上の完全なパルミュラ像を作り上げることが全く容易であったろうと考えられることは苦痛でしかない。

死者の街の背後に生ける者の街がある。どれ程の期間この都市が開かれた都市であったのか、つまり城壁などによって防御されず、言葉をかえるなら、どれ程の期間神殿だけが壁を回らしていたのか不明である。ただ完璧な城壁の調査だけがこの問いに対する答えをひきだせるのであるが、未だその仕事に取りかかった者はいない。我々に分っていることは、現存する城壁は後代のものであり、一部はゼノビア時代に属し、一部は更に時代を下るということである。

ペトラやジェラシュと同じように、ここでもまた城壁が街の主要なアウトラインを決定することにはならない。というのは、パルミュラの輪郭は隊商貿易に負っているからである。パルミュラは最も典型的な古代隊商都市である。道路や建物が、街自身の特殊な地形のため少し不明瞭になっているペトラよりもはるかに典型的である。ジェラシュもその都市史としての初期の段階は未だ問題であり、そのため後代の隊商都市の建物にどれ程の影響が及んだかについて我々は未だ確信がもてないのである。一方、パルミュラでは、隊商都市としてのアウトラインが極めてはっきりしている。

西へ向うすべての隊商路は市内の一本の通りに繋がる。街の西側の境界を作っている荒地の丘陵を降りて来ると遠くからでもそれと分る主要な隊商道路であった。現在のパルミュラの名声を支えているのはこの道路である。その際立った美しさ、その列柱道路、それに交叉する道路の出発点を示す凱旋門はこの名声に値するものである。同じように興味をひき、見事なのは、テトラピュロンと、メイン・ストリートに沿って並ぶ列柱のそれぞれの建立者である人物の彫像が載っていた円柱から突出た持送りである。列柱道路に対してパルミュラ人が抱いていた誇りは、実際、それが単なるメイン・ストリートというだけでなく、街の中枢であり、背骨であって、それなくして街は存在し得なかったことを証明している。

列柱道路の両側には円柱が並ぶ。少なくとも片側三七五本はあり、うち約一五〇本は今も元の場所にたっている。それは殆ど東西を一直線に走っているが、ある地点で急に鋭く曲がり、「幻想的」建築の驚くべき遺例である見事な三連アーチの門によって隠されているると同時に顕示されている。何故方向を変えているかは明らかである。建築的には、街を横断して真直ぐ砂漠へ抜ける道の方が簡単であったはずであるが、実際には、ハーレムか重要な神殿によってそのコースは決定されたのである。周壁の大きな円柱が建っているところには、太古の昔から神殿があったに違いないことは明らかであるし、隊商都市が誕生したとき、そのような神殿を移転させるような問題は勿論起り得なかった。何故なら、その場所は宗教によってすでに予約された地であって、地形によってや、隊商の通る方向によってたまたま選択されるようなところではなかったからである。隊商路は常に神の指示に従った。メイン・ストリートは多分、凱旋門と神殿の区間に特に重要な性格を有しており、バビロニアやエジプトの神殿に至る参道のように、一種の神聖な大通りとなっていたのかもしれない。今のところ、この仮定を証明するのは、通りのこの部分で素晴しいエクセドラ（半円形のベンチ状になった座席）が偶然に発見されたことだけである。

パルミュラのこの大神殿の神域や周囲にあった粗末なアラブ人住宅がそこから排除されてからたった二年しか経っていない。この事業はシリア政府古文化財局の努力によるものであり、特にその局長セイリッグに負っている。その結果、神殿の輪郭が明らかとなった。私はこの建物の細部を記述するつもりはない。何故なら、それを行う権利と義務を有しているのはそれを発掘した人だからである。私の目的とするところは、ほんの少しの言葉で十分である。

神殿内部で発見された多くの碑文によって、パルミュラの壮大なハーレム（この場合神殿）が、ほぼ現在の姿に建設されたのは前一世紀の末から紀元一世紀初頭であり、偉大なるバビロニアの神ベールに献堂されたことが分った。ケッラは最後までそのオリジナルな形態を保ったが、その周辺中庭は恐らく二世紀に、より大きな野心的な規模に改築された。しかし、ケッラが建設されたとき、多分、神殿の中庭と周壁も存在していたと思われる。アウグストゥス時代に建てられた神殿のプランは、その独創性と稀少性それに非対称性によって驚かされる。長方形の比較的狭い内陣は、同じ広さの三部分に分割されており、かつては、鍍金の青銅製柱頭が載っていたコリント式列柱廊によって囲まれていた。柱頭はなくなり、内陣のポルティコは柱頭なしの状態で建っている。ケッラへの主たる入口は建物の長辺側に開いていて、しかも片側に寄っている。ドゥラの有名なフレスコ画を想起させる破風彫刻で装飾された壮麗なマッスのあるこの入口は、神殿に適切な状態で設置されているわけではないが、入口大扉の枠組を形成している。列柱の回らされた神域が恐らく神殿を取囲んでいた。見事な列柱と、壮大な玄関部を有する現在の周壁は、恐らく、初期の列柱神域の拡張されたものであろう。

紀元一世紀初頭に建てられたこの神殿を一目見れば、それがギリシア式建築でないことはすぐに分る。現在見られる神殿の形態は、同一の方角とプランをもつ一時代前の神殿、つまり、同じ場所にあったシュメール・バビロニア式神殿を、一層大きな規模に置き換えることによって決定されたものと私は確信している。この神殿は、ギリシア人建築家によって、バビロニア式神殿の狭小さと陰鬱さから、ギリシア神殿建築のもつ輝かしい陽光の中に移されたのである。驚くべきことには、神殿自体もギリシア式円柱を周囲に持っていることである。中央に祭壇があり、二階建ての部屋がその三方を取囲んでいる通常のバビロニア式神殿とは異なり、列柱式ポルティコが独立した神殿を囲んでいる。全体がバビロニアとギリシアの二つの要素が不思議に混淆した建物となっている。この解釈は、神殿の奇妙なプランにも、また、内陣と周囲の列柱との間にあるべき建築的調和の欠如にもあてはまるのである。

神殿と隊商道路によって象徴される宗教と商業こそが隊商都市の主要な関心事であった。パルミュラができたころ、宗教は、恐らく現実の守護者の役割を果していたと思われる。つまり、当時、神殿は要塞としての機能を持っていたと考えられるからである。住民たちは頻繁に起った遊牧民ベドゥインの侵略に対する防壁をそこに見出すことができたのであった。

パルミュラにおける三番目の、しかも前者と同様に重要な建物は、ペトラやジェラシュと同じく、キャラヴァンサライであった。そこは、隊商の商人たちが休息をとり、商取引を行い、そして神殿に入る前、身を浄めるオープン・スペースだった。パルミュラのキャラヴァンサライの位置はメイン・ストリートにある最も大きなテトラピュロンによって示されている。この四柱門から峡谷までの地域は、発掘調査が行われたわけではないが、キャラヴァンサライを取囲んでいたと思われる大きな建物によってそれと分る。現状のプランは非常に込み入っているので、できるだけ早く発掘が為されるべきである。内側に面白い柱廊を回らせた矩形の巨大な周壁と、美しい見事な入口をもつ建物が、特に研究される必要がある。この建物こそ代表的隊商都市の、典型的なキャラヴァンサライであると私は考える。全体プランによって示唆されているということだけでなく、数多くの碑文がそこで発見されており、そのうちのいくつかは無欲でしかも商人と街への奉仕に専念していた有力な隊商リーダーたちを讃美し、彼らの手腕を強調しているからである。

都市の中央広場には興味をひくその他の建物が集まっている。なかでも最近発掘された建物は特に面白い。それは、四柱門のそばに建つ劇場のような建築である。発掘者のガブリエルは一般的なギリシア劇場に帰していいるが、私にはそうは思えない。シリアの幾つかの都市には劇場のような建物があるが、普通これらシリア式劇場というものはギリシア劇場と同じ性格を有していたわけではない。ジェラシュやアンマンで通常のギリシア劇場を見出すのはごく自然である。何故ならそれらの都市にはギリシア人が住んでいたからである。不思議な建物があり、いくつかの部族が住み、それを基盤とした制度をもち、広く普及していた熱狂的信仰をもつパルミュラにおいて、エウリピデスの悲劇やメナンドロスの喜劇が演ぜられていたと考えるよりも、パルティア王の宮廷で行われていた即興的芝居がこの劇場で演ぜられていたと考える方が自然である。クラッススの征服者ウォロデスが、エウリピデス作「バッカス信女」の悲劇において、クラッススの頭を標的として使用する許可を与えたことを想い出すこともできよう。パルミュラの中央広場にある劇場のような建物の真の役割は、たとえそこで時折ギリシアの演劇が行われたにせよ、かなり異なったものであった。それは、むしろ、政治的、宗教的活動の中心であり、そこに、街の「父親たち」が集まったのである。由緒ある族長たち、彼らの多くは富裕な商人と忠実な隊商のリーダーである長老たちがそこに参じた。部族の長老たちは堅実で信頼するに値する隊商商人を選ぶ投票のため集まったであろうし、また、市民たちは、宗教的行事や踊りや頌詞、あるいは供犠を見るためにやって来たものと思われる。シリアの非ギリシア地域において人々が集まるための建物が造られたのは主にこの種の目的であった。

そしてメイン・ストリートがある。これこそがパルミュラの生活の中心なのであった。その両側にそれを横断して伸びる多くの街路があり、それらのいくつかは両側に列柱が建ち並び、神殿や市場や公共建築に続く街路もあった。時代が下り、キリスト教時代に入ると教会堂も出現した。街のこの地域にある最も重要な神殿の一つは、殆ど完全な状態で保存されており、巨大な建物にもかかわらず優美で豪華な装飾を有している。それは、バール・シャミーンに献ぜられた神殿であり、最近の発掘調査によって、同じ神に献ぜられた多くの建築群の一部に過ぎないことが判明した。彫刻の断片や碑文など偶然に発見された資料から、他の神々に献ぜられた神殿の存在も判明している。たとえば、アナトリアとシリアの双児の神ハダドとアタルガティスの名前をもつ見事な神殿がこのあたりにあったことは確かである。また、シリアとバビロニアの神、イシュタール・アスタルテの神殿も正確な位置が確認されているし、隊商の守護神であるアルスとアジズに献堂された神殿の存在も碑文やレリーフから証明されている。将来、更に多くの宗教建築が発見されることであろう。豪華だったのは神々の家だけでなく、公共建築や廟墓や富裕市民の住宅も同じく豪壮そのものであった。そのような住宅の二軒が最近発掘され、デロス島にある富裕商人のものより一層美しく見事な装飾の施されていることが分った。中庭の素晴しい列柱廊は住宅というより宮殿にふさわしく、中庭に面した部屋は宮殿そのものを思わせる。イタリアのパラッツォに匹敵する程である。街路や神殿に属する列柱や、この街の貴顕のために建てられた円柱を除くと、原位置や倒れた状態にある円柱の多くは、個人住宅のペリステュリウム（列柱回廊）や列柱の回らされたアトリウム（天窓附き広間）からのものである。もっと粗末な中流階級の住宅や、ポンペイ式住宅のような住居兼店舗あるいは職人や労働者たちが住んだ地域が、このような宮殿と軒を接していたのかどうか、または街の他の区域にあったのかどうかは、時間の経過によって明らかになることであろう。しかし、そうであっても、発掘された最初のタイプの住宅は貴族階級に属するのであり、この階級こそが街の建築的な輪郭やその富や美観に対して、また特殊な社会的、経済的制度に対して責任を有していたのである。

これらの住宅を述べるために、私はペリステュリウムとアトリウムという言葉を用いた。そのためにパルミュラの列柱中庭というものが、ギリシア起源なのかどうかという私には答えることのできない疑問が生じた。大きく時代を遡る過去に、円柱はすでにメソポタミアの建築家に知られていたのであり、バビロニアでは列柱中庭は一般的なものであった。バビロニア式中庭以外にも、ヒッタイトの「ヒラーニ」やペルシアの「アパダーナ」それにパルティアの王宮などに類似の構造を見出せる。従って、パルミュラの住宅がどこに由来しているのかという疑問を呈し得るのである。更に多くのパルティアの王宮が研究され、より多くのパルミュラの住宅が発掘されるまで、これらの可能性のいずれにも力点を置かない方が賢明であろう。

隊商によって建設され、隊商貿易を志向したこのお伽噺のような都市において、パルミュラの人々が送っていた生活はどのようなものだったのであろうか。ペトラやジェラシュの生活に関しての知識よりも僅かに多いとはいえ、まだ非常に限定されたものである。何百というパルミュラの碑文は興味深くまた有益であるし、何千にも及ぶ彫刻と胸像、あるいは浮彫、多数の肖像画、壁画によって、我々は住民の外に現われた様相に接することができる。また、何らかの形像や碑文のある粘土板のような大して重要とも思われない出土品からも多くのことを知り得る。それらはかつて、宴会の席や、神々や死者のための儀式に関連した宗教的、もしくは個人的レセプションへの入場券のような役割をもっていた。しかし、残念なことに碑文、彫刻、絵画、それに家庭用品は未だ組織的に収集されていないし、それらの十分な研究も出版されないままである。

それでも、パルミュラの生活に関する大まかなスケッチを描くために必要な資料はある。最初に注意すべきは、住民が人種的に混血している点である。セム系住民が多数を占め、碑文の大部分が、彼らの言語、つまりアラム語方言であり、パルミュラに特有のアルファベットによって書かれていた。しかし、ギリシア語とパルミュラ語の二つで書かれた碑文や、ギリシア語またはラテン語だけで書かれた例もある。名前に関しても同様で、ギリシア系、ラテン系、イラン系の名前がかなりの数に昇るとはいえ、セム系が殆どであった。ギリシア系住民は少なかったと思われる。というのは、ギリシア名の殆どが解放奴隷についていたからである。非常に稀なことではあるが、時折、セム系家族の一員がギリシア名を名乗る場合もある。パルミュラ人が仇敵のギリシア人を嫌い、彼らがそこに住みつくことのないよう努めたことは明らかである。そして、ローマ人は、「開かれた門戸」政策をとるよう強制しなかったと思われる。パルミュラ人はその点においては完全に自由を満喫していたらしい。解放奴隷以外のギリシア名、ローマ名はローマ政府代理としての文官や軍人、それにローマ軍の兵士が持っていたが、ローマ兵はパルミュラには少なかった。また、この都市の貴族階級の一員にイラン人もいた。彼らは、ギリシア人とは反対に、外国人と見做されることはなかった。

セム系の名前を綿密に分析すれば、それらすべてが単一の系統にないことを示すであろう。ともかく、すべての支配的家族が、アラム人であれカナーン人であれオアシスにもともと住んでいた部族の末裔ではあり得ないと思われる。パルミュラの繁栄が始まる頃、貿易上の関係や資本は、外部から、つまりバビロニア、ダマスクス、内陸部のアラビア、ペトラ、そして恐らくパレスティナ（エルサレムの崩壊後か）から導入されたことは確かであると私は考える。それは、この街に存在した外国起源の多くの宗教から証明されるのである。紀元八五年、パルミュラの貴族、スサの息子、イルディベールの息子、マリクの息子、ミグダト族のリサムスとゼビダの二人が「彼らの祖先の神」であるアラブのシャマシュに建物を献じていることはこのことを意味するのかもしれない。

社会制度は非常に特殊であった。各部族のまとまりはセム系社会では一般的であったかもしれないが、パルミュラの何十という部族のうち、四部族だけが抜きんでていた。しかし、それに属する人々だけが独占的政治権力を握り、彼らだけが参事会員や役人や隊商のリーダーになり得たのかどうか分らない。いずれにせよ、彼らが協力し合っていたことは明らかであり、パルミュラの名士たちは彼らから栄誉を授かることを大きな特権と考えていた。残念なことにこれら様々な部族の生活や、相互関係については余り明らかではない。

ベール神殿　列柱廊によって囲まれた広大な聖域の中央に位置する神殿。碑文によって前32年4月1日、ベール、ヤルヒボル、アグリボルのパルミュラ三神に献堂されたことが判明している。神殿のケッラ入口はその短軸方向西側のしかも西に片寄ったところにあることが本図でも分る。ケッラを列柱が取巻く周柱式神殿であり、その前面には供犠を行う祭壇や犠牲獣を導くための通路などがある。

ベール神殿東側　ケッラを囲む列柱が神殿裏側には良く保存されている。円柱の柱頭は石の核部に鍍金青銅製の被殻が付けられていたが、現存しない。その上部のエンタブラチュアからコリント式であったことが分る。その更に上には、メソポタミア、イランで使用されていた狭間胸壁が載っている。一方、ケッラ側壁外側の片蓋柱はイオニア式であり、様々な美術の要素が混合している点に、パルミュラの文化の特質を見出せる。

ベール神殿内部　神殿の内部北側にベール、ヤルヒボル、アグリボル三神の神像を安置したタラモスがある。これに対応する南側のタラモスは、その前部には階段があるため、ベールの祭のとき駱駝の背に乗せて運ばれて来るベール神像を置いたと考えられる。その横には神殿の屋上（陸屋根だったと推定される）へ至る階段があるため、屋上で神官が香を焚いたと思われる。

タラモス天蓋浮彫装飾　タラモスの天井は浮彫によって美しく装飾されている。連珠文、円花文などを幾何学的に配置した精緻な装飾は、パルミュラ彫刻技術の高度な水準を伝えている。

記念門　セウェルス帝（在位193～211年）時代に造られた門である。パルミュラの中心部を貫く列柱道路（門の左側にその列柱が見える）が南へ折れてベールの神域へ向うその屈折点に位置する。この門の南北いずれの側の道に対しても門のファサードが正対するようにその断面は三角形を成している。恐らくベール神殿周辺の古い市街地と新しく整備を画された市街地の両方の軸線方向に対応するためである。門の中央アーチを通して見える円柱はディオクレティアヌスの浴場内ペリステュリウムの列柱の一部である。

列柱道路　パルミュラの最も重要なこの街路には両側に列柱が並んでいた。列柱と街路に面して建つ浴場、神殿、店舗などとの間には歩道があり、屋根が掛けてあった。日差しの強い日中でも市民は日陰を歩くことができた。また、円柱の中程のところから突き出た持送りのような台の上にはローマ帝国やパルミュラの貴顕の肖像彫刻が置かれ、その下に彼らの名前が刻まれていた。つまり、列柱道路は単に通過すべき道ではなく、彫刻館のギャラリーのような観を呈していたのであった。

劇場とテトラピュロン　手前は劇場の観客席（カウェア）である。段床になった観客席が10段しかない小規模な劇場ではあるが、地形の傾斜を利用して造られるのが一般的なシリアの劇場（ボスラなどの大劇場は例外）としては特異な例である。背景にはエジプト産赤御影石の柱身をもつ円柱16本で構成されたテトラピュロンが見える。

バール・シャミーン神殿　ギリシア神のゼウスに当るセム系の神バール・シャミーンの神殿はベール神殿に次いで重要な建物である。列柱回廊がめぐる神域は後一世紀前半に造られたが、この神殿は後130年に完成した。神殿ポルティコの六本の円柱から突き出ている持送りの一つに、ハドリアヌスのパルミュラ訪問歓迎の代表者だったヤルヒボルの息子の碑文が刻まれていることから判明した。神域内、神殿北側には神を崇えて行う聖なる宴会の集会場もあった。本文で述べられているテッセラは、このような場で使用されたのである。

祭壇に立つアグリボル神　軍装の月神アグリボルが果物をのせた祭壇の右側に立っている。祭壇を挟んで左側に立つ人物の手を握っている場面であるから、互いに向き合うべきところをそれぞれが正面を向いている。パルミュラ彫刻におけるこの正面性は、パルティア美術の特徴の一つでもある。ベール神殿のケッラ周壁とその回りの列柱上に渡された巨大な石の大梁側面に彫られている。

駱駝の行進　〈祭壇に立つアグリボル神〉と同様に大梁側面の浮彫である。図中央の馬（ロバかもしれない）が行進を先導する。馬に続く男に手綱を引かれた駱駝は幕のかかった輿を運ぶ。馬の上部に表わされた四人の男性はパルミュラの神々である。左右の両端に見える女性が顔にヴェールを掛け嘆き悲しんでいるかのようであるため葬送行進を表わしているとも考えられる。しかし、近年までのアラブ女性がヴェールで顔を隠していたことを考えれば、むしろ、ベール神殿へ神像を運ぶ行進と見做した方が適当であると思われる。

エラベルの墓　パルミュラの墓は大別すると四つに分類しうる。塔屋式、住宅式、地下式（ヒュポゲウム）、それに埋葬者一人を方形の穴に埋める通称「個人」式である。このうち塔屋式が最も古い。方形の平面を持つ塔のようなこの種の墓は内部が数階に分れ、各階の壁面に設けられた棚に死者を安置させるのである。今日の銀行の貸金庫のような形式であり、それぞれの棚前面に肖像浮彫パネルが嵌込まれている。この墓はエラベル他三人によって後 103 年に造られた。

イアルハイの地下墓　1935年パルミュラからダマスクス国立博物館に移転再現された地下墓の一部。大きな墓には図に見るような宴に臨席する人々の姿を表わす浮彫が数点納められている。この種の浮彫で男性は神官であることを示す円筒状の帽子を被り、女性はディアデーマをつけている。碑文には、後108年4月にバルリクの息子イアルハイがこの墓を造ったとある。恐らくその子孫が三世紀頃までこの墓を利用したことであろう。

マロナの墓　後二世紀になって出現する住宅式の墓で保存状態の最も良い例である。内部は塔屋式の墓の一階部分と同じだが、墓の周囲には列柱回廊が設けられた。

ディオクレティアヌスの軍営　城壁内西端に位置する。最近の調査によれば、オデナト及びゼノビアの宮殿跡をディオクレティアヌスが軍営として修復改造したと推定される。軍営本部（プレトリウム）や兵営、それに軍旗を祀る神殿などがある。

有力な部族は、当然のことながら互いにいつも平穏であったわけではなかった。というのは、今日のシリアやメソポタミアにおけると同じように、パルミュラにおいても、長い世襲的な反目がアラブ人の間では一般的なことだったからである。そのような古代の興味深い抗争が、非常に早い時代、前二一年の碑文によって明らかにされている。それはベネ・コマラとベネ・マッタボルなる二つの部族の負担と注文によって作られたハシャシュ像の下に刻まれたものである。両部族ともパルミュラの歴史にしばしば現われる名前であり、恐らくこの都市で最も有力かつ影響力を持っていたものと思われる。碑文は次のように書かれている。「彼、ハシャシュが彼らの頭上〔両部族の頭上〕に現われ、彼らの間に平和をもたらして以来、彼は、大小あらゆることにおいて彼らが緊密な協力にあることに注意を払っている」。それを要約したギリシア語訳で、二つの部族が「パルミュラ人の部族」として言及されていることは特徴的である。

パルミュラで崇拝されていた神々に仕える神官たちは固く結ばれた有力なグループを構成していたが、複雑多彩なヒエラルヒーをもち、未だ綿密な研究の対象とはなっていない。一部の神官たちは神殿においてその職務を司ったが、神殿や、多分、部族の神域を中心として組織された興味ある宗教団体と結びついていたものもいた。パルミュラの有名な上流階級の男たちが神官の衣裳をまとっている数多くの胸像が発見されている。その頭には特有の形（円筒形の）をしたティアーラを被り、そこに彼らが崇拝する神の宝冠や胸像が装飾されていた。私の考えでは、このことは神官職というものがエジプト人、バビロニア人、セム人、あるいはイラン人の社会におけるような世襲のものではなく、ギリシアやローマにおけると同じような純粋に名誉としての職であったと思われる。

我々は、また、時折（恐らくイラン系の）神官のような肩書きである「酒宴の長（シュンポジアルコス）」、つまり宗教的な宴会の長のような肩書きを見出すことがある。彼らは多くの従者や召使を従えていた。多量のブドウ酒がこのような宴会で神や人間によって消費された。ある重要な碑文のなかで神官兼酒宴の長は、そのような宴会で古いブドウ酒（多分輸入物ではなく地酒）が供されたことを誇らしげに語っている。このことは、古代のパルミュラに豊かな農業のあったことを証明している。ブドウ酒、大麦、野菜、棗椰子のほかに、オリーブ油もパルミュラで作られていたことが、テッセラ（小板）や納税表から判明した。聖なる宴会に参加した人々は、この遺跡から多数出土しているテラコッタ製の「ジェトン」のようなものをもらったらしい。それによって我々は、この街における社会的、宗教的活動の明確なイメージを得ることができるのである。それらの多くは銘文があり、神官やベール神やその他の神に言及している。聖なる宴会は、ただ単に神々のためだけに行われたのではない。死者は、神聖な家族の一員、もしくは英雄や半ば神たる存在になるとパルミュラ人は信じていた。恐らくギリシア人がもたらした思想であった。この考えのもとに死者は豪華なクッションに体を横たえ、素晴しい衣裳をまとう神格化された英雄として表現された。死者のために行われる葬祭の宴に、彼らも参加すると考えられたのである。テラコッタ製の記念品のようなものは、そのような死者のための宴に参じた人々に配付された切符のようなもので、死者の残した家族や、その部族や、あるいは死者が属していた宗教団体（ティアソス）の構成員に与えられたのであった。

いつから、このような聖なる酒宴がパルミュラで開かれるようになったのであろうか。この疑問は難しく複雑で、ここで検討することはできない。ただ、パルティア時代のメソポタミアにおいて、神と神格化された死者が、クッションの上に横たわって表現されているし、それがメソポタミアに住む人々の宗教観に対するギリシアの影響であるかもしれないことを指摘しておこう。

パルミュラの男神と女神による大家族制度は、その街に住む人間や神官たちのそれと同じように込み入っている。ベール神が主神殿に祀られた神である。この神とバール・シャミーン神（両神とも天空の神であり、ギリシアの「ゼウス」に当る）に、太陽神と月神であるヤルヒボルとアグリボルが加わる。三神としてのベール、ヤルヒボル、アグリボルが、恐らく大神殿で崇拝された。そして、時折、第四もしくは第五の神がこの三神に付け加えられたのであり、パルミュラのレリーフやテッセラに表わされた三神や四神をしばしば見ることができる。多分これら三神もしくは四神のうちの二神ヤルヒボルとアグリボルはバビロニア系の神ではなく、この土地固有の神であると思われる。偉大なる神バール・シャミーンはローマ時代になるとベールのライバルになる。そして何百という献辞のなかで「永遠に祝福されたもの、善良、そして慈悲」と呼称されている。彼はパルミュラのパンテオンに入ったシリアの神と思われるのである。奇妙な神はマラカベルである。彼は「ベールの伝令者」であり、従者であり、ベール自身の下位のアルテル・エゴ（他なる自己）なのであり、ベールと同じくバビロニア起源の神である。

ベールと同様に、シャマシュとイシュタールもバビロニア起源であるが、後者はすぐにフェニキアの神アスタルテと習合した。後でその崇拝についても触れるが、ドゥラでも崇拝されていた半エラム系のナナイア神や黄泉の国のネルガルもやはりバビロニアからやって来た。バビロニアの神々だけがパルミュラで再び姿を現わすわけではない。北シリア、究極的には恐らく小アジアからは、あの強力なるハダドとアタルガティスの両神が伝来しているし、フェニキアからはアスタルテに結びつくエシュムンが到来している。彼はギリシア語のテッセラではアスクレピオスと書かれている。アラビアからもかなりの数に昇る神々が伝わっている。彼らは、シャマシュ（アラビアで太陽神は女性であるが、パルミュラではバビロニアのシャマシュと同一視されている）やアッラート（アラビアのアテナ）や興味深いチャイ・アル・クアムである。この最後の神は親切で慈悲深く、ブドウ酒を受付けなかった。彼は、多分、アラビアのディオニュソスであるドゥシャラもしくはドゥサレスのライバルであった。テッセラやコインやレリーフで、アルスは駱駝に乗る若い兵士として表わされるか、あるいは駱駝を御する者としてそのかたわらに立っている。たまにこの神は駱駝そのものとして表現されることさえあり、この動物がそのシンボルであった。若くてハンサムなアジズは騎馬像として表わされる。アルスは確かにアラビア起源である。というのはこの神の崇拝がペトラにあったし、内陸部のアラビア人はルーダあるいはラドゥ（もともとは女神）の名前で彼を崇拝していた。しかしアジズはアラビア起源ではないように思われる。何故ならこの神と同じモニモスがエデッサで信仰されていたからである。この両神とも太陽の従神であった。一方は暁の星であって、宗教上の行進において太陽を先導し、他方の宵の星は太陽に後続した。アジズは、恐らくシリア人によって崇拝された多くの騎馬神の一人であり、その信仰はシリア人の兵士や商人によって国境を越え遠方まで伝播されたと考えられる。遠く離れたダキアで彼に捧げられた多くの献辞が発見されており、そこには「善良なる神、暁の星の息子、アポロ・ピュティウス」と記されている。

パルミュラにおいて、アラビア系とシリア系のアルスとアジズは、その起源がどうであれ、隊商商人たちの神であり主であるばかりでなく、力強い保護者であり防御者であり、聖なる酒宴の長であった。テッセラには、ときどき太陽神シャマシュやヤルヒボル・マラクベルとともに現われるし、それらの神は常に月神アグリボルと一緒であった。昼夜にかかわらず方角を示す明りとなった慈悲深く親切な神に、砂漠で長い夜と昼を過ごす人々は熱烈な祈りを捧げた。我々はすでに隊商の道しるべとなる星に出会っている。というのは、ペトラのフォルトゥーナ（テュケー）に並んで、あの見事なエル・カスネのファサードから、ギリシアのディオスクーロイの姿で我々を見下ろしていたのである。ペトラ渓谷に入って来た隊商が最初に出会うのがこれらの神々であり、隊商が、長い旅の途中で通過する神殿や市門の壁面に何千と刻まれた碑文に引きつけられたのもこれらの神々に対してであった。

以上のようなパルミュラの外国起源の男神女神の長大なリストのなかに、イラン系の神の名前を見出せないことは驚くべきことである。勿論本来のギリシア、ローマの神もパルミュラにはいないが、少なくとも、ギリシア語碑文のなかでオリエントの神はギリシア名を与えられている。彫像や浮彫で同じ神がギリシア神の形象で表わされており、それによってギリシア、ローマのパンテオンが形成されていた。類似のイラン系の宗教的要素をパルミュラで見出すことはできない。イラン起源であるかもしれないパルミュラのパンテオン唯一の神は、浮彫とテッセラに表わされたサトラポスの名前をもつ神である。そのテッセラには、アルス、アジズとともに表わされている。しかも、この神はイラン高原からパルミュラに伝わったのではなく、パルミュラが建設される以前から、フェニキアと小アジアで崇拝されていたのであり、両地方ともペルシア帝国のサトラピーであった(原註1)。

原註1　最近、パルミュラから出土した墓に書かれていたオルムズドの名は恐らく神の名前

ではなく人名である。

私はパルミュラの宗教におけるイラン的要素の欠如を、誤った考えに基づいたものと考えている。ここで詳細に述べることはできないが次のことを示しておけば十分であろう。つまり、パルミュラにバビロニアの神々がやって来たのは、バビロニアがパルティアの都市だった時代であり、しかも、バビロニアはパルティアの首都の一つクテシフォンに憧れの目を向けていた時代だったのである。バビロニアでパルティア人はバビロニアの神々を採用して、一種の折衷的な宗教を形成していた。この習合的宗教はパルティア帝国の複合的性格を反映していたのである。このような宗教的習合性は、パルティア宗教の発展の主要な役割を果した一要素と私は考える。同様の現象は北インドのクシャーン朝にも見られるもので、そこでは、純粋にイラン的、原ゾロアスター的神々がギリシア神の様態と属性をもって貨幣に表わされているのである。メソポタミアの宗教の発展にも一部類似したところがある。パルティア人自身はゾロアスター教徒であったが、パルティアの王たちは、帝国内の異民族が住む各地方の神々に対して公式の承認を与えることが必要であると考えていた。このようにして、バビロニアの最高神であり、その信仰が広くメソポタミアとシリアに伝播していたベールが、パルティア帝国の神々の一員となったのである。今や、良きゾロアスター教徒がベールを祀り、時折その神殿へ参拝した。ベールがあたかももう一人のアフラマズダであるかのようにベールに対して祈ることを妨げるものはなくなった。このようなことを考慮するなら、バビロニアの聖職者がパルティア人の宗教儀式の習慣にある程度譲歩せざるを得なかったし、彼らの主であり王である慈悲深きベール崇拝をイラン化しなければならなかったことが考えられる。

パルティアの神としてのベールは、パルミュラにイラン化されて伝えられたのであり、その儀式にはイラン的要素が含まれていた。いくつかの事実が、すでに述べた私の仮説を支持している。パルミュラ出土のある碑文に、ベールの神官たちの長いリストが書かれている。それら神官たちの名前の一つに、セム語には決してないイラン起源の名前がある。しかも、パルミュラのパンテオンで最も重要な神々である軍神のベール、ヤルヒボル、アグリボルは、ときどきパルティア風の衣裳をまとい、パルティア式の武具を纏って表現されているのである。アルスとアジズに関しても同様である。

私はすでにパルミュラの政治制度について書いたが、それに関する我々の知識は嘆かわしい程に僅かである。その起源は暗闇のなかに隠されているし、ハドリアヌス以降使用された用語がギリシア語であっても、それが本質的にギリシア的であることを意味するのではない。ストラテゴスが恐らく共和制の国を代表し、民兵を指揮し、執政官のアルコン二人が行政府を代表した。彼らのすぐ下に財務官、市場とキャラヴァンサライの監察官がおり、賦課金や税金の徴収に当る役人がそれに続いた。権力を握っていた参事会は、特別の代表を持っていた。徴税請負人も同様に重要であったことがパルミュラ税表から判明した。この税表は紀元一三七年プロエドロスの統轄のもとにアルコンと大臣が出席した参事会によって制定され、十分な編纂と改正と増補を経た租税と関税に関するものであった。

行政官と参事会員との関係について、あるいは、住民が分かれてそれぞれの共同体的な宗教活動を行っていた古い部族について殆ど何も分っていないことは残念なことである。しかしそれにもまして嘆かわしいのは、パルミュラの行政官や参事会とローマの中央政府との間の関係について殆ど何も判明していないということである。軍団の司令官以外に、一体、誰がローマを代表したのであろうか。シリアのもっと小さく貧弱な都市においてさえ、ローマ皇帝とシリアの長官の栄誉が称えられているにもかかわらず、パルミュラでは彫刻やその他のモニュメントで彼らを称えることが殆ど為されていないのは何故であろうか。時間がたてばこのような不可思議なことを説明してくれる何らかの史料が明るみに出ることであろう。

パルミュラの生活水準と政策の傾向は、ともに、隊商に資金を調達していた商人たちによって明らかに決められていた。彼らは西にも東にもその事務所を設置し、パルティア領内やローマ帝国内の港に店舗を所有し、さらに、商業活動のための資金の貸付をしていた。外国にあったパルミュラの「フォンドゥク」(商館)の代表者や、隊商のリーダーであるシュノディアルコスや、商社の代表者アルケムポロイを称えた一連の碑文が、彼ら及びその活動についての知識を与えてくれる。パルミュラを代表する人々が世界のいたるところに散らばっていたにもかかわらず、また、パルミュラの隊商があらゆる地方を旅していたにもかかわらず、上記の碑文は奇妙にも一定の地にある「フォンドゥク」の代表者についてや、あちこちを旅する隊商について述べているだけで、その地点はバビロン、ウォロゲシア、フォラト、スパシヌ・カラックス、その他パルティア帝国の小都市についてだけであり、ティグリス・ユーフラテス両河の河口もしくはその周辺地域の都市に限られていた。ダマスクスやエメサにあった「フォンドゥク」や貿易上の出店について、ローマ帝国内の諸都市について、あるいは北や西の方向に旅する隊商についての言及は全く発見されていない。このことは、パルミュラの主要な収入がパルティアとの商取引によってもたらされていたことを示唆するように思われる。またこれらパルティアとの商取引やパルティア内の隊商の旅というものが、危険な事業であり、困難に満ちてはいたが、ローマ帝国との関係は碑文に書きとめて有力市民の傑出した功績を称える程の価値がなかったことを意味する。

前記の碑文がパルティア帝国内の諸都市にあったパルミュラの貿易拠点である「フォンドゥク」について伝えている資料は非常に重要である。パルミュラ人の活動の重要な拠点となる「フォンドゥク」は、外国の都市において殆ど政治的に独立した共同体を構成していた。恰度、中世からルネッサンス時代にかけてのオリエントにおけるヨーロッパの「フォンドゥク」に類似しており、またヨーロッパの新聞読者によく知られている現代中国の上海にあるヨーロッパ人居留地のようなものであった。これらの拠点内にあったパルミュラのキャラヴァンサライ、事務所、商店などを見下ろして建っていたパルミュラの神殿が、その拠点の代表者を称えた碑文のなかに語られている。その碑文の一つは、奇妙なことに、ウォロゲシアにおいてその居留地の代表者によるローマ皇帝ハドリアヌスに献ぜられた神殿建設に言及している。パルティア領内の中心部においてローマ皇帝崇拝のための神殿が建設されることは、殆ど馬鹿げたことのようにさえ思われる。しかし、我々は、ハドリアヌスがパルティアにおいて非常に人気があり影響力を有していたことを忘れてはならない。トラヤヌスの戦勝に終わる遠征の後、彼がメソポタミアをパルティアの王の手に返し、この二つの帝国間の貿易を正常な姿に復帰させたのであった。

「フォンドゥク」の代表者に関する碑文の一つによって明らかにされたもう一つの興味深い事実は、パルティア内のパルミュラ人居留地が、パルミュラの商人とギリシアの商人との間にはっきりとした一線を画したことである。二つのグループは、この碑文では、二つの別個の共同体として書かれている。パルミュラ人は自分たちをギリシア世界の人間とは考えず、「全くのパルミュラ人」であることを誇りにしていたようである。

「フォンドゥク」の代表者はパルミュラにおいても、またパルティアにおいても重要な人物であった。居留地に住む商人たちはかなりの自立性と自治権を認められていたにもかかわらず、その代表者は王権に近い権力を賦与されていたようである。彼らは自らをパルミユラの「デーモス（市民）」の子孫と考えていたに違いない。

パルミユラの「フォンドゥク」の活動とその偉大なる商人たちの特徴を明らかにする碑文を考えるため、それらの碑文の一つに記された数行を示して結論としたい。ここに述べようとしている碑文は、ポワドバール神父による地理学と考古学のための空からの調査によって最近発見されたパルミユラの南に続く砂漠の、埋められてしまった井戸のそばから出土したものである。それは、井戸のそばに立っていた大きな円柱に刻出されたもので、その上には、パルミユラの貴顕の一人ソアドスの彫像が載っていた。彼は、パルミユラを往来し、井戸から井戸へ旅する隊商の案内人であった。

その数行を翻訳しよう。「市参事会と市民は、ボリアデスの息子、ソアドスの息子、タイミサモスの息子、ソアドスを称えた。自らの生地を愛する敬虔な男、多くの重要な事柄に際して貿易商人と隊商とウォロゲシアの同僚市民の利益を、高貴で寛大な方法によって守った男、それはハドリアヌス神とその息子の神なる皇帝アントニヌスの手紙によって、また、プブリウス・マルケッルス及びその後継者である属州の長官たちの布告と手紙によって証明される。このすべてのことに対して、市参事会と〔パルミユラの〕市民によって、隊商と個々の市民によって、彼は、その布告と彫像によって栄誉を授けられた」。碑文はまた、彼の国が四体の彫像を彼のためパルミユラに立て、市参事会と市民は三体の彫像を都市の外に立てたことを記している。つまり、スパシヌ・カラックスとウォロゲシアとゲンナエスの隊商駅停にである。

別の碑文は隊商のリーダーの義務に関して明確なイメージを与えてくれる。パルミュラのキャラヴァンサライの近くに碑文の刻まれた巨大な大梁があり、その碑文をインゴールト教授が最初に書きとった。それは紀元一九九年にパルミュラの四つの種族によって示された傑出したパルミュラ人オゲロスの栄誉のための布告であった。「彼の勇気と武勇」を称え、その輩下の（明らかに多数の）隊商リーダーを通じて商人や隊商に示した援助とともに、遊牧民に対する数次の軍事遠征中の行為に対する讃辞であった。

パルミュラの文化もまた特徴がある。定義するには難しい複雑な様相を呈している。それを解明するいくつかの事実が明らかにされてはいるが、この問題が十分に研究されているわけではない。もしその住民の一部が遊牧民であるベドゥインで構成されていたとするなら、彼らはこの新しい都市に住みついてすぐにベドゥインの習俗を忘れ去ったに違いなかった。何故なら、この都市において、彼らはバビロニア、ダマスクス、ペトラ、その他のシリアやバビロニアの都市のようなより古い商業都市から、この新しく繁栄した隊商貿易の中心地に移って来た商人や銀行業者と接触をもつようになったからである。長年にわたって多くのパルミュラ人はパルティアの諸都市に定住し、一方、かなりの数のパルティア人がパルミュラに移住して来たと思われる。パルミュラ市民の多くは西方を知らなかったわけではない。商人としてまた兵士として、彼らは何年もの間アレクサンドリアやその他のエジプト諸都市に住み、ローマやイタリアばかりでなく、ローマ帝国の西の属州にさえも赴いたと思われる。たまには、何人かのパルミュラ人がローマ帝国の支配的貴族階級のメンバーとなったかもしれない。軍団とその将校と臣下をともなった何人かのローマ皇帝（たとえばハドリアヌスやアレクサンデル・セウェルス）や極めて多数のローマ軍将校たちが時折パルミュラを訪れたし、パルミュラの貴族階級に混り合っていった。これらすべての過程がこの都市の生活に影響を与えていったし、明確な刻印を残していったのである。

従って、富裕なパルミュラの商人たちが、バビロニア式の豪華な住宅で独自の様式による生活を送っていたとしても当然なことであった。勿論、貴族階級の人々はすべてギリシア語とアラム語の二つの言葉を読み書きできた。パルミュラにあるダンドュレーン子爵夫人コレクション蔵の美しい葬祭用レリーフに表わされたパルミュラの貴族の少年は、両手に木の小板でできたノートを持っている。そして、その開かれたノートの小板にギリシア文字が書かれているのである。

たとえ、市民の知的生活がギリシア的であったとしても、彼らの衣裳や家具はセム系でもギリシア系でもなく、パルティア系のものである。男たちが着ていた幅広のシャルヴァリ（アナクシュリデス——ズボン）や刺繡のあるローブ、美しい絨緞やクッションを覆うカバー、彼らが被る聖職者用の帽子や酒盃や貴石の嵌入されたフィブラエ（安全ピン）、それに婦人たちの衣裳や頭から爪先までを覆う豪華な宝石類を見れば、それらがペルシアでしか同様のものを見出せない要素であることが分る。

パルミュラの美術の問題は更に複雑である。第一印象は全くギリシア的であるが、その印象は正しくないと私は考える。何百という彫像、胸像、浮彫から成るパルミュラ彫刻は、神や人間や儀式の情景を表わしている。頭部や胴部は極めて優美であり力に欠け、その手足のモデリングには生命感がない。しかも、絵画的表現への強い傾向と衣服や家具の詳細な細部表現（それはギリシア美術には見ることの出来ない東方世界の彫塑美術に典型的な特徴である）がある。従ってパルミュラ彫刻をギリシア彫刻もしくはグレコ・ローマン彫刻と呼ぶことはできない。もし類似性を求めるとするなら、バビロニアやアッシリアあるいはペルシアだけでなく、北のセム系諸国やアナトリアなどにおいてパルミュラ彫刻に最も近い要素を見出すことができる。つまり、北シリアやアナトリアにおけるごく最近の考古学調査によって明らかとなった美術であり、我々が通常ヒッタイト美術と呼んでいるものである。センジルリ、カルケミシュ、テル・ハラフなどの場所から出土した何百という彫像や浮彫は、初期のパルミュラ彫刻と時間的に大きな隔りがあるとはいえ、明らかな類似性を示している。読者に誤解を招くような大きな危険を冒すことなく、パルミュラ彫刻はアラムもしくはアナトリアの彫塑美術のギリシア化された子孫であると言えよう。その発展の最も初期の段階が、有名なコンマゲネのニムルド・ダーに見るヘレニズム後期の彫刻によって示されている。そこでは、パルミュラにおけると同じように、ギリシア化されたシロ・アナトリア様式が、様式としても、また衣服や武具に関しても、イラン的要素と混り合っている。何百というアラバスター製や粘土製の小像に表われているグレコ・バクトリア様式とグレコ・シリア様式こそが、西部パルティア帝国で広まっていた彫刻の二つの様式なのである。インド美術や中国美術と深い関りをもつ東部における発展は異なったものであるが、ここでは関係のないことである。しかし、ヘレニズム、ローマ時代の彫刻の二つのメソポタミアの流派が、インドの所謂ガンダーラ美術に影響を与え、遂にイラン美術がメソポタミアとシリアに影響を与えたと考えるのは不可能なことではない。

絵画も彫刻と同じように明らかである。ただ彫刻作品が何百と残っているにもかかわらず、パルミュラ出土の絵画作品は少ない。個人住宅や神殿にあったと思われる絵画作品はすべて消失してしまった。しかし、ドゥラの出土品によって、それらが相当の数に昇り、ドゥラの住宅や神殿と同じく、パルミュラの住宅や神殿にも美しい彩色装飾が施されていたことを示している。パルミュラの絵画遺品は、墓から発見される。特にその「死者の街」の一部で典型的な岩を穿って作られた地下式の墓室からである。彫刻と同じように、墓室に描かれた壁画は、そこに埋葬された死者の肖像であった。それは全身像であったり、ニケが持つメダリオンであったり、また神話的な場面や装飾モチーフを伴っていたりしていた。ここでもまた、絵画のギリシア的特徴に驚かされるのであるが、ギリシア的でない要素を識別する更に綿密な研究が必要とされる。しかし、ドゥラの方が絵画遺品に関しては、はるかにパルミュラより豊かであり、ドゥラの絵画がパルミュラのそれにかなり似ていたのであるから、絵画に関する記述はドゥラに関してもパルミュラに関しても次章に譲りたい。

要点を繰返すと、パルミュラの文化の外観は、その複雑性と特殊性で見る者の目を驚かす。それは様々な要素の奇妙な混合である。イラン的な、衣服、武具、金や銀の豪奢な装飾のある家具、刺繡のある織物、豪華な絨緞、著しくギリシア化されたバビロニア系の神殿と住宅、ギリシア化されたシロ・アナトリア様式の彫刻、それに恐らくグレコ・イラン様式の絵画、これらが混然とした様相のなかにあって特に顕著な構成要素である。従って、西方的な要素しか知らない限り、パルミュラを理解できないことは明らかである。ギリシア的要素はごく薄い化粧張りの板に過ぎない。その薄板の下にあるものは東方世界の様々な地方、イラン、バビロニア、アナトリア、それに北シリアからやって来たのである。

第六章　ドゥラの遺跡

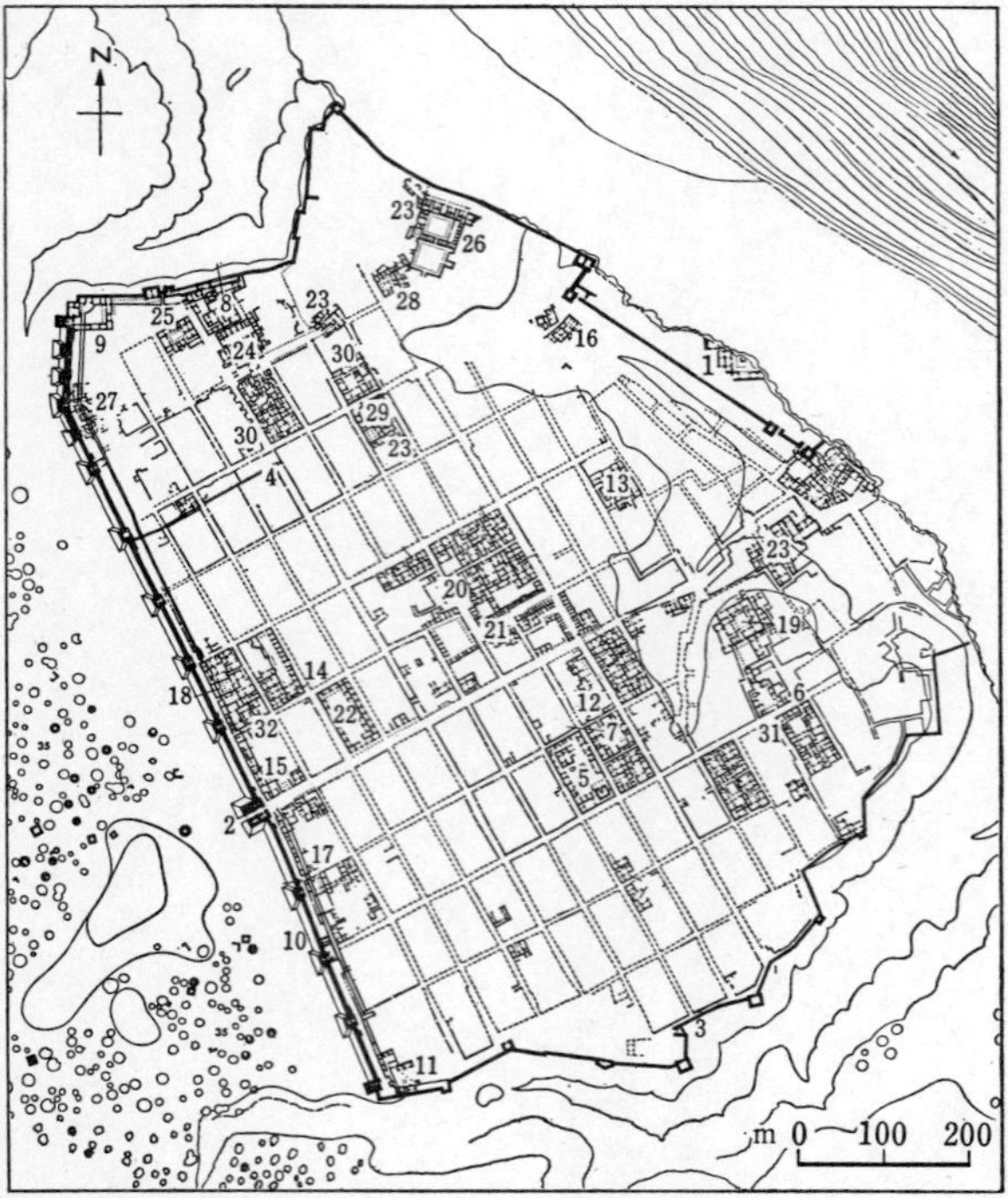

ドゥラの遺跡地図　1 要塞と宮殿　2 大門　3 南門　4 ローマ軍軍営の城壁　5 アルテミス・ナナイア神殿　6 ゼウス・メギストス神殿　7 アタルガティス神殿　8 アッツァナトコナ神殿　9 パルミュラ神殿　10 ゼウス・キュリオス神殿　11 アフラド神殿　12 ガッデー神殿　13 ゼウス・テオス神殿　14 アドニス神殿　15 テュケー神殿　16 軍の礼拝所　17 キリスト教教会堂　18 シナゴーグ　19 ストラテゲイオン　20 アゴラ　21 市場　22 倉庫　23 浴場　24 軍営本部　25 将校用住宅　26 宮殿　27 ミトレウム　28 ドリケヌム　29 円形闘技場　30 住宅　31 リュシアスの家　32 書記の家

むしろ散文的ともいえるドゥラの歴史は、ロマンチックなパルミュラの歴史とはかなり異なっている。一九二〇年以前、考古学者であれ旅行者であれ、そこを訪れる者は非常に稀であった。実際、私は一度も旅行者の訪問を耳にしたことはなかった。ドゥラは数百年前と同じように、今でも、ユーフラテス河中流の貿易、軍事上の大都市デイル・エゾルと、イラクとフランス委任統治領の国境にある寒村アブ・ケマルとのほぼ中間にあるので、そこへ行くのが難しいわけではない。ほんの二、三の冒険心に富んだ考古学者だけがこの道をたどったが、ドゥラの大きな物見塔や城壁や城塞には殆ど興味を示さなかったようである。そのため、ドゥラが考古学や歴史学の著作の中で触れられるようになったのはつい最近であるし、その歴史に関して私が述べたことも、最近数年間の発掘によって得た資料に基づいている。

ドゥラの発見に関する物語は考古学者にはよく知られているが、もう一度話す意義があるし、十分ロマンチックでもある。それは一九二〇年であった。まさに第一次世界大戦が終わろうとしていたとき、英軍インド兵分遣隊隊長マーフィー大尉が、ドゥラ遺跡の上で塹壕掘りとトーチカ建設に従事していると、全く偶然に、古代都市の北西端、城壁の近くから、興味深い壁画で装飾された神殿を発見したのであった。すぐにこれらの壁画類は、ベール、アグリボル、ヤルヒボルのパルミュラ三軍神に献ぜられた神域のその末期の壁面を装飾していたことが立証された。マーフィー大尉はイラク考古局局長故ガートルド・ベル女史にその発見を報告した。恰度そのとき、有名なアメリカ人エジプト学者ジェームズ・ブレステッドがイラクにいたので、彼女は彼にドゥラへ壁画調査に赴くよう依頼した。ブレステッドがドゥラに着いたとき、英軍分遣隊はまさにその場を立去ろうとしていたときであり、彼はたった一日しか調査をすることができなかった。それでも彼は壁画のスケッチを描き、写真をとることができた。また発掘せずにすむ神域の平面図を作り、街と城壁の外郭を簡単に書きとめた。

大戦が終わると、ブレステッドはフランス・アカデミーにその発見を報告した。同アカデミーは、そのときすでにフランスの委任統治領となっていたドゥラの発掘調査遂行の決定をした。同アカデミーの特別会員であったベルギーの考古学者フランツ・キュモンが調査団の団長に任命され、丸二年間現地での調査に当った。フランス軍外人部隊の兵士が彼の人夫となり、そのなかには数人のロシア人も含まれていた。多くの興味深い資料が出土し、発掘報告書として、見事な大著『ドゥラ・エウロポスの発掘』二巻が一九二六年パリで刊行された。残念なことに、フランス・アカデミーもシリア政府もこの事業を継続させるに十分な資金援助ができなかったため、キュモンはドゥラが提起している重要な歴史上の問題のすべてに答えたくとも、不可能であった。ともかく、それらの問題を、初めて、キュモン調査団が提示したのである。

前述のように、ドゥラを、その富と歴史的重要性という点でパルミュラに比較することはできないが、大きな関心事である問題の解明を可能にしてくれる豊富な出土物が、非常に高い蓋然性をもって期待できる遺跡であった。前二八〇年頃から紀元二五六年頃までの約六世紀間、この街はマケドニア人、パルティア人、ローマ人によって次々と占領された。そして、紀元三世紀の半ばに破壊され放棄されて以降、再び占領されることはなかった。従って、アレクサンドロス大王とその後継者たちがたどったセム系、イラン系世界の主要航路に沿った、セム系とイラン系の大海に浮かぶグレコ・マケドニア系のいくつかの小島に関する歴史を、ドゥラで遡ることができるのである。いくつかの小島の名前は知られていても、その生活、活動、文化は殆ど分っていない。我々はその試みの結果をある程度知っている。というのはこれらの小島をイラン系、セム系の大波が襲ったと少なくとも言えるからである。しかし、その大波がいかにして起こったかを正確に言うことはできないし、大波を受けたときの小島の様子を記述することもできない。

パルティアの文明、歴史、社会制度に関する知識を得ることがいかに歴史家にとって重要であるかを私はすでに述べた。パルティア人の生活様式は未だ分っていない。しかし、それが非常に多岐にわたっており、インド系、ペルシア系、更にはメソポタミア系の要素があったと言えることは確かである。三世紀間パルティア帝国に属したドゥラが、当然のことながら、これらすべての問題の解決の糸口を与えることはできなくとも、それらを系統だて、将来、少なくともそのいくつかを解明する手懸りの助けを必ずしてくれるであろう。

ドゥラ出土のモニュメントの殆どが、その歴史を通じて最も後期のローマ時代に属すると考えられるかもしれない。メソポタミアにおけるマケドニア時代とパルティア時代は、なお暗黒のなかにその姿を隠しているにもかかわらず、ローマ時代は、メソポタミアにおいてではなく少なくともシリアにおいてであれば、遥かに具体的に感知し得る時代だからである。しかも現時点においてさえも我々の知識が不十分であることはよく分っている。むしろ、すでに発見されている資料の詳細な研究によってその知識を増やすための十分なことが為されたかどうかをよく検討しなければならない。ローマの影響はシリアにおいては明白であるが、果してユーフラテス河流域においても強力なものだったのであろうか。たとえば、ローマ史の最も興味をそそられる問題のいくつかが提起されるのもこの地域である。ローマのパルミュラに対する政策は、その柔軟な体制のなかにおける最も興味深い実験の一つであったに違いない。また、ドゥラのようなマケドニア・イラン的性格を有してはいるが、その起源がセム系である、つまり完全にローマにとって異国である街において、ローマがもたらした影響を研究することも関心をひきつける。いかにして、ローマとヘレニズムがそこで遭遇し、ユーフラテス河沿いの領土問題をローマ人がどのように扱ったのであろうか。

ドゥラはこのような重要な問題に対して、少なくとも部分的にせよ、答えを出してくれるであろうと我々が期待している場所なのである。キュモンの発掘はこれらの疑問点を系統づけてくれたし、幸運（発掘とは常にある程度の幸運の結果なのである）と組織的、科学的研究の助けがあれば、ドゥラは上記の問題研究に大きな価値を有していることを証明した。

予想されていたように、キュモンの発掘調査によって、ドゥラが建築、彫刻、あるいは絵画の第一級作品をもたらすことはなかったし、大量の宝石や金、銀製の皿のような貴金属品を生産していたのでもない。まして重要な政治問題に関する資料の出土がないことも明らかとなった。そこは、大きくも富裕な街でもなかったし、政治的に重要な中心地でもなかった。ギリシアとパルティアという二つの文明の辺境に滅びていった小さな地方都市でしかなかった。

しかし、この街が存在していた六世紀間のその歴史のいくつかの側面を明らかにしてくれるであろう多くの出土品を我々は正しく期待できるであろうし、それらは他の古代都市遺跡では発見できないものなのである。

砂漠の砂は、他の古代遺跡において通常の土が保存することのできる石製、陶製、金属製の遺品だけでなく、木、布、皮、紙とともに羊皮紙やパピルスに書かれた文書も保存することができる。エジプトから我々はいかにその種の遺物、特にパピルス文書が重要であるかを学んだ。それによって、古代世界の他のいかなる地域よりもエジプトの過去について我々は多くのことを知り得たからである。

ドゥラの発掘調査資金をフランスからもシリアからも以降得ることができないと判明したとき、キュモンの賛同を得て、私はアメリカにその要求を行った。私の大学イェールの学長であるエンジェル教授の暖かい援助の下に、ドゥラの発掘は、目下、フランス・アカデミーの協力を得て同大学のメンバーによって続けられている。すでに五年間をここで調査に当っている。三冊の準備的報告書が刊行され、今は、この調査が開始のときと同じような成功裡に終わることだけを希望している。正式には建築学者であり考古学者のピレ氏が監督の責をとっていたが、現在はイェール大学のクラーク・ホプキンズ教授がその任にあり、キュモンと私が歴史学の分野を担当している。そして、ロックフェラー財団の援助によってイェール大学が全調査団の資金を提供してくれている。私は、そこでどのようなことがすでに明らかとなったかを読者に分ってもらおうと思う。キュモンの仕事については簡単に述べ、イェール調査団の仕事に関してはより詳細に述べようと思う。しかし、まず、一九二八年と一九三〇年の春に行ったドゥラへの旅について、そこで過ごした生活に少し触れることにしよう。

ベイルートあるいはアレッポからドゥラへ至るのは決して容易ではない。七〇〇キロに過ぎない行程ではあるが、少なくとも三日を要する長く退屈な旅をしなくてはならない。海路でシリアにやって来た場合はベイルートから出発し、コンスタンチノープルから汽車によるのであれば、アレッポから出発する。いずれにせよ四日三晩の旅である。ベイルート、ダマスクス、ホムズ、アレッポを結ぶ鉄道はあるが、シリアを汽車で旅する人は少ない。というのは、自動車が汽車の乗客を奪ってしまったからである。シリア人は一ポンド（一二〇フラン）払って超満員のフォードに乗って旅行する方を、その倍の料金を払いながら同じように超満員で不潔で、しかも風通しの悪い三等客車での旅行よりも好んだからであった。

ドゥラへの主要な出発地点であるダマスクス、ホムズ、あるいはアレッポからは、フォードかシボレーが唯一の交通手段である。この地方で駱駝は、少なくともヨーロッパ人旅行者にとっては、すでに伝説の世界に帰ってしまったのである。ダマスクスもしくはホムズからは砂漠を越えてパルミュラへ向い、次いでデイル・エゾルに至る。アレッポからはまずユーフラテス河に達し、その河沿いにデイル・エゾルまで下るのである。この河を航行するのは、急流と渦のため非常に危険であり、ただ土地の重荷を積んだ荷舟だけがそのような困難を安全に克服できたことを記憶にとどめておくべきである。しかし、そのような舟でさえ下りのときだけで、空の舟は綱で曳かれて溯行したのである。デイル・エゾルからドゥラまでは、河沿いに九〇キロである。

前述したように、その旅は長く退屈なものである。道路があるときでさえその表面はすさまじい。多くの場合、道路などというものさえ存在しないのである。砂の多いところは避けた方が賢明である。そういうところで車はしばしば立往生してしまうからである。小石の部分を選んで走るのが最善だろう。大きな石のあるところは、乗客をひどくゆさぶるだけでなく、エンジンのスプリングをよく壊してしまうからである。慈悲深くも神の手で撒かれた砂利で表面が覆われているところは、世界でも最良の自動車用道路である。旅行は完全に安全なものではない。何故なら、ダマスクス蜂起の後フランスが与えた厳しい教訓をベドゥインは記憶しているにもかかわらず、彼らは生来の不法性を時折発揮してしまうからである。たとえば、最近もイラクのイギリス領（とフランスは主張している）で一人のイギリス女性が襲われた。この未婚の女性は、自分をハーレムの一員にしようとした族長に三人の子持ちであると言って、やっとのことで解放されはしたが。ベドゥインよりさらに危険なのが砂漠、つまり剣の刃のよう尖った「ブレード」である。もしエンジンが故障したり、タイヤがパンクしたり、あるいはアクセルが効かなくなったりした場合、何時間もの間、助けが来るのを願って、そこでただ坐って待っていなければならない。そのため、二、三台の自動車で旅をするのがより安全であるし、緊急事態に備えて十分な準備をしておくべきである。

ドゥラへのいくつかの道筋のうち、セレウコス朝時代に隊商がたどった道が最も面白い。それらの道はすべてアンティオキアを発して、オロントス川沿いにセレウキアへ繋がっていた。そのうちの二つ、アレッポを通ってユーフラテス河沿いを行く道と、アパメアまでオロントス川をたどり、そこからハマを通ってユーフラテス河まで砂漠を横断する道を私は自分の体験として知っている。これらの道をたどっていると、また、アンティオキアの栄えていた時代、さらにバビロンやヒッタイト、あるいはアッシリアの栄えていた時代以来殆ど変わっていないように思われる土地を見ていると、セレウコス朝シリアが再び我々の眼前に広がっていくかのようである。ある地方から別の地方へ住宅の形式が変化していくのを見るのも興味深い。葦が一面に繁茂しているが樹木の全くないオロントス川流域では、住宅は葦と泥で造られていて、乾燥した牛馬の糞が燃料として利用されている。住宅の形はベドゥインのテントを想起させる。そこを出てアパメアからアレッポへの道に入り、丘陵地帯への登りが始まると、すぐに住宅建築のタイプは一変する。葦と泥が石に変わる。住宅は少ないが、数軒でもある場合、それらは高く堅牢で、形態も優美である。古代の葦の小屋がその下に埋まっているオロントス川流域の「テル」の代わりに、世界で最も完全に保存されている遺跡、それ故に北シリアを有名にしているすべての集落、農場、僧院、教会、それに小さな街に出会うのである。シリアの丘陵地帯には何百というその種の遺跡がある。それらはローマ帝政時代末期かビザンチン時代に属し、それ以降は、恐らく降水量が減少したために人が住まなくなった地帯なのであった。これらの遺跡のうち最も興味をひかれるのは、アレッポからそう遠くない古代僧院遺跡のサン・シメオンである。丘の頂に教会が建ち、その谷あいには、柱上聖人である聖者を求めてやって来た巡礼者たちにとっての大会堂、宿泊所、店舗、食堂などが並んでいる。すべての建造物はロシアのトロイツカ・セルゲウスカイアに非常によく似ている。

旅行者がアレッポ渓谷に向って下りて行くと、そこは樹木のない、粘土質の土でできた高原になり、水も乏しく、一種の砂漠の前室を形成している。そして、ここでも景色は一変するのである。とうもろこしの形をした泥造りの小屋の群が高原に点在している。これらもロシアの養蜂場を想い出させる。ロシアの農村周辺に見られる典型的なとうもろこし型の何百という蜜蜂の巣である。アレッポ高原の人間のための奇妙な形をした蜜蜂の巣における生活は非常に清潔で快適だということである。

ユーフラテス河に近づくと、再び景色が変わって来る。そして、その変化はドゥラを考える我々にとっては重要なことなのである。この地帯の住宅は、一部石造りではあるが大部分日干し煉瓦造りの矩形タイプとなる。天井はユーフラテス河の岸辺で集められたタマリスクの細い幹を置くか、メソポタミア産の棕櫚でできていて、屋根は泥でふかれている。

遠い昔と同じように、現在も、ドゥラへ向う者は、このルートをたどるか、砂漠を横切ってパルミュラへ至り、そこからユーフラテス河に向うかである。我々がそうであったように、デイル・エゾルで一夜を過ごさなければならないであろう。そこには一軒のホテルがある。ベッドが一部屋に五、六個あり、シーツがない代わりに多数の決して快くはない常客が巣食っている。旅行者がもしこの試練に耐え得るなら、我々と同じくドゥラにたどり着けるであろう。発掘者としての生活が始まったのはドゥラにおいてであった。

もし私の友人の誰かが、考古学者の生活は冒険とロマンと魅力に満ちたものに違いないと私に問うようなことがあれば、二、三カ月その生活をやってみるべきであると答えるであろう。我々の仕事もしくは学問は総じていうならば非常に面白いもので、特に、重要なものを発掘したときは殊にそうである。しかし、仕事の大部分は汚くほこりっぽいもので、季節にもよるが暑すぎるか寒すぎるかで、気候のよいときは退屈で腹の減る仕事なのである。

ドゥラで我々が発見したものは何か。初めて見たときそこは天国のようであった。我々の前にはユーフラテス河の急峻な河岸があった。その上に立つと、足元には素晴しい景色が広がっていた。野性的で泥をのんだ速い流れの河があり、その手前の右岸にはタマリスクの群生と、そこでさまよう野性の猪が見えた。河の彼方には果てしなく広がるイラクの砂漠と土地が続いていた。この急な河岸のすぐ上に、長方形の高い城壁で囲まれたドゥラの要塞がある。中へ入るのは二つの大きな門からである。どちらもその両側に塔があり、街に面した方の矩形長辺側にあった。ユーフラテス河に面した側はその城壁が河の流れのところまで繋がっていた。

常設の宿泊施設を造るまでこの城塞のなかに一時的なキャンプを設営することにした。半分程埋まっている城門のアーチを食堂と研究用の部屋に変え、屋根のない塔の一つを発掘資材や出土品の倉庫とし、もう一つを台所とした。このようなことは恐らく詩的に聞こえ、快適なように思えるであろうが、実際、決して悪いものではなかった。特に夜が素晴しい。星が砂漠の上に輝き、涼しい風がユーフラテス河から吹き込み、水車の回る音が、河を越えて、低くしかし規則的に聞こえた。こうもりや夜鷹が我々の頭上を飛びかい、時折、狐やジャッカルの遠吠えが静けさを破った。また、太陽が薄紅色のマントを着て昇りはじめる早朝も美しかった。

しかし、夜明けとともに、散文的な現実がやって来る。人々は食べることと飲むことをしなくてはならない。砂漠の灼熱の大気のなかで、水を飲むことは常に必須の要件なのである。ちょっと見た目には、体を洗うためにもそこから水を引くにもユーフラテス河があるのだから、水の供給問題は容易に解決され得ると思われるかもしれない。しかし、そそりたつ塔のように切りたった断崖からユーフラテス河に身を投じることは不可能であるし、飲水を得るには四キロの徒歩が必要であった。そこでは、「コップと口唇の間には大きな亀裂がある」という格言の正しいことに気付かされる。河にごく近いのに、その岸は急で危険であるし、一歩でも踏み出せばくずれ落ちるかもしれないからである。しかも、ユーフラテス河は急流で、渦がそこいらに巻いている。もし河に落ちたら、死を意味するのであるから、安全に泳ぐなどとても考えられないことである。体を洗いたいときは、キャンヴァス製のバケツにロープを結び、それを河に投げ込んで水を汲むという仕事によって、はじめて可能なのである。また、どんなに水が飲みたいときでも、ユーフラテス河の水には注意しなくてはいけない。それは、河の水が薄いコーヒーのような色をしているからではなく、ひどい赤痢にかかる細菌に満ちているからである。従って、水を汲みに行かなければならないが、それを飲む前にはフィルターを通して煮沸する必要がある。空腹を満足させたいと思うときも、同様の困難に見舞われる。砂漠もユーフラテス河の茂みも野生の動物に満ちている。二、三種類のうずらが、鶏のように何食わぬ顔で歩き回っているし、鳩やガゼルや野兎それに千鳥がいる。狩猟向きの鳥獣が沢山いるにもかかわらず、それらを手に入れることは不可能であった。ベドゥインの銃器はすべてフランスによって没収されていたし、我々も猟に出る時間がなかったからである。アラブ人が羊と山羊を飼っていて、その肉を彼らから手に入れることはできたが、とても食べられる品ではなかった。ミルクはみつからなかったし、パンと言えば、私の新しい国で人気のあるチューインガムのような味がした。そのようなわけで我々は罐詰を食べるしかなかった。

しかし、このような悲劇も我々の不幸の半分にも満たなかった。最大の難問は人夫をみつけることであった。ベドゥインは働くことに馴れていなかった。脆弱で十分な食事をしていなかったし、怠惰であった。お金も彼らをひきつけることはなかった。税金を払うためには働くが、それに見合う額が貯まるとすぐに姿を消してしまった。その上、非常に疑り深く、トルコの重いメジディ貨で支払われることを主張した。ちょっとしたことにもふさぎ込み、出て行こうかと悩み始めると、もうそこには居なかった。その上、ベドゥインは完全な未教育の人間であった。出土品をすぐ壊してしまうし、その上できるだけ多くのものを盗もうとしていた。事実、この地方には信頼すべき何ものもなかった。シリアのヨーロッパ人でさえ信用に値する人間ではなかったし、むしろ最も悪いタイプの人間であり、その殆どが泥棒か酒飲みであった。我々の最初の旅のとき、ヨーロッパ人のコックと運転手をやめさせざるを得なかったことがある。そのためには軍隊の手を借りねばならなかった程に、彼らの起こした面倒は深刻なものであった。しかし、これらすべてのことは、今、記憶から遠ざかりつつある。我々とこの地方の人々は互いに友好的であるし、秩序が保たれているかに見える。しかし、その表層の下には、先に述べたような状態が潜在しているし、これからも永遠に潜在し続けることであろう。砂漠も、考古学者にとって自然の敵となる。そこは乾燥している上に不毛であるため、土に触れるやすぐに土煙が立ち起こり、決して落ちることはない。そのため発掘人は、土ぼこりの中に立ち、土ぼこりを食べ、土ぼこりの中で呼吸をしながら一日を過ごすのである。皮膚の毛穴の中にも入り込み、仕事を終えて帰るころには完全なニグロになっている。しかし、仕事から戻って来ても、快い風呂などはない。砂嵐は事態をもっと悪化させる。もし朝に起こると、普通三日は続いた。

それでも、ドゥラの仕事は興味をそそり、興奮させられるものである。この五シーズンの間に、我々は多くの価値ある仕事を遂行したし、多くの興味深い出土品を得た。それらに関する記述をこれからするつもりであるが、まず調査の性格と、非常にスリルのある一例を示そうと思う。最初のシーズンは、街の最も大きな市門の発掘に携わった。市門は三重になっていて、その穹窿の下に市門を防御するための塔へ至る入口があった。入口の左右の壁は何百という碑文によって覆われており、それらは自分たちの名前を永遠のものとすることに成功した守備隊の兵士や、商人や、税関吏や、運搬人によって書かれた。扉に沿って並んだ漆喰装飾の祭壇にも多くの碑文があった。その一つに文字が刻み込まれているのではなく引掻いて書かれている刻文があった。ある日、それを調べていると、厚い漆喰層の下から石が出ているのに偶然気付いた。漆喰層が何かを隠しているのは明らかであった。私はナイフをとり出し、それで十字形に切り込んで漆喰層を剥ぎとった。幸いなことに漆喰の下には、アラム語碑文の刻出された石の祭壇が隠されていたのである。非常に貴重な発見であり、それによって勇気づけられたので、祭壇の下部を覆っている漆喰も取り除き始めた。作業が終わると、私の目の前には全く異なるもう一つの祭壇が現われ、それには絵が描かれ、刻み込まれた碑文があった。しかも、それはドゥラの軍事史に関してその末期の様子を明らかにする重要な発見だったのである。

読者は、キュモンとイェール大学の発見によって明らかとなったドゥラの全体像が正確にはどのようなものであるかを問われることであろう。発掘がまだ進行中であるのだから、それを詳細に記述することは確かに尚早である。しかし、将来の調査結果によっても左右されることのないいくつかの事実がはっきりと確立されたので、それについて述べることにしよう。

現在のところまで、残念なことに街の正確な平面図を描くことはできない。キュモンの平面図は空中写真から書き起こしたものである。それは、私の弟子であり、現在発掘の指揮をとるホプキンズによって第二シーズンの全期間を費して修正され、新たなものとされた。この新しい平面図も全体としては正しいが、細部に関して不正確なところがあり、修正を要する点がある。しかし、ここで必要なのは主要な部分だけである。それによって、ドゥラの三世紀頃の姿が表わされているが、当時、この街は要塞と隊商都市という奇妙な複合性を示していたのに気付く。

我々の歴史的地誌学上の知識が余りにも曖昧なため、そのような性格が常にあったのかどうか、まだはっきりはしていない。マケドニア時代のドゥラは、発掘調査の対象となっている街よりも規模が小さく、貧弱なものであったかもしれない。ユーフラテス河沿いの隊商道路の両側のごく限られた部分を占め、現在要塞と所謂方形堡の宮殿が建っている部分にあった一、二の砦によって守られていたのであろう。この可能性を証明することはまだできないが、もし資金が継続するなら、要塞と方形堡との間にある街の一部を組織的方法によって発掘し、この問題を明らかにすることができるであろう。これまでのところ、方形堡の扶壁を除いて、セレウコス朝時代の遺構を発見するに至ってはいない。我々が発掘したすべての建物はパルティア時代かローマ時代に属するのである。

ローマ時代、パルティア時代それぞれのドゥラの輪郭線を、はっきりと知ることができる。街は、北西と南東の両側を二つの峡谷に挟まれ、北東側がユーフラテス河に落ち込む不毛の土地に位置している。三方は城壁によって取囲まれ、一連の塔によって強化されている。それらの殆どが方形のプランをもち、二階建てになっている。街と砂漠の高原を区分している南西の城壁は一直線であるが、二つの峡谷側は、その断崖に沿って造られている。四番目の北東の防衛線は河から屛風のようにそそり立つ断崖である。この防衛線は三番目の南東から北西へ街の中に入り込む峡谷によって街がある台地と分離されており、現在、デイル・エゾルからアブ・ケマルに通じるユーフラテス河沿いの道路がそこを走っている。この河の断崖の上にある長方形の要塞は、街の城壁に繋がり、その中に組み込まれていたが、この部分の城壁は、要塞の周壁とともにユーフラテス河に崩れ落ちている。要塞の直下に繋がる峡谷（要塞峡谷と呼ぶことにする）はまだ発掘されていないため、要塞と台地上の街（ドゥラの最古の部分と思われる）との間の一段と低い部分が、いかに後代の主要街区となった区画のある台地と繋がっていたのか不明である。もう一つの深い谷が、台地上の街のメイン・ストリート末端から要塞の下まで、つまり南北に走っており、台地と要塞峡谷を繋いでいる。この峡谷は先史時代から存在していたものと推測されるが、そこが乗物にとっては勿論、人間や荷役用の動物にとっての通常道路になったことは一度もなかった。メイン・ストリート末端からは階段が要塞に向って下りていた。城壁内にあるこの二つの峡谷は、街の台地の東南部に、二つの峡谷をのぞき込む稜堡のような位置を与えている。この自然の稜堡をキュモンは「方形堡」と呼んでいる。急峻な「方形堡」の斜面はヘレニズム時代の壁によって支えられ、後で述べようと思う重要な建物が「方形堡」の上に建っている。すでに「方形堡」の壁がドゥラに残る最古の建築物であることは前に述べた通りである。

最近の調査によって、要塞の歴史に関してはかなり正確な記述ができるようになった。我々が最初に発掘をした要塞の丘の上に建つ遺構は二つの時代に属し、どちらもローマ時代以前である。パルミュラ神神殿への奉納文から分る紀元一六〇年の大地震によって、恐らく要塞の一部とその北側の城壁がユーフラテス河に崩れ落ちた。それ以降、少なくともローマ人によるドゥラ占領以降、要塞は半壊した状態のままであった。

要塞の上にある二つの遺構群は、前述したように、どちらもローマ時代以前のものである。より古い方は、ただその基礎部分を残すのみであるが、ヘレニズム時代に属する。時代の下る方は、要塞近くの峡谷で採れる大きなブロック状の石で造られた建物で、発見されたコインなどの出土品からセレウコス朝時代もしくはパルティア時代以降には下らないことが判明した。初期の建物が、要塞の現存する城壁とある程度関連した方向性を有しているのに対し、後者の方は、南方に軸線をもち、峡谷と「方形堡」に面した側にモニュメンタルな入口を持っている。

この後期の建物の一つは、堅牢な造りの大宮殿のような外観をもち、事実、要塞宮殿であった。そこへは、屋根を支えている五本の柱廊玄関によって二分されている見事な大広間から中へ入る。その奥に三本の円柱によって四つの部分に分けられた広い通路が続き、ドリス式列柱の回らされた広い中庭に至る。その中央には貯水槽があったと思われる。この建物の大部分はユーフラテス河に崩れ落ちてしまったが、入口に続く五つの部屋と、壁画でかつては装飾されていた西側の五つの部屋は今も残っている。

それに隣接する建物の殆どの壁体も河に崩れ落ちているが、残っている部分は、ハトラにあるパルティアの遺構を想起させる。もし最初の建物が要塞宮殿であるとするなら、二番目の建物は近衛兵の宿舎か拝火神殿としての巨大な塔であった。後期の要塞の城壁内に組込まれた円形天守閣のような建物も同じ遺構グループに属する。恐らく貯水槽か井戸を守るためのものであった。

要塞の発掘調査はまだ終わっていないが、これまでのところで、ヘレニズム時代初期、その最上階は居住区であり、周囲の断崖には防御施設がなかったと私は考える。多分、パルティア時代に入るとすぐに、断崖に近いヘレニズム時代の構築物の上に要塞宮殿が建てられたものと思われる。それは方角を異にしており、貯水槽の上に建てられた塔や天守閣によって守られている。宮殿と同時代、もしくは少しあとに、現在の要塞に代わる砦が建てられた。

この問題に関しては、もう一つの同じように可能性のある推測をすることができる。もし、キュモンとルナールが考えたように、街と要塞両方の城壁がヘレニズム時代に造られたとするなら、そして更に、それらがマケドニア植民都市建設と同時期であるとするなら、一部が貯水槽の上に天守閣を形成している要塞の城壁は、丘の頂に立っているヘレニズム時代初期の建物と同時代であるに違いない。時代が下りパルティア時代になると、要塞宮殿と塔が要塞を強化するためにこの建物の内側に造られたのである。

方形堡も複雑な歴史を有している。三方の急峻な崖の上に建つその壁体の保存状態が良好な部分はヘレニズム時代初期のものであることはすでに述べた。その壁に囲まれた内部の四角い空間にもともと何があったのか分らないが、要塞宮殿が要塞の岩盤の上に建てられた頃、バビロニア・パルティア式の大宮殿が方形堡のヘレニズム時代の周壁のなかに造られた。この宮殿は、入口の前に大きな無蓋の前庭、モニュメンタルな入口、それにベンチが周囲に回らされた大きな中庭を持つ。この中庭に向って大きなリワーンもしくは大ホールが二つその開口部を開いており、その前面に各二本の円柱が建っている。峡谷に向って開き、しかも要塞に面している前室付の矩形大広間が、方形ヘレニズム建築の北壁に付加えられている。これらの建物はしばしば改築されているにもかかわらず、ローマ時代になっても、そこは、街の高官かローマ軍将校のような重要人物の公邸となっていた。とはいっても、以上のことは全くの仮説である。何故なら、この建物の発掘調査を行なったものの、碑文や彫刻のみならず何らかの情報を与えてくれる落書きさえ見つからなかったからである。しかし、パルティアやササン朝ペルシアの王と支配者たちの「宮廷」や宮殿（それらは、明らかに、ペルシア、アッシリア、バビロニア諸王の例を踏襲している）における生活について僅かに分っていることとそのプランが非常に近いので、我々の推測が決して大きく間違っていることはないであろう。オリエントでは先史時代から、ただ宮殿の「中庭」だけが一般の人々に開かれていたのであり、その中庭は常に宮殿前面に大きく開かれた空間を形成していた。

モニュメンタルな入口の前に坐った王もしくはその代表者が裁判を行い、法令や命令を伝えた。過去においてそうであったし、「崇高なる門」（トルコ政府の意味）でも分るように最近までこの伝統は続いていた。複雑な迷路で何時間も待機していたお気に入りの人々だけが主人の中庭やリワーンや謁見の間に入るのを許されるのである。その先は召使いか親者以外入ることができなかった。料理人が自分の調理部屋の壁にギリシア文字で書いたラテン語の妙な碑文は、この方形堡の宮殿で発見された唯一の落書きである。そのなかで彼は宮殿に住むローマ人に供するハムの数を書留めている。それとの関連で面白いのは、一九三〇～三一年にかけて我々が発掘した方形堡の宮殿と同じタイプの大きな家である。それは、パルティア時代のドゥラの貴顕の住宅もしくは公共建築であり、アルテミス神殿やアタルガティス神殿から遠くないところにあった。

要塞の石積法は街の城壁のそれと殆ど同一で、両者が同時期の建築であることを示す。少なくとも二十二の塔によって強化されている城壁は、堅牢でくっきりとした外観を示し、城内に入るための大きな市門の両側に伸び砂漠を遮断している。そして、峡谷に出会うところで、その線に沿って折れ曲がっている。今年、南西壁に設けられた面白い小門を発見した。そこから峡谷の底に繋がる一本の小道が通じていた。

ここで、防御施設全体に関して話すつもりはない。しかし、その建設年代がいつであったにせよ、パルティア時代、それは堅牢強固で大規模なものであったことは注目すべきであろう。それは、多分、紀元一六〇年の大地震によって大きな被害を蒙り、そのことがローマの攻撃を容易にしたのであった。ローマ時代、恐らく、パルティア時代においても、塔の壁体は内側から煉瓦によって補強され、その後、ペルシアによる攻撃の頃、砂漠に面した城壁も、日干し煉瓦の斜堤を内側に設置することによって強化された。南西壁の内側の「補強壁」は恐らくかなり初期のものと思われる。

しかし、この様な煉瓦の堆積も、街を敵の手から守ることはできなかった。そして、今日でも、尚、城壁西南角に近いところに両側を日干し煉瓦で支えた山形の斜面がある。恐らくシャープルの軍隊は一団となってこの斜面から街に入り、そこを破壊し廃虚としたのであろう。

我々とキュモンにとって考古学のエルドラドス（宝の山）である城壁と塔についてもう少し話さねばならない。防衛の任務についていた兵士たちは、当然のことながら、自分たちの持物、特に武器や衣類をこの塔の中にしまっていた。包囲軍による街の最後の攻撃が略奪によって終わると、ドゥラ守備隊の兵士たちは街を捨てたか、戦闘中に殺されるかした。そして彼らの所持品は塔の中に置き去られ、あるいは急いで逃げるとき壁のそばに落とされるかしたのであった。征服者たちは、そのようなものに大した注意を払わなかった。彼らは神殿や公共建築に収蔵されたより価値のあるまとまった戦利品を見つけようとした。そのため、武器や衣類などの品々が、置き去りになったままの状態だったのであった。街が放棄されると、風に吹かれた砂塵が大きな塊となって塔や城壁の両側に積っていった。やがて、それは固まって雨を埋もれた物にまで通さなくなった。従って、埋蔵物は殆どすべてかなり良い状態で発掘されたのである。虫に食われた物もあるが、総じて非常によい保存状態といえた。

塔の近くで発見された最も価値ある遺物は、羊皮紙とパピルスに書かれた文書史料であった。キュモンは、北西壁の射手用の二重塔付近で九巻の羊皮紙文書を見つけた。更に第二シーズンのとき、市門の近くで発見した三巻の羊皮紙文書をそれに付加えた。これらの文書が何故そのような場所にあったのかという理由がやがて判明した。それは、一九三一〜二年の最後の調査のとき、射手用の二重塔のそばにある神殿址から公的文書保管室として機能していたと考えられる一室が発見された。そのことに関しては後で詳しく述べるつもりであるが、その部屋は、羊皮紙とパピルスが一杯につまっていたにもかかわらず、その大部分は全く駄目になっていた。砂に覆われて下の方に埋まっていた文書は保存状態もよく、ドゥラの生活に関する重要な情報を提供してくれるかもしれない。街の南西城壁で発見された文書はここにあったものである。そのうちのいくつかは退却する兵士たちによって運ばれ、またあるものは文書保存室に残されたり、砂漠の強風に吹き飛ばされたりした。ともかく、砂漠の砂が貴重な遺品を保存してくれたのであり、それらは、六世紀間にわたるドゥラの歴史に関しての多くの重要な情報を与えてくれたのである。

羊皮紙やパピルスと並んでこの塔から発見されたものは、衣類と武器類が殆どであった。エジプトを除いて古代の衣類の遺物は稀である。従って、このシリアの遺物の一つ一つが染織史を研究する者にとって貴重なのである。しかし、ドゥラの遺品が決して質の良いものでないことは付加えておかねばならない。それらは大部分、駱駝の背負う袋や質素な下着や上着である。しかし、もっと落胆させられたのは武器類である。それらは非常に粗末で、明らかにローマ軍のものではない。恐らくパルミュラ軍（彼らは鉄や鋼鉄、それに良質の木さえも持っていなかった）かローマの東方非正規軍、もしくは最後のドゥラ占領軍であるペルシアのものと考えられる。事実、鉄製の兜、剣、槍、楯、あるいは一揃いの武具は殆ど発見されなかった。最も興味深いのは鎖帷子である。恐らく軍馬用でペルシアのクリバナリウス（二五八頁参照）に属するものと考えられる。塔のなかで発見した武器からすると、大部分の兵士は、皮製もしくは木に皮を貼った楯と、遊牧民が使用していた弓と木製穂先の投げ槍を装備していた。このように粗末なものではあったが、皮製楯の一つは非常に興味深い。非正規軍の兵士であったと考えられるその持主は、西方から東方への、つまりバルカン半島からドゥラへの帰り道の道程を楯に描いたのである。それは、非常に古い地図の例を我々に提供したことになる。

以上がドゥラの防御施設についての概観である。城壁内の街のつくりは部分的に軍事的観点から構成されているが、主として二つの隊商路の要求するところから構成されているのであり、その安全確保のために要塞が建てられた。その一つは、ユーフラテス河沿いのルートであり、ドゥラのなかの特に下の街の主要道路になっていたと思われる。しかし、この道路が実際に街の中を通り抜けていたのか、それとも要塞による安全の保障のもとにユーフラテス河の岸辺を通っていたのかは分らない。方形堡の位置や要塞のそばに二つの市門があることから、前者の可能性がより強いように思われる。この道路の正確な位置は明らかでないし、永久に判明しないであろう。というのは、最近のユーフラテス河沿いの道路改修工事が、ドゥラのこの部分を考古学的見地からすると破壊してしまったからである。パルミュラと西の砂漠に発するルートをユーフラテス河沿いの道路に結びつける二番目の大きな隊商路は、上の街のかたちを決めている。この道路は堅牢な城壁の三重になった市門を通っている。この市門については後で詳しく話さねばならないであろう。街の中に入ると、その道はすぐに大通りとなって、南西から北東へと台地の上に建つ街を横切る。つまり、市門から真直ぐに要塞の方向へ伸び、上の街を異なる大きさに二分する。多くの街路が大通りを横断し、街全体がヘレニズム時代やローマ時代の典型的都市計画法であるグリッド・プランによって構成されている。しかし、残念なことに下の街の都市計画に関しては何も分らない。

現在までのところ、重要な公共建築が二本の主要街路に沿ってどのように配置されていたかは分らないが、五つの主な神殿の位置は判明している。そのうちの二つは上の街の南西部にある。一方は、エラムとバビロニアの偉大なる女神で、パルミュラでも信仰されていたアルテミス・ナナイア神に献ぜられた神殿である。パルミュラ時代、より詳しくは紀元一世紀初頭に建てられたと考えられる。キュモンと同じく我々も、別の神殿、恐らくはヘレニズム時代の神殿が同じ場所にそれ以前に建っていたかどうかを確信をもって断言することはできない。発掘によってもそれに関する資料を得ることができなかったからである。

一九二九〜三〇年の発掘によって、アルテミス・ナナイア神殿のすぐそばで、それより僅かに小さいが、同時代の「シリアの女神（デア・シリア）」に献ぜられた神殿を発見した。この女神に関しては帝政ローマ時代の人々がしばしば言及しており、イタリアやローマ属州において、女神はエジプトのイシス神やアナトリアの「マグナ・マテール」神のライバルであった。シリアにおける最も有名なその神殿はヒエロポリス・バンブュケの壮大な聖域である。アタルガティスとその配偶神には、多分、バールベックにおいても神殿が献堂されていたが、パルミュラとダマスクスには小祠堂があったに過ぎない。

ドゥラの両神殿のプランは非常に興味深いものであり、シリアにある多くのキリスト教教会建築がそれらによって説明されるのである。神殿は小部屋（碑文によると「オイコイ」と称されていた）によって取囲まれた中庭が中央にあった。この中庭で信仰に結びついた多くの儀式、たとえば、聖餐や、夢想によって崇拝する神の姿を見る儀式などが行われた。オイコイの一部は、主神の従神たちを礼拝するためにも使用された。中庭の中央には大きな祭壇があり、ときには水をたたえた水盤があった。しかし、最も聖なる場所は小さく貧弱な建物にすぎず、中庭の中央かその奥壁に接して建っていた。この最も聖なる場所の主要部は小さな祠（ナオス）で、そこに神像が祀られていた。その両側に神の宝庫としての小室がある。以上の諸点における限り、ドゥラの神殿は、一般的なバビロニア神殿のタイプに属する。しかし、バビロニアでみることのできない、むしろシリアの宗教に結びついていると考えられる本質的な要素が一つある。それは最も聖なる場所の前面にある小さなホールで、その長軸方向の両端には階段がある。つまり一種の小劇場を構成しているのである。この劇場の席は特定の人物の席であって、恰度カトリックやプロテスタントの教会の特別席のようなものである。両方の神殿においても、その階段にある碑文は、婦人が各々の席の持主であることを示しており、このようなシリア、バビロニア系の女神に属する神殿において、男たちは中庭を越えて奥に入ることが禁じられていたことは明らかである。

両神殿の中から多くの献句や祭壇、浮彫や彫像を発見した。それらの資料が両神殿に関する歴史の多くの細部を詳らかにしてくれたと同時に、その偉大さを更に大きなものとした礼拝者の名前も判明した。大部分の碑文はギリシア語であるが、古代シリア語のようなセム系言語が見られることは意味深い。神殿の顕著な特徴の一つは、後で触れるパルミュラ神殿のようにそれらが豪華に壁画で装飾されていたことである。この点において、両神殿は初期キリスト教教会堂の先駆と言える。残念なことに壁画類の遺品は少なく、アタルガティス神殿からは画家のサインだけが発見された。彼の名前はそれによって永遠のものとなったが、その作品は消失してしまったのであり、運命はかくの如く皮肉である。我々の報告書第三巻はこれらのモニュメントに関するものであり、読者はより多くの知識をそこから得ることであろう。

アルテミス・ナナイア神殿に関しては、それがローマ時代、単に宗教的センターとしてだけでなく政治的センターとしても機能していたことを指摘したい。ローマ時代のある時点で、それまでアタルガティス神殿と同程度の規模であったこの神殿が拡張され、その配置も変更されたことが判明している。住宅の一区画全体が神殿に付加えられ、「婦人用劇場」は取壊された。そのかわりに、より大きな劇場が中庭の後ろに建設された。この劇場の目的が難問である。一つだけ確かなことは、そこが婦人のためではなく男たちの集会場であったということである。扉のあった場所に名前の一覧表が刻まれているが、それらはすべてドゥラの名門の男たちの名前である。更に、その席の一つには別の名前が書かれているが、それは自分自身をドゥラの参事会員（ブウレウテス）と称している。これらの事実から、ローマ時代のある期間、アルテミス・ナナイア神殿の中庭は、街の公共広場の代わりをしていた一種のアゴラではなかったかと私は考える。公共的性格を有するいくつかの碑文、つまり参事会員や市民や「植民者の長」（ドゥラのローマ人社会における市民たちのリーダー）による献辞が神殿中庭から発見されたという事実からも以上の考えは是認されるのである。その当時もこの神殿が礼拝の中心であったかどうかは分らない。

このような変化は、ドゥラにおけるローマ人の移住と関連していることを示唆するように思われる。昨年の発掘によって街の北西地域の大部分が、ローマ時代に入って通常のローマ軍基地になっていたことが分った。つまりプレトリウム、皇帝崇拝神殿、軍事訓練のための「マルスの原」、浴場、兵舎、将校用宿舎があった。将来の発掘が、更に多くの資料を与えてくれるであろうが、恐らく、パルティア時代に政治的中心であったアゴラは、この地域にあったと思われる。そして、ドゥラを軍事都市化したセプティミウス・セウェルスやカラカッラやアレクサンデル・セウェルスらの皇帝が、ローマ植民地となったドゥラの市民からこのアゴラを取り上げ、街の司令部を、拡張され再建されたアルテミス・ナナイア神殿に移したのであろう。

ともかく昨年の発掘以降、街の北西部分の軍事化と完全なローマ化とを、私は明白な事実と考えるようになった。この軍事化によって街の様相が一変したことも明らかとなったが、発掘調査の最も興味深い結果の一つは、三番目の女性のための神殿を発見したことである。それは、アルテミス・ナナイア神殿やアタルガティス神殿と同じ頃、街の北西部の住民のために建設された。完全な保存状態で出土したこの神殿のギリシア名はアルテミス神殿であるが、ドゥラのセム系住民はアッツァナトコナ神殿と呼び、その神像はアタルガティス神像と殆ど同じである。神殿は、二つのナオスと、貴族階級の女性たちが所有する劇場風の建物から成るバビロニア・シリア風の通常の神殿である。この神殿はアルテミス・ナナイア神殿のように破壊されることも再建されることもなかったが、ローマ時代にはもはや女性のための神殿ではなくなっていた。というのは、紀元一一七年以降の碑文を座席に見出すことはできないからである。もし、ローマ時代にもなお神殿であったのなら、街の北西部に住む女性たちのものではなくなっていた。街の北西部に、もはや女性が居住していなかったことをそれは明白に語っている。そこは男たち、つまりローマ軍兵士の住むところとなっていた。そして彼らの大部分はシリア出身の兵士であり、彼らは当然に神殿へ通い、偉大なる女神に犠牲を捧げたのであった。

兵士たちにとっての真の神殿は、ドゥラ四番目の良く保存された神殿、シロ・バビロニアの三軍神の神殿であった。それは街の北西部、城壁の北西隅にある。城壁は実に念入りにこの神殿を取囲み防御しているので、城壁を建設する際に神殿も考慮されていたことは疑いない。その神域を破壊したり、城壁外に無防備な状態にさらしておくことは望ましいことではなかったし、可能なことでもなかった。もし、キュモンが考えるように、城壁がセレウコス朝時代初期に造られたのであるとすれば、神殿はそれよりも少し早いペルシアかアッシリア時代に起源を持つ。私が考えているように城壁の年代がもう少し下るとすれば、神殿もヘレニズム時代もしくはパルティア時代に下る。そしてこの場合、神殿は、ドゥラにそれ以前から住んでいたか、もしくはマケドニア植民都市が建設されて以降住みついたこの地の人間によって建設されたことになる。ローマ時代に入るとこの神殿はパルミユラの神々、つまりベール神もしくはバール・シャミーン神とその従神であるヤルヒボルとアグリボルのパルミュラ三神に献ぜられた。その創建当初から、この三神に献ぜられたのか、それとも初期にはベール神のみに献ぜられていたのかは、将来明らかにされるべき問題である。

このパルミュラ神の神殿が、キュモンにとっても、また我々にとっても真の宝庫であることが判明した。私は後でそこで発見された壁画を話すつもりである。それらは、イェール大学に運ばれた二点を除いてすべてダマスクス博物館に移された。しかし、今はキュモンと我々によって発見された碑文のある多くの祭壇と何百という落書きについて触れておく。

神殿のプランは非常に珍しいものである。最古のケッラはある時点で城壁を強化するための塔の基礎に転用された。しかし、全能の神が熱狂的に崇拝されていたこの塔の中に、マーフィーが発見しブレステッドとキュモンが研究した壁画で装飾された後の最も聖なる場所があったのではない。この後代の二重のケッラは塔に並んで建てられ、その北側の壁を塔に接していた。しかしながら、神殿が徹底的に改築された一世紀初頭、この新しいケッラの付加えによって今や城壁の塔の一つとなった以前のケッラの使用が放棄されることはなかった。恐らくどちらのケッラとも使用され、各々が一体もしくは複数の神を祀っていた。

小ケッラの前面に円柱の並ぶ中庭が広がり、その中央に祭壇が、周囲には小部屋が並ん

大門　ドゥラの城壁内から見た通称パルミュラ門。約 22m 四方の方形プランを持ち、城壁からドゥラの西に広がる砂漠へ突き出ている。通路は一つだけで、三重の扉があった。通路の両側は塔になっており、これらが一体として建造されている。

浴場　ローマ軍はドゥラのような帝国の国境最前線にあっても、快適な生活に必要な浴場の建設を怠ることはなかった。小規模ではあるが煉瓦を使用し、床下暖房（ヒポカウスト）の設備も整えた浴場である。

ユーフラテス河と要塞　ドゥラ東端の要塞の後ろにユーフラテス河が見える。要塞の東側は河に向って垂直に近い断崖となっている。右手に小さく見える建物が、イェール大学の発掘本部となったところである。

パルミュラ神殿　手前に見える壇のようなものが、神殿前庭部の中央にあった祭壇。その奥の開口部を通ってパルミュラの神々が祀られたサンクタ・サンクトルム（ナオス）がある。そこに「コノンの供犠」や「ローマ軍将校ユリウス・テレンティウスの供犠」などの壁画があった。

コノンの供犠　パルミュラ神殿から出土した壁画。コノンとその妻ビトナナイアの他に彼らの家族と神官たちが描かれている。服装はすべてパルティア系であり、絵画資料の少ないパルティア美術を研究する上で重要な作品である。制作年代は後一世紀初頭。現在、ダマスクス国立博物館所蔵。

パルティアの騎兵　パルティアのクリバナリウス（全身を甲冑で防備した騎兵）である。馬も薄い金属片を繋ぎ合わせた防具をつけている。要塞近くの住宅から出土した後三世紀頃の刻線画。

小劇場の座席　パルティア時代に造られた劇場風の建物。舞台がないことや、せいぜい 200 人程度の収容能力しかないことから、通常の劇場としてではなく、宗教に関する集会場やプーレテリオンの様な機能を持っていたと思われる。

でいた。これらの部屋のうち、ケッラに最も近い部屋の入口近くに、奇妙な祭壇もしくは神のナイスコス（祠堂）があった。そこに祀られた神はその裏側の部分に多分ベテュロスの絵によって表現されていた。劇場風のホールがないことを驚くべきではない。この神殿は男性のためであり、恐らく聖なる劇場は男神ではなく女神信仰に結びついていたと考えられるからである。

ローマ時代、この神殿がいかに重要であったかを示すため、二つの事柄を引用しよう。私はすでにローマ時代末期に城壁を強化するために大きな努力の払われたことを述べた。日干し煉瓦による斜堤が築かれ、それによって城壁や塔に接していた建物はすべて壊されてしまった。ただパルミュラ神の神殿だけが例外で、その工事のときも何等の被害も蒙っていないのである。明らかにこの神々は、当時のドゥラの支配者であったローマ人の生活にとって重要な役割を担っていた。神殿は、兵士たちが祖国のために戦い死んでいくのを見守る軍神を祀っていた。神々は、紀元二、三世紀のシリアにおけるローマ軍兵士と同じようにシリア起源であり、ローマ軍兵士にとっての神殿であったことを私は確信している。この考えは、二番目の事実によっても支持される。パルミュラ神殿は、その壁画によって有名である。その壁画装飾は斜堤建設工事によって損傷破壊されることはなかった。ドゥラが放棄された後、街のこの一画は厚い砂に覆われ、雨や太陽や風による風化から壁画を守った。壁画には、神殿の信徒たちと壁画の奉納者たちによって神殿の神々に献ぜられた犠牲の儀式が描出されている。それらはパルティア時代とローマ時代の両方に属している。そして、パルティア時代の壁画において供犠に参列している奉納者たちはすべて一般市民である。街の選出政務官や参事会員や恐らく聖職者であったパルティア政府の役人である。ローマの到来とともに市民は姿を消してしまう。現在、イェール大学に収納されている保存状態が最も良いケッラの壁画は、新しい保護者による供犠の情景を表わしている。つまり守備隊隊長であるローマ軍将校ユリウス・テレンティウス、彼の八人の将校、それに一般兵士の一団である。

城壁の北西隅に建つこの神殿が、南西隅に建つ神殿に対応しているのではないかと私はずっと以前から考えていたが、一九三〇〜三一年と一九三一〜三二年の調査によってその正しいことが証明された。この第二の神殿は、ドゥラの最後の繁栄期に斜堤を築くための煉瓦層によって埋められてしまったことは前にも触れた。神殿は非常に複雑で斬新な構造であることが明らかとなり、その一部は少なくとも二階建てで、両方の壁が彩色されていた。そして、一階と二階の両方から多数の壁画断片を発見した。北西隅の神殿と同じように、この神殿も城壁の塔に寄り掛かるようにして建てられていた。その建築を詳述するには多くのスペースが必要であるが、そのような記述は報告書第五巻において為されるであろう。ここで我々にとって重要なことは、一体この神殿がいかなる神に対して献堂されたかということである。

昨年の調査中に、ホプキンズ教授は神域で不思議な小建築を発見した。それはドゥラの用語によるとオイコスという礼拝所で、その奥壁に小さな祠がある。本来はこの祠に神像が祀られ、その前の祭壇で香が焚かれた。この神像と献辞の碑文は、ある小さな隠し場所から発見された。多分、神域が街の防衛の犠牲となったとき信者によって隠されたのであろう。礼拝所に祀られていた神はアフラドもしくはアパラドという名前を持ち、神像の碑文ではユーフラテス河沿いのアナト村（ドゥラ南方、現在のアナー）の神と呼ばれていた。神礼拝所の信者たちは宗教的な一種の講を構成し、この礼拝所を紀元五二年に献堂した。神像は、ヘレニズム風の武具をつけた戦士の姿をしているがその衣裳はオリエント風で、セム系というよりもペルシア系の大変印象深いものであった。彼は二頭の有翼のライオンの上に立ち、イラン人にとって特別の宗教的意味を有する頸輪をかけ、髯をはやし、ティアーラを被っている。その胸当ては太陽のシンボルと星を表わす十字で装飾されている。その手には珍しい形をした王杖を持ち、彼の前で神官が香を焚いている。

彫像の正確な記述は簡単なことではないが、すぐにこの神像の重要な特殊性に気付くのである。この神は、ハダド神やドゥラとパルミュラのバビロニア・シリア系の軍神と同じく、セム系バール神の系統に属するのである。このバールの神々は天界の支配者であり、空と太陽の神であり、宇宙の支配者であり、更に敵に対する偉大な戦士でもあった。その点において、アフラドはセム系の縁戚関係にある神々と違ってはいなかった。しかし、彼の聖獣はハダドの如く牡牛ではなく、イラン系世界に特有の空想上の動物である有翼のライオンで、イラン人がバビロニア人とアッシリア人から借用した怪獣であった。これら全てのことはこの神がセム系の神のイラン化された属性を有していることを示している。ナオスのそばの壁に描かれた珍しい、洗練されていない、幼稚な壁画は、アフラドに関する儀式を表わしている。一人の神官が祭壇の上に立つ鷲に犠牲を捧げており、神の頭上には飛翔する勝利の女神が描かれている。そのすぐ脇に、そのために犠牲を行なっている人物、パルティアの軍人が立っている。鷲がシリアの偉大な太陽神の象徴であることはよく知られている。この壁画は、一九二九～三〇年に斜堤の上位の層で発見された祭壇を想起させる。ホプキンズ教授が報告書第三巻で記述しているその祭壇でも、犠牲を捧げているパルティア人の軍人を見ることができる。そして、この場合、神はライオンと戦っているが、それはペルシア人がバビロニア人とアッシリア人から借用してきたもう一つのモチーフである。

要約すると、これまでの資料で見る限り、この南西隅にある神域は、この街に住んでいたパルティア人の兵士と将校によって礼拝されていたように思われる（ホプキンズ教授が報告書第五巻で述べるであろうこの神域の記述では、新しい資料が加わるであろうし、この考えに矛盾するところがあるかもしれない）。従って、ローマ時代になるとこの神域は無視され衰退し、最終的に斜堤の煉瓦の下に埋まってしまうのである。ローマ兵士にとって敵の神は無用であった。彼らは、彼らの被保護者であり盟友であったパルミュラ人の神をより好んだ。街の両端にある二つの神域はドゥラの二面性をよく物語っている。つまり、南西隅のパルティア人兵士にとっての神々と、北西隅のパルミュラの隊商商人にとっての神々である。そして後者は、ドゥラの歴史の末期において、パルティア人兵士の後にやって来たローマのシリア軍兵士によって崇拝されたのであった。

いくつかの神殿の簡単な研究の結論として、パルミュラと同じくドゥラにおいても、土地固有の神ではなく外来の神に献ぜられた一連の神殿があることを付加えたい。すでに、アタルガティス、ナナイア、ベール、それにベールの従神であるアフラド、アルテミス・アッツァナトコナについては触れたし、ドゥラのテュケー（守護神）と要塞の門にある兵士用小祠堂については後で簡略に述べることとする。まだ純粋のギリシア神殿は発見されていないし、ドゥラに住むギリシア人とマケドニア人が早い時代にどこで礼拝をしたのかも分っていない。時代が下っても、この疑問に関してはただ推測をするだけである。彼らは、恐らく、その礼拝所としてすでに述べて来た神殿、つまり東方の神々の神殿を使用していたのであろうと考えられる。

本書のロシア語版では、この項を、ドゥラではユダヤ教、キリスト教どちらの宗教の何等の証拠も発見できなかったという言葉で閉じた。その事実は私にとって大いに驚くべきことであった。というのは、紀元三世紀の東方の殆どの都市がキリスト教の遺物を出土するであろうと考えられたし、特に初期キリスト教の一大中心地であったエデッサにごく近いドゥラにおいてはなおさらであった。

以上が数ヵ月前の私の記述であり、もし一九三一〜三二年のシーズンの最もセンセーショナルな発見がなかったとしたら、ここでもそのように印刷されたことであろう。そのことは、否定的資料から結論を引き出す際、いかに慎重でなくてはならないか、そして遺跡の完全発掘が為される以前に決してそこを立去ってはならないということがいかに大切かを、今一度示している。

発掘主任のホプキンズ教授の発見を公けにすることは彼自身の特権なのであるから、ここで長々とそれについて述べることはできない。しかし、短い言葉でそれに触れる必要はある。余り気が進まないままに、大きな市門とその南にある塔の間の崩れた壁を掘っていた。そこは、前に述べた日干し煉瓦造りの斜堤を築くために壊された建物に附属する壁であった。ホプキンズ教授は、そこで、この建物の大きな部屋に続く二つの扉を発見した。その部屋の壁に聖書の旧約、新約両方の有名な物語が描かれているのを発見したときの彼の驚きは大変なものであった。その壁画の中央はアプスもしくはナオスになっていて、「よき羊飼い」の図が表わされていた。斜堤が造られる以前、この部屋は明らかにキリスト教教会堂として機能していたのである。しかも、斜堤が建造されたのは紀元二三二年から二五六年の間であるから、この教会と壁画の年代をかなり正確に比定できる。つまり、紀元二五〇年以前の数十年間が最も遅い年代であり、恐らく、それよりも早い時代に造られたのであろう。

非常に興味深い壁画は、キリストの復活もしくは「ミルラの担ぎ手」である。三人のマリアが夜も更けてイエス・キリストの墓にミルラを運んでいる。この場面は、主題が面白いばかりでなく、美しい彩色をもつ哀愁に満ちた力強い美術作品なのである。

遅くとも紀元三世紀前半の壁画をもつキリスト教教会堂の発見は、確かに大きな発見であった。それは、新約聖書の歴史に関する様々の問題、初期キリスト教美術に及ぼしたシリア、エジプトの美術の影響関係、それにこの美術の起源が葬祭美術にあるのか否かなど多くの問題をかかえている。しかしそのような問題の研究は発掘者に任せるとして、ドゥラに戻ることにしよう。

宗教建築に関しては多くの知識を得ることができたが、住宅を除く一般公共建築についての資料は殆どない。すべてのギリシア都市には公共広場であるアゴラがあり、そこに市民の公共生活が集中していた。このアゴラは、大部分のギリシア都市では市場としても機能していたし、その周囲に神殿が建っていた。ドゥラでは、そのような市場に当る場所も発見されていない。セレウコス朝時代のアゴラがどこにあったのか全く分っていないし、それがパルティア時代のアゴラと同じものであるのかも判明していない。私は二四二頁のところで、アゴラを発見するための発掘調査が失敗に終わったのは、ローマ人が街の北西部を軍事施設に改修したとき、アゴラをそのなかに取込んでしまったという推論によって説明されるかもしれないと述べた。将来の発掘だけが、このような私の考えの正否を判定してくれるであろう。

個人住宅の外観はみな一様である。その規模や豪華さに変化はあるが、すべて今日のメソポタミアに見られる単一のタイプを有している。それはウーリーがその構造を明らかにしてくれたウル期にまで遡るタイプである。街路から長い玄関通路が奥の中庭（普通屋根はない）に直角に通じている。中庭の回りには数室の大きな接客用、もしくは仕事用の部屋が並ぶ。中庭には、女性が起居する寝室や居間のある二階への階段が設けられている。街に水道設備はなく、水は大きな陶製の壺に入れてあった。また、便所や浴室も住宅では発見されていない。

バビロニア起源であることは確かなドゥラの住宅型式が、どの程度マケドニアもしくはギリシア住宅の型式に近かったのか、まだ分っていない。一つの興味ある特徴は、それらの住宅の内部装飾が非常に豊かであったということである。状態の良い応接室の場合、漆喰コーニスで壁面上部が装飾され、そこにパルティア系装飾モチーフの混ったギリシアのバッカス・モチーフが使用されている。この一連のコーニスは、碑文によって明らかとなったが、イラン人であるオルトノバズスによって造られた。壁画も広く用いられていたが、その装飾法はギリシア系ではない。壁面を覆う方形タイルを赤や黒の彩色で模倣する方法がごく一般的であった。パルティア時代に属する豪華な大住宅の一室から多くの彩色表現されたタイルや煉瓦の断片が発見されたが、恐らく当時は壁面全体に描かれていたのであろう。そのような描かれた煉瓦には、人頭、動物、果物、花など様々な形像やモチーフが装飾されていた。その形像のいくつかは、ゾディアックを示すものであるというバウエル教授の指摘は非常に興味深い。描かれたタイルで覆われた壁面が見る者に与える一般的な印象は豪華な絨緞に似ている。そしてこのような壁面装飾法がバビロニアやアッシリアの時代まで遡るということはあえて言及する必要もないであろう。

以上がドゥラの概観であり、それは興味深いだけでなく、珍しい例である。というのは、ドゥラ以外で、城塞都市と隊商都市が結合した例を見出すことができないからである。街全体のプランもパルティア人によって作られた。何故なら、殆どすべての特別な建物がパルティア統治時代に造られたことをすでに証明したし、城塞も彼らによって輪郭が決められ、その姿のまま現在まで伝わっているということも大いに可能性があるからである。ローマ時代は、街の全体像に大きな影響を与えたときであるように思われる。街の南西部は、修復といくらかの改築があったとはいえ、殆ど手つかずのままであった。しかし、北西部は隅々まで改築されたのである。前述したように、街のこの地域、もしくは街の半分が、ローマ軍正規の軍事基地に変わった。この点については本章のあとの部分で再び述べることとする。

しかし、パルティアの建築を別とすれば、ドゥラの最も興味深い繁栄期におけるその文化に関して、一体何が判明したのであろう。その時代の生活を再現するためのどんな資料を我々は持っているのであろうか。疑いもなく、最初のそしていかなるものよりも重要な資料は、マーフィー大尉とキュモンによって発見されたパルミュラ神殿の壁画である。そのなかでも重要なのが、ドゥラの貴顕であったコノンとその妻ビトナナイアそれに彼の子供たちを描いた壁画である。彼らは、自分たちが有力なパトロンである神殿で犠牲を捧げている。供犠は印象的な姿をした神官によってとり行われている。彼は、ペルシアのマギ僧や現代のイスラム托鉢僧を思わせる高い円筒形の白い帽子を被っている。後の時代の礼拝者による供犠を表わした壁画もいくつかある。彼らの一人がイラン名を持つ宦官であり、もう一人がセム系の名前を持つ市参事会員であることも特徴的である。

同じく興味が持たれ、重要な意味を有するのが、アルテミス・ナナイア、アタルガティス、アルテミス・アッツァナトコナなどの女性用神殿や、街の両端にある男性用神殿で発見された遺物だけでなく、パルティア時代にまで遡る例もある住宅からの出土品である。この種の資料で最も重要なのは、部屋の漆喰壁に刻まれた凡庸で幼稚な刻線画である。それらは、男神や女神、街の様々な建物（特に城壁）、野生もしくは家畜としての動物、それに、特に興味深いローマ時代のドゥラの住民、彼らの敵であった人間、とりわけ騎馬あるいは徒歩のパルティア兵を表わしている。そのうちの一つは、パルティアかササンのクリバナリウス、つまり、頭の先から爪先までを防具で覆い、重い槍を持ち、鎖帷子をつけた馬に跨る騎兵の正確な姿を伝えている。これらイランの騎兵は、馬上に跨ったままで殆ど動かない彫像のようであるとしばしば記述されてきた。しかし、刻線画が発見されるまでは、中世騎士の先駆とも言うべき彼らを表わした一枚の絵もなかったのである。今や、彼らがどのようであり、それに対抗するローマ軍のカタフラクティがどのようであったかを正確に知ることができた。そして、彼らをその最も近い関係にあるサルマート騎兵もしくはグレコ・サルマート騎兵に比べることが可能となったのである。後者はトラヤヌス記念柱やグレコ・サルマートのパンティカパエウムの装飾墳墓の壁に表現されている。同じように面白いのが、ドゥラの住宅壁面に見ることのできる騎馬射手の姿である。彼らこそ、ローマ軍さえもが恐れ、クラッススの軍団を雨のように降る矢によって圧倒したあのパルティアの射手なのである。同じ壁面のかたわらに、一層重要な人物が刻まれている。それは、パルティアの諸王、パルティア王国内の封建王侯、それにドゥラの統治者たちである。

これらのパルティア人は、大変珍しい羊皮紙の文書にも再び現われる。最近、それを私と弟子のウェルズ教授が出版した。それは、パルティア人貴族であり、ドゥラ近郊のパリガ村の王侯であるフラーテスと、生れの賤しいアラブ人バルラースとの間にとりかわされた借用証である。利息のかわりに、バルラースは労働によってそれを償うことを承諾しており、フラーテスの家に住込み、彼の命ずるどんなことも行うとある。その借用証はパルティア王の名前によって契約され、パルティア暦とセレウコス暦の二つの日付がある。それは紀元一二一年、つまりトラヤヌスのメソポタミア遠征とハドリアヌスによるパルティアへのメソポタミア返還直後の時期である。従って、トラヤヌスによる占拠の後、ハドリアヌスによって、ドゥラが、メソポタミアの他の地方とともにパルティアへ返還されたことを示している。この文書は後期パルティア人の生活を浮彫りにし、その封建制とグレコ・パルティアの階級制度及びその特殊な社会、経済制度に大きな光を投げかけた。

このような最近の出土資料が、特殊で、変化に富み複雑なパルティアの一要塞都市の生活に関する明確なイメージを与えてくれた。そのため、今でもはっきりと、塔の上に立って見張りをする兵や、ユーフラテス河と隊商路の間にある要塞宮殿（まさに鷲の巣である）に住む執政官を目の前に描くことができる。反対の方形堡の上にあった大きく瀟洒な宮殿には、執政官やその部下たちが住んでいたのであろう。何百人という嘆願者が彼の下に参上し、執政官は宮殿正門前にある大きな庭に坐って、それらに耳を傾けた。平時には、パルティアの王につかえる執政官たちは、後世のフランスの後継者たちと同じく、宮殿での宴会や、純血種の馬で砂漠を駆けめぐり、ライオン、猪、鹿、ガゼル、兎などの狩りや、その他のゲームで毎日を送っていた。そんなことが、ドゥラと近郊の村落を統治する執政官としての、パルティア国内では大して位の高くない人物の娯楽であった。より上位の人物がドゥラを訪れることは稀であったし、ドゥラの住民は、自分たちの王の美しい相貌をかいまみることも稀であった。しかし、ドゥラのパルティア人は、彼らの統治者と同じような事柄に関心を抱き、同じ楽しみと仕事に熱中していたのであるから、その間に大きな差異はなかった。

街の中の隣人たちは、ギリシア、マケドニアの植民都市時代からの子孫であり、祖先の名前と多くの古い伝統、昔からの言語と慣習を遵守していた。彼らは、もともとは土地所有者であったが、時代が下ると商人になっていた。隊商貿易によって裕福となった彼らは、すぐに自分たちの妻女を宝石類で飾りたて、自らも東方で一般的な美しい衣裳とターバンを身につけるようになった。彼らは彼らにとっての神殿を、妻たちも自分たちの神殿を東方様式で建立し、装飾を施し、金や銀あるいは銅の器の奉納品を納め、その他見事な品物も献納した。自分たちの話す言語にも無関心で、ギリシア人であることをやめ、典型的なレヴァント人になっていた。彼らの伴侶はセム系の女性であり、子供たちは半セム系であった。彼らが崇拝する神はパルティア帝国の神であり、東方起源や北のセム系、南のアラビア系の神、それにイラン系の神が含まれていた。彼らはそれらの神々にギリシア名を与えはしたが、神々を完全なギリシア神にすることには失敗したため、彼ら自身の神であるゼウスやアポローンやアルテミスは完全に忘れ去られてしまった。

彼らが自治の体制をとることが許されていたのかどうか分らない。他のパルティア領内のマケドニア植民都市、たとえばフランス政府によって非常に注意深く成功裡に発掘されたエウライオス河のセレウキア、古代エラム人のスーサのようにかなりの自治権を賦与され、独自の制度と政務官と市参事会を持っていたものと考えられる。しかし、それらは、彼ら自身の些細な事柄のみを扱うよう厳しく限定されており、しかもパルティア軍統治官の監視下にあったのである。彼らは、しかし、自分たちの「自由」に対する侵害に大した意を払わず、概して自分たちの生活に満足していた。重要なことは、パルティア人が「支配階級」としての特権を独占することはなく、セム系住民に対する社会的、経済的支配権をマケドニア系住民にも分与していたことである。これらセム系住民は、主にマケドニア人所有の農場を耕す農夫や羊飼いであったり、マケドニア人の工房で働く職人や隊商に雇われた御者であったりした。マケドニア人は、その生地を忘れるに十分な富と繁栄のなかに生活し、ギリシア愛好者であるパルティア王の臣下となった。従って彼らは、彼らの西方における隣人であるローマ人の宗主権よりもパルティアのそれを選んだのである。

以上がパルティア時代のドゥラである。そこで、この街でどのような革新がローマ人によって行われたのかを調べなければならない。というのは、鋤の入る土地であればどこでも、この新しい主人の足跡を見出せるからである。ローマ時代、ドゥラの主な役割が、パルティアとの頻繁な戦争の軍事基地としてローマ軍兵士に宿舎を提供する場所であったことはすでに述べた。それ故、ローマ人がドゥラで最初にしたことは、そこにしっかりと居心地よく定着することであった。

そのため、前述の如く、街の北西部の殆ど半分を軍の基地に改修したのである。街のこの地域における発掘はまだ終了していないため、既存の街で、如何に軍事基地定着の目的をローマ人が遂行していったかを述べることはできない。恐らくパルティア時代、ドゥラの「コンティヌア・エディフィカ」(建物の連続、市街地化された部分)は北西と南の城壁までは達しておらず、二つの峡谷の近くには大きな空地があった。従って建物を建てることのできるかなり広い地域がまだ残っていたと思われる。たとえそうであっても、ローマ人にとって、それだけで十分とは言えなかった。たとえば、彼らは恐らく皇帝崇拝のための小神殿を建てているが、その場所は、要塞の北西門に恰度対峙する街の最も古い地域なのである。この神殿で発見されたラテン語献辞のなかで、その奉納者は、基地の軍事訓練場を拡張したことに言及している。神殿の近く、つまり東の防御施設の方角に「軍事訓練の広場」を探すことは当然のことであろう。しかしながら、街のその地域の地形は、このような目的には決して向いていない。

ローマ軍基地の中心部は、昨シーズン発見されたプレトリウムであった。それはローマ軍基地の典型的な見事な建物であった。この種の建物は、ローマ帝国の軍事上の国境、イギリス、ドイツ、ダニューブ河、アラビア、それにアフリカの「リーメス」(境界)沿いに数多くあった。プレトリウムの中庭に続く四つの門をもつ巨大な入口であるテトラピュロンは、アフリカのランバエシスのプレトリウムに至るはるかに大きなテトラピュロンと同じ形式をもつ。中庭には三列の列柱が回らされている。東の柱廊玄関は一連の部屋へとつながる。中庭からは大きなアーチ状通路によって天井の高い広間に至る。その門の扉の上に、カラカッラ帝のとき、正確には紀元二一一年にそれが建てられたことを示す長文のラテン語碑文がある。広間の両側に、そこへ上がるための階段がついたプラットフォームがある。そこから将校たちが兵士に命令を下し、裁判官のようにそこに坐り、そして将軍たちは外国からの大使たちを謁見したのであった。正門の反対側には大きな部屋があった。その入口の左側にある大きな柱にはカラカッラの兄弟ゲタを讃えたラテン語碑文が刻まれている。それは彼が兄の手で殺される数カ月もしくは数日前のものなのであろう。碑文はそのまま残っているが、その上にある壁龕に置かれていた彫像は取りはずされ、ゲタの名前も消されている。広間の中央にある部屋はプレトリウムの祠所であるに違いない。そこでは軍神、皇帝、それに軍団旗（シグナ）が祀られていた(原註1)。祠所の左右に位置する二つの部屋は、高級将校用である。この建物の隅にある二組の続き部屋には、軍令部があった。この続きの部屋の一つには、「ローマの元老院と人民」を意味する聖なる定句S. P. Q. R.が絵具で書かれている。そのQの文字のなかには、皇妃ユリア・ドムナの解放奴隷と、五人の恐らく主計将校（アディウトリス）にあてた昇進の祝辞が書かれている。建物のなかには多くの刻んだり、書いたり、引搔いたりして記された碑文がある。それらは、多くの軍団がドゥラを経由してパルティアへ向ったことを示すと同時に、多数の分遣隊が守備隊としてドゥラを引き継いだことを物語っている。

原註1　最近出土の二人の剣闘士を表わす刻線画は、将校たちによる軍営本部献堂の際の剣闘士競技の名残りであろう。

ローマ軍守備隊の兵士がどのように起居していたか、つまり兵舎においてなのかそれとも個人住宅でなのかは将来明らかとなるであろう。ただ、兵士のため司令部によって最初に為されたことが、彼らのための浴場建設であったことははっきりしている。その一つが、プレトリウムのそばで発掘されたし、その正門付近で発見されたものもあり、また、ホプキンズ教授が最近その場所を確認した浴場もある。これらの浴場施設の状態を考えると、それらが非常に贅沢であることに気付くであろう。浴場にはローマ帝政期の典型的なあらゆる設備が備えてある。つまり温水と冷水、中央暖房、柱で支えられた床、熱い空気が循環する土管の配管されている壁体などである。ドゥラの将校クラブでもあったと思われる脱衣室は、壁画で装飾されていたが、残念なことにその断片しか残っていない。それらにはすべて人像頭部が描かれている。最も重要な城壁の修理をおろそかにしても、見事な浴場を建設するというローマ人の静かなる自信に驚嘆せざるを得ない。しかも、一体どこから浴槽を満たす水を得たのであろう。ユーフラテス河からバケツで水を運んだのであろうか、それとも水道をひいたのであろうか。更に驚くべきことは、燃料の補給をどのようにして維持したかということである。材木が浴場の燃料として使用されていたことは、そのそばに木灰が山と積まれていることによっても明らかである。それと同時に、建築材としても多くの材木が使用されたことに注目せざるを得ない。それらの材木をどこから入手したのであろう。ユーフラテス河上流の森林からドゥラへ運んだのであろうか。それとも、現在は荒地であるこの一帯にかつては樹木がはえていたのであろうか。

ローマ軍守備隊の主な任務はドゥラを通る隊商路と戦略的な道路を守ることであった。ユーフラテス河沿いの道路を守るための防衛計画の重点は、半ば崩壊していた要塞にあったし、パルミュラからの道路を守るためには、我々が詳細に調査した大建築である市門があった。このような門はそれ自体として強固なもので、二つの塔と大きな木製扉と中庭から成っていた。低い扉が中央の庭と塔を連絡していたが、ローマ時代、この庭には屋根が掛けてあった。それは非常に珍しい構造である。いくつもの祭壇が壁のそばに一列に並び、街とこの市門を結ぶ門にもそのような一群の祭壇が並んでいた。祭壇の多くは、ラテン語、ギリシア語、パルミュラ語の碑文が刻まれ、また、いくつかの浮彫も発見されたが、大部分はヘラクレスを表わしている。

何百という碑文が市門の壁面から発見されたが、特に北壁の下部は碑文で覆いつくされていた。それらの大部分は石に刻出されるか、引掻かれたものであり、絵具で書かれたものや漆喰に刻んだ言葉はいくつもない。大部分がギリシア語で、ラテン語、パルミュラ語もしくは内陸部のアラビア語のものは僅かであった。すべてが短文である。最も古い碑文は礼拝者の名前や苗字を含み、たまにその出身地の名が書かれていた。ドゥラに住みついたヨーロッパ人の名前も多く、またセム系の名前も多かった。後期の碑文には、それを書いた人物の名前の前に、忘れるなという意味のきまり文句「ムネステ」が付け加えてある。それは、ペトラ、ヘグラ、エル・エラ、シナイ半島の何百というアラビア語碑文にも見られる定句であった。「ムネステ」は、恐らく、セム系のきまり文句のギリシア語訳なのであろう。もう一つのセム系定句がギリシア語動詞「エウカリスト」と訳されている。それは「汝に感謝する」という意味で、女神テュケーの名前とともに書かれている。

祭壇に書かれた碑文の多くが、ドゥラの運命もしくは幸運の女神であるテュケーに言及し、壁面の短い碑文もすべて宗教に関連するという事実は、その庭が聖なる場所であり、「街の幸運の寓意神」に献ぜられた神殿のような性格を有していたことを物語っている。この神はイラン人にはフヴァレノという名前でよく知られていたし、セム系の人間はガドと呼んでいた。

門のアーチ状になった中央通路の宗教的性格に関しては、ローマ時代にその上部壁面全体が壁画で覆われていたことからも明白である。壁画は頭の高さのところで終わっている。それは、壁画の上に自分の名前を書こうとする礼拝者たちの手が届かないようにするためであった。従って、この目的のため壁面下部は彩色されずに残されている。残念なことに、壁画は殆ど残っていないが、僅かに残った部分――立像人物の足だけ――によって、パルミュラ神殿におけると同じように、ここでも街の聖なる保護者に対する供犧の図が描出されていたことが分った。他の神々も女神のそばに描かれていたと思われる。軍団将校と兵士たちがパルミュラ三神に供犧する場面を描いたパルミュラ神殿の壁画とこの点において比較することは興味深い。つまり、その壁画の三神の足元には二人のテュケー、ドゥラのテュケーとパルミュラのテュケーが描かれている。もしこの保存状態の極めて良い壁画が紀元三世紀のものであるとすれば（恐らくそうである）、ドゥラの末期、つまりドゥラがパルミュラ帝国の一部となった時代を明らかにする光をこの絵が投げかけている。

それでは、ドゥラのテュケーの神殿がどこにあったのかと問われるであろう。この街のすべての住民と同じように、市門を通って街に入った女神の家はどこにあったのか。市門に接している塔の一つがそれであったのか。我々は二つの塔を注意深く調べた。壁画の痕跡の全くない北の塔で、我々はそのような神殿を装飾していたと思われる遺物を発見した。一つは、完全にパルティア様式の勝利の女神が描かれた小さな扉である。彼女は顔を右に向け、その手には棕梠の小枝と王冠をもち、円球の上に立っている。この彩色扉は、明らかに、木造の祠、ナオス、エディクラ、もしくは二重の扉をもつ神域の一部であった。その中に、主神の小さな彫像が描かれた像があった。その建物はエジプトのナオスか、中世の三部形式の礼拝堂に似ていたに違いない。そして、もしそれが最も聖なる場所の門の内側にあったのであれば、その中央に描かれた神像は、二人の勝利の女神によって戴冠されるように描かれた世界の女王、テュケーの像に違いなかった。守備隊にとっての神域において発見するとは、何と象徴的なことであろう。

塔のなかで発見したもう一つの面白い出土品は、ラテン語の書かれた木の板である。そこには、歩兵隊の下級将校たちによるドゥラの将軍セプティミウス・リュシアスとその家族への献身が表明されている。彼らは将軍とその妻と子供たちの肖像（そのうちのある者はイラン名、ある者はギリシア名、そしてセム系の名前をもった者もいる）を、女神の庇護に託したのであった。肖像画は神殿やナオスの壁に描かれるか、板絵である場合はそこに嵌め込まれるかした。

これらの出土品にもかかわらず、二つの塔の性格は、そこに女神の神殿があったことを示唆してはいない。何故なら、それらは、他の防御用の塔と同じく、宗教上でなく軍事上の目的で門と結びついているからである。従って、女神の住処は、市門の内部で探す必要はなく、その近くで求められるべきなのであった。私は、一九二九〜三〇年の発掘で出土した市門に近い小神殿がそれではないかと考えている。ローマ時代、その小神殿の反対側、道を挟んだところに小さいが瀟洒な浴場があった。テピダリウム（微温風呂）の床を装飾していたモザイクの碑文によって「浴場の偉大なるテュケー」にこの浴場が献ぜられたことが判明した。しかも、ドゥラで発見された最も豪華なコインと宝石の宝物は、私がテュケー神殿と考えているすぐそばの家から出土したのである。この家が神殿の神官に属するもので、宝物は女神への奉納品ではないかと推測するのは決して不可能ではない。

市門の壁面に書かれた碑文、特にローマ時代の碑文の詳細な研究によって、ドゥラの生活の興味ある様相が明らかとなった。ローマ軍守備隊の兵士が街を治め、市門の神域は彼らに属していたことが判明した。守備隊の将校たちは美しい言葉で女神への献身を誓っている。彼らはその恩恵に浴する者であり、憲兵隊将校「スタトール」であった。カラカッラの時代から、彼らはすべてローマ市民となり、そのギリシア系、セム系の名前の前にアウレリウスなる新しい名前を誇らしげに付け加えた。また彼らは軍団の将校である守備隊隊長の下に置かれた。隊長は方形堡の宮殿に住んでいた人物で、パルミュラ神とテュケーに供犠するものとしてパルミュラ神殿の壁画に描かれた人物でもある。彼は、生まれもその名前も、レヴァント人ではなく生粋のローマ人であり、彼の下で兵役に服し、ドゥラの市民層を構成していたメソポタミアとシリアの半ギリシア人やアラム人それにアラブ人よりもはるかに重要な人間であった。現代の多くのフランス人将校と同じように、このローマ人は土地の人間とは殆ど接触を持たず、「重要人物」として孤独な生活を送った。

一方、彼の直属の将校たちは、土地の貴族や元老院議員や選出行政官、それに金持で有力な市民の子弟たちと同じように生活していた。彼らの先駆者であるパルティア人と同じように、これらの貴顕は典型的なレヴァント人であった。セプティミウス・セウェルス帝がドゥラを植民市に昇格させると、彼らの多くはローマ市民となり（パルミュラの市民たちも同様であった）、セプティミウスの名前を付けた。しかし、彼らの先祖がグレコ・マケドニアの植民者であったとはいえ、真のギリシア人でも、また、ローマ人でもなかった。彼らの国籍を決めることは不可能であった。たとえば同じ家族であっても、父はギリシア名、母はセム系名、子供たちはギリシアやイランやセム系の名前を持つといった具合であった。

一九三〇〜三一年の不思議な発見が、これら貴顕たちの職業を解明するある光を与えた。主要街路に面した住宅の、ローマ凱旋門のすぐそばで、面白い部屋が発掘された。その部屋には、一番都合の良い側の壁に戸棚が嵌め込まれていた。本と書類を納める戸棚である。壁に嵌め込まれた何段もの棚と、一組の壁龕も同様の目的をもっていた。壁全体は真白に塗られ、ギリシア語の引掻いた刻文で覆われていた。特定部分が星占いのために設けられていて、そのうち六つの占いが同一人物のために行われている。当時の天文学に対する関心がいかに高かったかを示している。星占いと同じようにというよりもそれ以上に面白い史料もそこにあったのである。それは、この家の持主、紀元三世紀のネブケロスという名前の男の商売に関する日記である。そこには彼が携わったすべての取引が記されていた。彼は種々の職業をもち、不動産屋であり、金貸しであり、商人であった。衣服や布地を巧みに仕入れ、その仕入品の一覧表が壁を装飾していたのである。彼の息子はアブドゥケロスといい、養子であった。星占いは彼のために行われたのであり、誇らしげに自分をマケドニア人アレクサンドロスと呼んでいる。この企業の三番目と四番目のメンバーは、イラン人のフラーテスと、セム系のマラベルであり、二人ともネブケロスの事業に資本参加していたパートナーだった。

同じような刻文が他の家の壁面からも数多く発見されたが、それらはすべてドゥラ末期のものであった。その一つとして、パルティアと往来する隊商や商品に言及したものはない。三世紀のこれらの商人による商売はすべて、彼らの間での、個人間というより小さな企業間における、地方的な取引に過ぎなかった。商売のこのような形態は現代のオリエントにおけると同じく、古代の特徴でもあった。紀元三世紀は戦争と全体的に沈滞した時代であったから、総売上げ高も大したことはなかった。それでも、このような碑文の発見される住宅は大きく豊かであった。それらは、半セム系、半マケドニア系の貴族の住宅であり、すでに、パルティア時代、その先祖たちはもっと裕福に生活していた。実際、壁画で神殿の壁面を装飾し、多くの神殿に「オイコイ」を造り、妻のため神殿内に名誉ある席を購い、彼らの信仰する神々に金や銀の器を奉納する程に富んでいたのであった。

貴族階級はそのまま続いたが、しかし貧乏となり力も失っていった。そして、数家族が豪華ではあったが半ば放棄された住宅にともに住むようになった。彼らは生活費を細々と稼ぐだけで、しばしばものを書くパピルスさえ買えなかった。従ってネブケロスやその同僚の名前が、住宅の漆喰壁に書かれるようになったのである。明らかに、困難な時代が始まっていた。つまり、隊商貿易がドゥラを潤すことがなくなったのである。ローマの衰退が始まり、アレクサンデル・セウェルスの死後、シリアが常にペルシアの脅威に脅かされるようになる紀元三世紀の頃から、隊商のルートが変わっていったに違いない。ペルシアによるドゥラの決定的な破壊が、如何にドゥラ終焉の始まりであるかはすでに見てきた。

しかし、それを誇張してはならない。ドゥラが豊かな隊商都市でなくなったとしても、時折、隊商がこの街を訪れたことは、市門に書かれた名前が、すべて、ドゥラの住民のものというわけでないことから判明する。そのような名前のいくつかは、駱駝の御者のような外人のもので、自分の名前をアラビア文字で書き記すことによって不滅としている。隊商とその輸出入品を取扱うため聖書にも「徴税吏」と書かれている役人が市門に坐っていた。碑文によって、紀元三世紀のそのような一官吏の家族全員を知ることができた。というのは、彼らの職業――東方では大した評価を受けていない――が世襲制だったからである。彼らはこの地のテュケーの熱心な信者であり、碑文に「テロス・ポルタス」という混合語で呼ばれている「門の税」の徴収にあたっていた。貿易と隊商の流れが市門に向かっていたのはこの神のお陰なのであった。彼らの仕事は、門番のような「プュロロイ」によって補佐され、この市門を通るすべてのものから税を徴収していた。門に立つ警官も旅行者と隊商に関する仕事に従事していた。恐らく碑文にある恩恵に授かる者とか「スタトール」は彼らを指す言葉であったに違いない。関税人と門番が街に入る旅人のポケットを最初に軽くする人間であるとすれば、警官はその二番目である。彼らが旅行者の一人一人に人定質問をしたり、何処から何故来たのかを尋ねる場合、寛大であるようなことはなかった。魔術師であり聖人であったテュアーナのアポロニウスの伝記を書いたフィロストラトスは彼らのことを記述している。そしてパルティアの街に入ることを許可されるまえに、旅行者はじっと忍耐せねばならないことを我々に伝えている。

紀元三世紀末、ドゥラの新しい支配者であるパルティア人の後継者ペルシア人が、短い期間登場する。彼らがドゥラにほんの二、三年しかいなかったことはすでに述べた。それでも、彼らの訪問に関する非常に面白い資料を我々は一軒の住宅から発見した。とある個人住宅を発掘中、弟子のアラン・リトルが、大きな応接室の奥壁で大壁画の一部と思われる部分を発見した。詳細な研究によって、それがかつては壁面全体を覆っていた大構図の一部分であり、戦闘図を表わした絨緞を再現したものであることが分った。美術や文学に表わされたペルシア人の戦争と照合すると、この戦闘図がいくつかの異なる戦闘を表わしており、人物像のそばに書かれたファーラビ語碑文によって、その英雄となった者が誰であるかを知ることができる。その一人は息子オルムズドとあり、もう一人はアルダシールである。一方、三番目の人物にはササン朝ペルシア王家の一員であることを示す特徴あるタイトルがついていた。(原註2) 肘掛椅子に腰を下ろした画面中央の人物が、戦闘を眺めている。戦士たちの神か祖先なのであろう。もし、この絵が紀元三世紀に描かれたとするなら、アルダシールもしくはシャープル治下の大きな戦闘の一つ、恐らくシャープルによってウァレリアヌスが捕えられたエデッサの戦いを表わしているに違いない。そのような記録が、ドゥラのさして重要でない住宅から発見されるのは実に珍しいことである。

原註2　これらの碑文は、イラン語の専門家、ローマ大学のパリアーロ教授、ソルボンヌのバンプニスト教授、イェール大学のトリー教授によって解読された。

今ここで、ササン朝絵画の研究におけるこの壁画の重要性や、パルティア、ササンの美術研究におけるドゥラの意義を述べるつもりはない。しかし、建築や絵画に限らず他の分野の美術に関する多くの資料も我々の発掘によって明らかとされたのである。パルティア美術の歴史と原理を覆い隠していたカーテンがやっと開きはじめ、ササン朝に関する知識も徐々に完全なものになって来た。パルティア美術の全体像をここで明らかにすることはできないが、最近の我々の調査が示してくれた、つまり、パルティア美術を単なるギリシア美術の地方的模倣と見做すのは完全な誤りであるということを記しておこう。

ただ一つの事を読者は注目して欲しい。ドゥラの美術活動における最も驚くべきことは、疑いもなく、絵画と線描画がこの街で果した役割である。すべての神殿は壁画で装飾されていた。男神や女神、神話の場面、奉納者による供犠の場面が壁画に表わされている。偉大な芸術家と評判をとっていた何人かの画家がドゥラにいた。彼らは何世代も後の人々の記憶にとどまるべく、必ず自分の絵にフルネームで署名した。それは明らかに宗教的理由によった。つまり彼らが描いた男神や女神もしくは描いた礼拝者の神々が、彼らを永遠に記憶していて欲しかったからである。しかもそれは絵画の一要素に過ぎなかった。彼らは自分たちの名前に大きな誇りを持っていた。ルネッサンス時代の画家と同じ精神で、作品の下に大きな文字によって勇敢にも自らの名前を記したのである。

神殿の他に、個人の住宅も美しい彩色を示している。壁画の描かれている場合もあれば、描出された煉瓦やタイルで壁面が覆われているときもあった。また、絨緞などが壁に懸けてある場合もあったと思われる。そして、その織物は幾何学文、花文あるいは動物文に限らず、神や人間の形像を表わしている場合もあったであろう。インクの線画やナイフによる刻線画によって住宅や神殿や公共建築の壁面に、様々の形態と情景を描いたあの無名の画家たちも、神殿や住宅の壁画を制作した画家の影響下にあった。彼らの美術は詳細な調査と研究に十分値する。何故なら、それなくしては知ることのできないこの時代の美術史に関する多くの糸口を与えてくれるからである。

「ドゥラの画家」あるいは「ドゥラ派」の作品は、これまで如何なる美術史の専門家によっても学問的な研究対象となったことはない。ブレステッドもキュモンも彼らについての示唆に富む論文を書いた。二人はドゥラの資料のなかにビザンチン美術の明白な源流を指摘した。しかし、もう一つの問題がある。宗教画であれ風俗画であれメソポタミアの絵画様式は、セムやバビロニアやアッシリア、あるいはフェニキアの源流から派生したのであろうか。あるいは、他には分っていないシリアやアナトリアの絵画様式からなのか、それとも、イラン人を有名にはしたが、アケメネス朝からササン朝にかけての期間殆ど何も分っていない絵画からであろうか。

今、ここで長々とその問題を論じるべきではないであろう。しかし、一つのことを注目して欲しい。ドゥラの風俗画には、大きな生命力と動勢があるということである。宗教絵画は硬く儀式的ではあるが、疾走する馬に跨る人間や、騎馬狩猟人、それに走る動物は、アッシリア美術の同様の形像よりもダイナミックであり生命力に満ちている。ドゥラの画家が好んだモチーフは疾走中の馬である。このモチーフはエーゲ海美術に短期間みることができるが、後のギリシア美術からは完全に姿を消す。ところが、ペルシアとイラン全体の美術の発展のあらゆる時代にこのモチーフを見ることができる。その最も発達した段階をササン朝とその少し前の時代に見るのであるが、それは恐らく外国起源、漢時代の中国美術に源流を持つと思われる。ドゥラは中国とササン朝ペルシアの間にあるギャップを埋めており、パルティア人がこのモチーフを発展させ十分に使用したことを示している。同じ時代、シベリアと南ロシアのサルマート人にも親しまれていたモチーフであることは周知のことである。

従って、ドゥラの宗教美術が、尚しばらくの間、問題として残ろうとも、その世俗美術の出現はイランからの影響によっているのであるように思われる。つまり、パルティア時代のイラン美術の一支流であり、恰度、北方の支流である南ロシアやシベリアにおける美術と同じである。

さて、ドゥラの街に関するいくつかの要点をまとめさせてもらうことにしよう。ドゥラにおける発掘の七年間は、古いパターンで新しい世界をつぎはぎしようとするのではなく、何か新しいことを観察し、学びたいと思っている人々に道を開いた。もし、我々が尚も二、三年そこで発掘調査を続けることができれば、この新しい世界の全体像を描き上げることに対するドゥラの貢献は完全なものとなる。新しい世界という言葉は、ローマ帝国崩壊後の近東に生まれた偉大なる文明の発祥の地としての世界である。つまり、ササン朝ペルシアであり、それより更に重要なイスラム世界である。この両文明とも中世の東欧、西欧に実に大きな影響を与えたのである。メソポタミアやシリアやイラン高原における将来の発掘が、ドゥラの貧弱なモニュメントを、より豊かで完璧な一連のモニュメントによって置き換えるであろう。しかし、それらは決してその新しさと唐突さでドゥラを凌駕することはあるまい。ドゥラのテュケーが、ヘレニズム、パルティア、ローマ時代のメソポタミア都市として最初に発見される幸運をドゥラに与え、それまで認識されることも系統づけられることもなかった問題に学界の注意を引きつける特権を与えたのである。そのことが、よく統制のとれたそれぞれの発掘調査によって古代世界に関する我々の知識を増大する方向へ向かわしめている貢献とともに、ドゥラの歴史に対する最大の遺産なのである。

訳者あとがき

本書は Michael Rostovtzeff, *Caravan Cities*, Oxford, 1932 (translated by D. and T. Talbot Rice) の全訳である。序にもある通り、英語版は、一九三一年刊行のロシア語版を底本としていながら、著者自身による部分的書直しや書加えを行い、それを高名なビザンチン美術史家タルボット・ライス夫妻が訳出したものである。つまり、英語版にとって厳密な意味での原本は存在していないのであり、英語版そのものが原著といえるのである。重訳の弊害はしばしば指摘されているが、以上のような出版事情を考慮するなら、英語版からの翻訳が単なる重訳でないことを理解して頂けると訳者は信じる。

著書ミカエル・イワノヴィッチ・ロストフツェフは今世紀前半の最も偉大な古代史学者の一人であるといえよう。死後に編纂されたその著作目録 (C. Bradford Welles, "Bibliography—M. Rostovtzeff", *Historia*, V, 1956, pp. 358 ff.) によれば、著書、論文、評論など四百篇を優に越えるのである。その著作は同目録編纂者の分類に従うと考古学ニュース、テッセラ (主としてテラコッタ製、青銅製、鉛製の小片で、認識票、催事の入場券、宴会への招待券、手形として使用された)、農奴、南ロシア史、南ロシアの遺構、アジアの美術、装飾壁画、ローマ帝国史、東方ヘレニズム史、古代世界の歴史、「ケンブリッジ古代史」、宗教、隊商都市、ドゥラ・エウロポス、その他の諸問題、書評、評伝、ロシア史、当代のロシアに分れる。

これを見ただけでもロストフツェフの関心が如何に広範多岐にわたっていたかを理解できる。これ程多くのしかも高度な論文を発表した「巨人」のような学者がどのようにして生まれたのか、特にその生い立ちと学問形成期に影響を与えたのが誰であったのかに自ずと興味がひかれるのである。史学史を研究する者もロストフツェフの前半生、つまり彼のロシア時代についての知識が適切な評伝を著すことに必要であると述べている(A. Momigliano, "M. I. Rostovtzeff", *The Cambridge Journal*, Ⅶ, 1954, pp. 334 ff.)。しかし、「自伝」がないために多くを語ることはできないとしており、別の研究者にとっても同様のことがいえる(K. Christ, *Von Gibbon zu Rostovtzeff*, Darmstadt 1972)。ところが、幸い我国でその「自伝」が印行されているのである。昭和十五年発行の史艸、第二十六巻、第二号に「ロストフツェフ教授自傳」として原随園氏が邦訳した小文である。ロストフツェフが活躍した西欧に「自伝」がなく、我国にそれがあるのは、原氏によれば、当時ボストン美術館嘱託粟野頼之祐氏が帰朝に際し、イェール大学教授朝河貫一氏の斡旋によってロストフツェフ自身からその「履歴」と「著書目録」を入手できたためであった。小文は簡略ではあるが、我々の関心に十分応えてくれる。それによれば次の如くである。一八七〇年十一月十日、ロストフツェフはウォルヒニアのチトミイルで生まれた。彼の父はその町の国立ギムナジウムの校長であった。キエフのギムナジウムを卒業後、同地の大学で古典研究を専攻するが、父の東ロシアへの転出によって、一八九〇年ロストフツェフはペテルスブルグの大学へ移り、二年後に卒業する。一八九五年から三年間、トルコ、ギリシア、イタリア、オーストリア、スペイン、イギリスに留学、一八九八年に帰国して母校の教壇に立つ。一九〇一年学位取得後同校のラテン語教授となる。一九一六年、ロシア学士院会員に選ばれるが、二年後の十月革命のあと、ロシアを去り、オックスフォードに赴く。イギリスは彼にとって余り居心地の良いところではなかったらしく、一九二〇年にはウィスコンシン大学へ移った。更に一九二五年イェール大学の考古学主任教授に就任し、一九五二年十月二十五日に没するまでこのニュー・ヘヴンを最終の安住の地とした。「私の古典世界に対する興味は父ゆずりのもので、父はラテン語の卓越した学徒であり先生であった。又、私の知的背景は全く母の賜物である。母は私にとって大切な先生であり指導者であった」と小文にあるように、ロストフツェフが古代史を志す背景にはその家庭環境が大きく作用していたと考えられる。また、ペテルスブルグ大学の古典文献学者ツィーリンスキ T. Zielinski、考古学者コンダコフ N. P. Kondakov、先史考古学者ゴロドゥコフ V. A. Gorodcov らの影響も見落せないが、ウィーン大学のラテン語碑文学者ボルマン

E. Bormann、考古学者ベンドルフ O. Benndorf に負うところも大きかった。

彼の研究対象やその方法は、すでに「青年時代に書いた二つの懸賞論文に予兆されている」のである。ギムナジウム最終学年のとき書かれた「キケロの時代に於けるローマの属州統治」と、ペテルスブルグ大学時代の「新発掘品により明らかにされたポンペイに就いて」の二論文で、両方とも「制度的事実、社会的経済的生活、考古学等に重点をおいた古代史」研究であった。著者のこのような関心の有様は、恐らく、当時のロシア社会において顕在化していた様々な矛盾と深い関連があったに違いない。しかし、古代社会経済史を主要な研究課題としていた彼は、唯物史観に立つことには反対で、文明、芸術、宗教にも同様の重要性を置いていた。それは彼が表明している歴史研究の根本原則によく現われている。つまり、「社会経済問題を歴史的発展的に研究することの必要であること、即ち、この問題を技巧的に「古物的な」孤立現象としてではなくて、古代世界全体の一般的発展の光に照らして研究すること」であり、また「古代生活のどの一端を研究するにしろ、それは事実の無味乾燥な集積の上にではなくて、それ等事実の有機的関連の上に基礎づけられねばならない」のである。

以上のような、ロストフツェフの学問形成期の背景、研究対象と方法、研究を進める上での原則、それらが具体化されることによって生まれたのが『ローマ帝国社会経済史』である。この大著は著者の名声を確立したばかりでなく、古代史研究における記念碑的著作なのである。古代史の領域において社会経済史の分野がこの本の発表によって開かれたと言っても過言ではないだろう。碑文や考古学的資料を十分に駆使して記述された古代人の生活と経済活動は、正に「社会経済問題」の研究において「古物的な孤立現象」としてではなく、「古代世界全体の一般的発展の光に照らして」考察されているのである。したがって、膨大な資料を扱っているにもかかわらずそれらは「無味乾燥な集積」とはならず、「有機的関連」性を獲得しているのである。

ロストフツェフは『ローマ帝国社会経済史』に続いて一九四一年『ヘレニズム世界の社会経済史』三巻（第二版、一九五三年刊行）を出版した。一九〇〇年以来発表されて来た幾多の論文にも見られるようにヘレニズム時代は彼の主要な研究分野の一つであった。前著と同じく、パピルス文書や考古学的資料の綿密詳細な研究に基づいているとはいえ、遥かに大きな困難を伴う労作であった。ヘレニズム時代の研究が西欧古代史学界でも未だ十分に確立されていなかったからであり、また、資料の検討が十分綿密に行われていないとする前著に対する指摘が考慮されたからである。従って『ヘレニズム世界の社会経済史』は前著のような高い調子で読者をロストフツェフ史学の世界に引きずり込む記述の魅力に欠ける。資料の「無味乾燥な集積」と思われる部分がないわけではない。しかし、著者は前著に比べて遥かに深い確信をもってその理論を展開しているのであり、正に成熟しきったしかもごく僅かな学者だけが到達しうる極致でこの大作が執筆されたのである。

その理論とは前掲のクリストやモミリアーノの言葉を借りれば次の如く要約できる。まず、両著とも、近代的ブルジョワジーを有さぬロシアにおける、それ故に帝政末期のロシア人史学者たちが注目した、農業史への関心にその構想の源があった。ロストフツェフは、ブルジョワジーの「概念」をヘレニズム時代、ローマ帝政時代を通じ、都市を支える市民に求めたのである。アレクサンドロス大王によってギリシア人に開かれたオリエントにおいて、彼らはギリシア都市を建設し、ギリシア語を広めギリシア文化をもたらした。都市を支えたのは商人であり職人であり農地所有者であった。しかし、この「都市ブルジョワジー」は早くも前二世紀には没落して行く。その原因は彼らの経済活動の自由を規制したヘレニズム王国の王であり戦争でありローマ人の進出であった。

一方、紀元三世紀の帝政ローマ社会におけるブルジョワジーの没落は、それまで彼らによって虐げられた農民が、兵士としてローマ軍のなかで勢力を増すにつれ、都市住民に対し復讐を図ったからであるとする。この考えは後に、ブルジョワジーに対する国家の干渉と蛮族の侵入に起因すると訂正される。ロストフツェフにとって、ローマ帝国の没落は都市生活者が構成するブルジョワジーの没落であり、自由な経済活動に支えられた彼らの存在こそが国家を支えていた重要な要因だったのである。つまり、ロストフツェフのローマ帝国史把握、即ちブルジョワジーとプロレタリアートの対立、後者の勝利、それ故の衰退というテーゼは、彼自身が祖国ロシアを蹂躙したプロレタリア革命に悲痛の想いで憤怒を投げかけているがための産物だったのである。

モミリアーノはこの様なロストフツェフ史学にいくつかの問題点を指摘している。つまり、自由経済主義を強調する余り、古代世界における政治的自由を十分評価していないこと、ヘレニズム、ローマの両時代における経済機構を余りに単純化し、ブルジョワジーの概念規定を行っていないこと、都市ブルジョワジーに注目するが故に農民や奴隷の役割を十分に評価していないこと、そして宗教の社会的役割に対する認識が十分でないこと、などである。

以上の様な古代世界に対するロストフツェフの観点は『隊商都市』のなかにも色濃く生きている。隊商貿易を支えた勤勉で信頼のおけるキャラヴァンの隊長、貿易商人、金融業者、彼らはまた隊商都市を支えたのであった。しかし、プトレマイオス朝とセレウコス朝の抗争、ローマの進出、それに続くローマとパルティアの長期にわたる戦争、ササン朝ペルシアの出現とローマ帝国の衰退などが隊商路の選択の幅を狭め、それに繋がる隊商都市の衰退を決めた。正に社会経済史の二部作で展開されたロストフツェフの理論がより小規模ではあるが、より典型的に当て嵌る対象として把えられているのである。ペトラ、ジェラシュ、パルミュラ、ドゥラは、それまで、モニュメントを中心とする考古学研究の対象でしかなかった。歴史家は、ただローマとの関連においてのみそれらを研究していたのであった。今世紀に入り、組織的調査がこれらの遺跡で始まり、それが一応の成果をもたらしたとき、ロストフツェフはこの本を書いたのである。

しかも、古典古代世界の周縁地域、特にその東方地域である南ロシア、黒海南岸、シリア東部に対してロストフツェフはそのロシア時代から強い関心を払っていた。それらの地域における古典的要素と東方的要素の解明は、まず一九一四年『南ロシアにおける古代装飾壁画』として発表され、次いで一九二二年『南ロシアにおけるイラン人とギリシア人』、一九三二年の『スキタイ人とボスポラス』などとして刊行された。この分野における以上のような長く蓄積されたロストフツェフの関心がドゥラの発掘を開始させたのである。その成果は、早くも一九三八年に『ドゥラとその美術』として刊行され、前記二大作と並ぶ彼のライフワーク（弟子たちによる記述が大部分ではあるが、彼の指導の下に出版された）である一連の『ドゥラ発掘報告』に結実している。恐らく、ロストフツェフは、古代史におけるパルティアの重要性を、考古学的資料（文献史料は少なく、またギリシア・ローマ側に偏っている）の組織的研究によって唱えた最初の古代史学者だった。

ロストフツェフの以上の様な研究の道筋を知るなら、本書が生まれるべき当然の背景があったのであり、また彼の独壇場であったことも理解できるのである。勿論、本書に対してもいくつかの問題点は指摘しうる。特にジェラシュとドゥラを隊商都市の範疇に入れ得るかどうかという点である。著者は隊商都市を「隊商貿易によってのみ存在することのできる」都市と規定している。しかし、本書が書かれた当時でもジェラシュは、その林業と農業に大きく拠っていたことが明らかにされている。またドゥラはロストフツェフ自身が断っているように、その発生は隊商都市ではなく、軍事都市としてであり、その後もそこを領有する国が変わりこそすれ前進基地としての重要性を保持していたのである（詳しくはシュリュンベルジェの書評を参照されたい。D. Schlumberger, *Gnomon*, vol. XI, 1935, pp. 82〜96）。この様な指摘が為されようとも、利用しうる水路がなく陸路がその交流の唯一の方法であった四都市において、ロストフツェフの観点そのものを否定することにはならない。むしろ、彼の指摘の通り、これら四都市にアレッポ、アパメア、ダマスクス、ボスラなどを加えたこの地域を対象とする社会経済史とそれに深く結びついている文化に関する研究が待たれるのである。

原著が発行された一九三二年以降、その対象となった隊商都市では様々な発掘調査が行われ、それらに関する我々の認識は遥かに深くなった。したがって、ロストフツェフが述べている推測や結論を脚註によって補うことは訳者の義務であり、また、約半世紀を過ぎての訳出であるためそれは不可欠な作業と思われる。しかし、脚註を付すことは本書の性格自体を変えるものであると著者自身が述べている。数次の旅行から得た印象をスケッチ風にまとめた紀行文に本書が発しているためであり、出典を脚註によって明記した精緻な理論的構築性を有する学術論文として書かれた著作ではないためであろう。しかし、そのことよりも、論理性を追究することに伴う資料操作の複雑さを避け、それを犠牲にしても隊商都市論をより明確に提示しようとする著者の意図の表われと考えられる。そこには著者自身の古代史に対する造詣の並々ならぬ深さと、目の前に広がる遺跡に自らを対峙させても尚十分に自らを語らしめることのできる著者の学識に裏付けされた感性に対する自負によるものであろう。事実、本書を読まれた読者はすでに気付かれたことであろうが、著者の遺跡を読みとる力、遺跡の歴史と文化を分析し、それを古代史のなかに定着させる確かな学識と思考力には驚嘆せざるを得ない。

したがって、我々は、何よりも一九三二年当時の古代史学の水準が彼のなかに大きな遺漏なく蓄積されていることを信頼せねばならない。それまでに発表された彼の多くの学術論文によりそうすることが誤りでないことを証明している。更に、その後の調査研究が本書に示された推測や断定のいくつかの矛盾を明らかにしているとはいえ、本書のシリア、トランスヨルダンにおける隊商貿易に基づく経済原理の指摘の適切さとその記述の明快性を尊重すべきである。

それでも尚、二十世紀後半の古代学の進展を認識せざるを得ない訳者は、原著出版以降に発表された論文を原著の参考図書に比較的詳しく補うことにより、以上の相反する二つの要因を矛盾することなく接近させたいと考えた。

最後に本書を訳出するに当り、多くの方々から貴重な助言を得た。特に、松本宣郎氏からはロストフツェフ史学に関して様々な御教示を頂いたし、新潮社出版部の諸氏の励ましがなければ本書は日の目を見ることがなかったであろう。ここに記して心からの感謝の意を表したい。

昭和五十三年七月

文庫版訳者あとがき

一九七一年から七二年にかけての約六カ月、私は熊本大学環地中海建築遺跡調査団に参加してトルコ、シリア、ヨルダン、レバノン、ブルガリア、ギリシアの古代遺跡を二台のランドクルーザーで走り回った。二〇〇カ所以上の遺跡に降り立ち、写真撮影や計測を行い、日誌を書くのがメンバーの日課だった。私の担当は写真撮影。四×五インチの大型フィルムを装塡したジナーという箱形のカメラで遺跡や遺構を手当たり次第に撮ってまわった。白黒フィルムは一六枚ずつカートリッジに入っていたが、カラーフィルムは一枚ずつをカートリッジに入れなければならない。大きな遺跡では宿舎で用意したカートリッジ入りのカラーフィルムを使い切ると、暗箱という直方体の箱の中でフィルムをカートリッジに装塡しなければならない。炎天下で探した日陰で暗箱の両側から手を入れて装塡する作業中、汗ばんだ指先がフィルム面を触らないように細心の注意を必要とした。しかも、一カ月おきに撮りためた白黒フィルムの現像がまっていた。アンカラの日本大使館の地下室を借りての作業は完全な暗闇での現像だったためストップウォッチの音だけが頼りだった。

たしか五〇〇ケース近くを撮影し、現像したはずである。

遺跡漬けの半年間を終えて帰国しても、それぞれの遺跡に降り立ったときのあの興奮がふつふつと思い出され、遺跡熱とでもいうような熱で身体全体がほてっているとき、なんらかの作業によって冷静を取り戻そうと思いついたのが本書の訳出だった。二〇代最後のころの話である。

一種の興奮状態にあったので、調査団で訪れた遺跡の紀行文を書き下ろすことはそれほどむずかしいことではなかった。しかし、当時の私はアラム語をまったく知らなかったし(もちろん現在でも)、ギリシア語の碑文も読めなかった。ラテン語はそこそこ読めたが、近東および東地中海域ではローマ時代でもギリシア語の方が重要だった。現地を見たからといっても、その程度の素養で書く紀行文であれば、わざわざギリシア・ローマ考古学を勉強してきた人間が書く必要はなかった。考古学を専攻している者だからこそ遺跡から読み取ることのできる内容を発表したかった。そんな迷いの中で思い出したのがロストフツエフの『隊商都市』だった。

熊本大学の調査団に参加することがきまったのはその一年ほど前のことである。その頃、もっともよく通っていたのはドイツ考古学研究所ローマ支部だったが、様々な雑誌の論文を読み較べるのではなく、一冊の本をじっくり読むにはアメリカン・アカデミーの方が適していた。ジャニコロの丘の静かな住宅地の一角にあったからである。たまに訪れるアメリカン・アカデミーでフランク・ブラウン教授と話をする機会があった。ロストフツェフの弟子で、ドゥーラ・エウロポスの発掘調査にも参加して、ロストフツェフ亡き後はイェール大学の調査団を率いていた考古学者である。数カ月後に迫った近東への調査旅行の準備をしているとき、読んでおいたほうがいい論文や著作にどのようなものがあるかを教授に尋ねたところ、この『隊商都市』を最初に勧めてくれた。

ローマ帝国とヘレニズム世界の社会経済史をそれぞれ扱った代表作に較べると簡単に読める小品といった印象だったが、読み進むうちにロストフツェフならではの考察が随所にあり、彼の歴史観を知る上で貴重な著作であることが判明してきた。そして半年にわたる現地調査を経て、その考察が実に適切であることも判明した。

原著出版から一世紀近くたっているにもかかわらず「経年劣化」を感じさせるところはほとんどない。というよりも、本書の出版後、「隊商都市」という言葉が定着し、さまざまな類書が出版されてきたが、本書を凌ぐ著作はいまだに見当たらないように思う。

本書が著されたとき、すでにフサイン・マクマホン協定やサイクス・ピコ協定が結ばれ、ユダヤ人国家イスラエルの建国を約束するバルフォア宣言も表明されていた。しかし、これらの協定や宣言が相互に矛盾し、解決困難な課題を中近東に住む人々に押しつけることになる深刻な事態はまだ生まれていなかった。つまり、地政学から見ても大きな変化が顕在化する以前の、自然環境や社会環境、そして経済活動のなかになお古代から継続する要素が残っている状況の中で隊商都市が考察されたのである。

サイクス・ピコ協定が生み出したクルド人問題、ユダヤ人国家イスラエルの建国で深刻さを増したパレスティナ問題、そしてイラン・イスラム革命とイラン・イラク戦争に続く湾岸戦争とイラク戦争、イスラム原理主義やＩＳの台頭、シリアの内戦など現在の中近東の状況は、第二次世界大戦前の中近東とはまったく様相を異にしている。古代への繋がりを考える余裕さえなくなった現状において、本書はより輝きをましているのではないだろうか。だからこそ、訳出から半世紀近くをへて文庫版とする意義が生まれるのではないだろうか。

参考文献

原著に採録された文献には＊印を付した。それらには刊行場所が記載されておらず、本書でもそのままとした。それ以外は訳者によるものであるが、関連する文献を網羅したわけではなく、訳者が重要と思う文献を中心に纏めたものである。従ってかなりの遺漏があるとは思われるが、この地域の隊商都市遺跡に関する研究の手助けになるよう集録したつもりである。主な略号は左記の如くである。

AAS ＝ *Annales archéologiques Arabes Syriennes*
ADAJ ＝ *Annual of the Department of Antiquities of Jordan*
CRAI ＝ *Comptes-Rendus de l'Académie des Inscriptions et Belles-Lettres*
JAOS ＝ *Journal of American Oriental Studies*
JEOL ＝ *Jahrbericht "Ex Oriente Lux"*
PEQ ＝ *Palestine Exploration Quarterly*

RB = *Revue Biblique*

第一章　隊商貿易とその歴史

* P. Huvelin, *Essai historique sur les droits des marchés et des foires*, 1897.

* E. Speck, *Handelsgeschichte des Altertums*, vols. I〜III, 1900〜06.

* Pauly-Wissowa-Kroll, *Realencyclopaedie der klassischen Wissenschaften*, "Handel und Industrie" XI, pp. 1454 ff.

* Daremberg-Saglio, *Dictionnaire des antiquités greques et romaines*, "Mercatura" III, 2, pp. 1772 ff.

* H. Schaal, *Vom Tauschhandel zum Welthandel*, 1931.

J. O. Thomson, "The Silk Routes and Ancient Geography", *Proceedings of the Classical Association*, xxx, 1933, pp. 520 ff.

M. Mallow, "The Mechanics of Ancient Trade in Western Asia", *Iran*, iii, 1965, pp. 1 ff.

J. Deshayes, *Les Civilisations de l'Orient ancien*, Paris, 1969.

C. J. du Ruy, *Völker des alten Orients*, Baden Baden, 1969.

D. Schlumberger, *Der hellenisierte Orient*, Baden Baden, 1969.

バビロニアとアッシリア

* B. Meissner, *Babylonien und Assyrien*, vols. I〜II, 1920〜25.

* C. L. Woolley, *The Sumerians*, 1928.

* S. Smith, *Early History of Assyria*, 1928.

W. F. Leemans, *The Old Babylonian Merchant*, Leiden, 1957.

K. Polanyi, C. Arensberg, H. Pearson, *Trade and Market in the early Empire*, Glencol, 1957.

L. Lewy, "Aspects of Commercial Life in Assyria and Asia Minor", *JAOS*, 78, 1958, pp. 89 ff.

W. Leemans, *Foreign Trade in the Old Babylonian Period, as revealed by Texts from Southern Mesopotamia*, Leiden, 1960.

M. Trolle Larsen, *Old Assyrian Caravan Procedures*, Istanbul, 1967.

カッパドキア

* M. Ebert, *Reallexikon der Vorgeschichte*, "Kappadokische Tontafeln".

* A. T. Clay, *Letters and Transactions from Cappadocia*, 1927.

P. Garelli, *Les Assyriens en Cappadoce*, Paris, 1963.

F. Fischer, "Bogazköy und die Chronologie der altassyrischen Handelsniederlassungen in

Kappadokien", *Istanbuler Mitteilungen*, xv, 1965, pp. 1 ff.

アラビア

* G. F. Hill, British Museum, *Catalogue of the Greek Coins of Arabia, Mesopotamia, and Persia*, 1922, pp. xliv ff., pp. 45 ff.
* D. Nielsen, *Handbuch der altarabischen Altertumskunde*, I, 1927.
* *Corpus Inscriptionum Semiticarum*, pars quarta, tom. I〜III.
* *Répertoire d'épigraphie sémitique*, vols. I〜V.
* A. Grohmann, *Arabien*, München, 1963.

F. W. Winnett, W. L. Reed, *Ancient Records from North Arabia*, Toronto, 1970.

ヘレニズム時代

* M. Rostovtzeff, "The Spread of Hellenistic Commerce", *Cambridge Ancient History*, VIII, pp. 651 ff.
* M. Rostovtzeff, "Foreign Commerce in Ptolemaic Egypt", *Journal of Economic and Business History*, 1932.

E. Leider, *Der Handel von Alexandria*, Hamburg, 1933.

第二章　ペトラ

ペトラの科学的発掘調査は、本書が発行されて以後本格化したといってよい。一九五〇年代のヨルダン政府考古局とエルサレムの英国考古学研究所によるのであり、特に英国人考古学者パーP. J. Parr（現シカゴ大学東洋研究所教授）と同建築家ライト G. R. H. Wright の名を挙げることができる。また一九五九年からはハモンド P. C. Hammond の指揮するアメリカ隊が劇場の調査に当り、ユネスコもペトラの遺構全体のカタログ化に援助を行っている。

碑文

＊ *Corpus Inscriptionum Semiticarum*, pars secunda, tom. I, fasc. iii（pp. 305 ff に一八八九年までの参考文献 pp. 181 ff にペトラとナバタイ人の歴史がある）。

＊ *Répertoire d'épigraphie sémitique*（前掲）。

＊ J. Cantineau, *Le Nabatéen*, vol. I, 1930.

＊ R. du Mesnil du Buisson, R. Mouterde, "Inscriptions greques de Beyrouth. I. Dédicace à la Tyche de Pétra", *Mélanges de Saint-Joseph*, vii, 1921, pp. 382 ff.

＊ P. J. Parr, J. Starcky, "Three Altars from Petra", *ADAJ*, vi～vii, 1962, pp. 13 ff.

J. Starcky, "Nouvelle épitaphe nabatéenne donnant le nom sémitique de Pétra", *RB*, lxxii, 1965, pp. 95 ff.

J. Starcky, J. Strugnell, "Pétra: deux nouvelles inscriptions nabatéennes", *RB*, lxxiii, 1966, pp. 236 ff.

J. Teixidor, "Bulletin d'épigraphie sémitique", *Syria*, xlix, 1967, pp. 169 ff.; xlv, 1968, pp. 358 ff.; xlvi, 1969, pp. 319 ff.; xlvii, 1970, pp. 357 ff.

貨　幣

* R. Dussaud, *Journal asiatique*, sér. x-2, 1904, pp. 189 ff.
* G. F. Hill, British Museum, *Catalogue of the Greek Coins of Arabia, Mesopotamia, and Persia*, 1922, pp. xii ff., pp. xxxvii ff., pp. 1 ff., pp. 34 ff.

遺跡と歴史

* H. Vincent, "Les Nabatéens", *RB*, vii, 1898, pp. 567 ff.
* R. Brünnow, A. von Domaszewski, *Die Provincia Arabia*, I〜III, 1904〜7.
* E. Schürer, *Geschichte des jüdischen Volkes im Zeitalter Jesu Christi*, 4th ed., I, pp. 726 ff.
* A. Musil, *Arabia Petraea*, I〜III, 1907.

* G. Dalman, *Petra und seine Felsheiligtümer*, 1908.
* H. Kohl, *Kasr Firaun in Petra*, 1910.
* Jaussen, Savignac, *Mission archéologique en Arabie, I, De Jérusalem au Hedjaz*, Medain Salah, 1909; *II, El-Ela, d'Hegra à Teima, Harrah de Tebouk*, 1914.
* H. Thiersch, *An den Rändern des römischen Reiches*, 1911.
* G. Dalman, *Neue Petra-Forschungen und der Heilige Fels von Jerusalem*, 1912.
* H. Guthe, "Die griechisch-römischen Städte des Ostjordanlandes" *Das Land der Bibel*, II, 5, 1918.
* W. Bachmann, C. Watzinger, Th. Wiegand, *Petra*, 1921.
* Alexander B. W. Kennedy, *Petra, its History and Monuments*, 1925.
* A. Kammerer, *Pétra et la Nabatène. L'Arabie Pétrée et les Arabes du nord dans leurs rapports avec la Syrie et la Palestine jusqu'à l'Islam*, 1929〜30.
* W. W. Tarn, "Ptolemy II and Arabia", *Journal of Egyptian Archaeology*, xv, 1929, pp. 9 ff.
* R. L. Robinson, *The Sarcophagus of an Ancient Civilization: Petra, Edom, and the Edomites*, 1930.
* G. Horsfield, A. Conway, "Historical and Topographical Notes on Edom; with an account of the First Excavations at Petra", *The Geographical Journal*, lxxvi, 5, 1930, pp. 369 ff.

* G. Dalman, *The Khazneh at Petra*, Palestine Exploration Fund. Annual, 1911.

* J. H. Mordtmann, "Ein Nabatäer im Safäerlande", *Klio*, xxv, 1932, pp. 729 ff.

* Clermont-Ganneau, "Les Nabatéens en Égypte", *Rev. de l'histoire des religions*, viii, 1919, pp. 1 ff.

G. E. Horsfield, "Sela-Petra", *Quarterly of Department of Antiquities Palestine*, vii〜ix, 1938〜42.

N. Gleuck, *Rivers in the Desert, The Exploration of the Negev, An Adventure in Archaeology*, London, 1959.

idem, *Deities and Dolphins, The Story of Nabataeans*, London, 1965. ナバタイ人に関する著書で、参考文献が詳細である。

A. Champdor, *Les civilisations de la mer Morte*, Paris, 1958.

G. L. Harding, *The Antiquities of Jordan*, London, 1959.

A. Negev, *Cities of the Desert*, Tel-Aviv, 1966.

J. Starcky, "Pétra et la Nabatène", *Supplément au Dictionnaire de la Bible*, VII, Paris, 1964. 専門的ではあるが詳細正確な記述と参考文献は現時点でのペトラ研究の水準を示す基本図書の一つ。

Y. Yadin, "The Nabatean Kingdom, Provincia Arabia Petra and En-Geddi in the Documents from Nahal Hever", *JEOL*, xvii, 1963, pp. 227 ff. カスル・エルビントに関して論究しているが、その建設年代は下げ過ぎていると思われる。

M. Lindner, *Die Könige von Petra. Aufsteig und Niedergang der Nabatäer im biblischen Edom*, Ludwigsburg, 1968.

A. Negev, "The Chronology of the Middle Nabataean Period", *PEQ*, cl, 1969, pp. 5 ff.

G. W. Bowersock, "The Annexation and Initial Garrison of Arabia", *Zeitschrift für Papylogie und Epigraphik*, v, 1970, pp. 37 ff.

M. Lindner, *Petra und das Königreich der Nabatäer*, München, 1970.

遺構

G. R. H. Wright, "Petra, the Arched Gate, 1959～60", *PEQ*, xciii, 1961, pp. 124 ff.

idem, "The Khazne at Petra: a Review", *ADAJ*, vi～vii, 1962, pp. 24 ff.

P. J. Parr, "Le Conway High Place à Pétra, une nouvelle interprétation", *RB*, lxix, 1962, pp. 64 ff. ペトラ最古の城壁に関する論考。

idem, "The Beginnings of Hellenisation at Petra", *Le royonnement des civilisations greque et romaine sur les cultures périphériques*, Paris, 1965, pp. 527 ff.

idem, "The Date of Qasr Bint Far'un at Petra", *JEOL*, xix, 1966, pp. 550 ff.

P. C. Hammond, *The Excavation of the Main Theater at Petra 1961~62, Final Report*, London, 1965. 約七千人収容可能な劇場であり、前四~後二七年に建造されたシリア、パレスティナにおける最古のローマ劇場であることを明らかにした。

G. R. H. Wright, "Structure et date de l'arc monumental de Pétra", *RB*, lxxiii, 1966, pp. 404 ff.

P. J. Parr, "La date du barrage du Siq à Pétra", *RB*, lxxiv, 1967, pp. 44 ff.

P. J. Parr, G. R. H. Wright, J. Starcky, C. M. Bennett, "Découvertes récentes au Sanctuaire du Qasr à Pétra", *Syria*, xlv, 1968, pp. 1 ff.; (*ADAJ*, xii~xiii, に英訳)。

A. di Vita, "Influences grecques et tradition orientale dans l'art punique de Tripolitaine", *Mélanges d'Archéologie et d'Histoire*, lxxx, 1968, pp. 7 ff. (その付記にエル・カスネやペトラの墓に関する論考あり)。

G. R. H. Wright, "The Arched Gate, 1959~60", *PEQ*, cii, 1970, pp. 111. ロストフツェフが凱旋門と比定した門が単なる市門であることを明らかにした。

第三章　ジェラシュ

エルサレムのイギリス考古学研究所、イェール大学、アメリカ東洋研究所の三機関は一九二八年〜三四年にかけてジェラシュの発掘調査を行った。ロストフツェフはその調査中にここを訪れている。

大戦後、ヨルダン政府考古局はジェラシュの調査に並行して大規模な修復保存工事を行い、遺跡の整備が行われた。

碑文

* H. Lucas, *Mitteilungen des Deutschen Palaestinavereins*, 1901.
* R. Cagnat, *Inscriptiones Graecae ad res Romanas pertinentes*, III, nos. 1341〜77.
* P. Perdrizet, *Revue biblique*, xiii, 1900, pp. 432 ff.
* Cheesman, *Journal of Roman Studies*, iv, 1914, pp. 13 ff.
* F. M. Abel, *Revue biblique*, xxxvi, 1927, pp. 249 ff.; xxxvii 1928, pp. 257 ff.; cf. xxii, 1909, pp. 448 ff.
* A. H. M. Jones, *Journal of Roman Studies*, xviii, 1928, pp. 144 ff.; xx, 1930, pp. 43 ff.

貨幣

* G. F. Hill, British Museum, *Catalogue of the Greek Coins of Arabia, Mesopotamia, and Persia*, 1922, pp. xxxiii ff., pp. 31 ff.

H. Seyrig, "Alexandre le Grand fondateur de Gérasa", *Syria*, xlii, 1965, pp. 25 ff. パリのカビネ・デ・メダイユ所蔵貨幣をもとにジェラシュの建設年代を考察。

遺跡と歴史

＊ G. Schuhmacher, *Dcherach*, 1902.

＊ H. Guthe, *Gerasa* (*Das Land der Bibel*, III), 1919.

＊ J. W. Crowfoot, "Churches at Jerash", *British School of Archaeology in Jerusalem, Suppl. Papers*, iii, 1931.

C. H. Kraeling, *Gerasa, City of the Decapolis*, New Haven, 1938.

M. Avi-Yonah, "La mosaïque juive dans ses relations avec la mosaïque classique", *La mosaïque greco-romaine*, Paris, 1965, pp. 325 ff.

S. Mittmann, "The Road from Gerasa to Adraa", *ADAJ*, xi, 1966, pp. 65 ff.

第四章および第五章　パルミュラ

一九三二年当時と比較するなら、パルミュラに関する研究は現在大幅に進捗したといえる。特に、アドナン・ボウンニ Adnan Bounni が局長だったシリア政府古文化財及び博物館総局による発掘調査、一九六七年までのセイリッグ H. Seyrig、シュリュンベルジェ D. Schlumberger、ヴィル E. Will らによるベイルートのフランス考古学研究所の発掘調査はパルミュラを古代史学と考古学における真に重要な遺跡としたのである。

また、最近約二十年間におけるバール・シャミーン神殿を中心とするスイス隊、ワルシャワ大学及びポーランド科学アカデミーの組織するポーランド隊（隊長はミカロウスキー K. Michalowski）の組織的調査も重要である。

このような調査研究によってパルミュラは、ドゥラとともに、ギリシア・ローマ世界とイランの両文明の境界に位置する都市として重要性を増し、その社会制度や政治体制の問題、イラン的、ヘレニズム的美術の問題を中近東の古代研究者に限らず、ギリシア・ローマの研究者にも提示している。

碑文

* *Corpus Inscriptionum Semiticarum*, pars secunda, tom. II, fasc. iii.
* J. B. Chabot, *Choix d'inscriptions de Palmyra*, 1922.
* J. Cantineau, *Inventaire des inscriptions de Palmyra*, vols. IX, 1930~3.
* idem, "Fouilles de Palmyra", *Mélanges de l'Institut Français de Damas*, I, 1929.
* W. Dittenberger, *Orientis Graeci Inscriptiones Selectae*, nos. 629~51.

* R. Cagnat, *Inscriptiones Graecae ad res Romanas pertinentes*, III, nos. 1026〜56.

* A. Poidebard, R. Mouterde, *Comptes-Rendus de l'Académie des Inscriptions*, 1930, pp. 183 ff.

* J. Cantineau, "Textes palmyrémens provenant de la fouille du temple del Bel", *Syria*, xii, 1931, pp. 161 ff.

idem, "Un Restituitor Orientis dans les inscriptions de palmyra", *Journal Asiatique*, ccxxii, 1933, pp. 217 ff.

H. Ingholt, "Five dated Tombs from Palmyra", *Berytus*, ii, 1935, pp. 57 ff.

idem, "Inscriptions and Sculptures from Palmyra", *Berytus*, iii, 1936, pp. 83 ff.

idem, "Inscriptions and Sculptures from Palmyra, II", *Berytus*, v, 1938, pp. 93 ff.

J. Cantineau, "La Susiane dans une inscription palmyrénienne", *Mélanges syriens offerts à M. René Dussaud* (*Bibliothèque archéologique et historique*), i, 1939, pp. 277 ff.

Z. Ben-Hayyim, "Palmyrene Inscriptions", *Bulletin of the Jewish Palestine Exploration Society*, xiii, 1947, pp. 141 ff.

J. Starcky, "Autour d'une dédicace palmyrénienne à Sadrafa et à Du'anat", *Syria*, xxvi, 1949, pp. 43 ff.

idem, "Les inscriptions", *Syria*, xxvi, 1949, pp. 35 ff.

idem, "Trois inscriptions palmyréniennes", *Mélanges de l'Université Saint Joseph*, xxviii,

1949〜50, pp. 45 ff.

idem, "Inscriptions palmyréniennes conservées au Musée de Beyrouth", *Bulletin du Musée de Beyrouth*, xii, 1955, pp. 29 ff.

idem, "Inscriptions archaïques de Palmyra", *Studi orientalistici in onore di G. Levi della Vida*, II, 1956, pp. 509 ff.

J. Teixidor, *Inventaire des inscriptions de Palmyre*, fasc. XI, Beyrouth, 1965.

M. Gawlikowski, "Deux inscriptions latínes de Palmyre", *Studia Palmyrenskie*, iii, 1969, pp. 71 ff.

J. K. Stark, *Personal names in Palmyrene inscriptions*, Oxford, 1971.

概説　地理　歴史

* F. von Duhn, *Jahrbuch des Deutschen Archäologischen Instituts, Archäologischer Anziger*, 1894, pp. 110 ff.

* L. Piccolo, "L'ascesa politica di Palmyra", *Rivista di Storia Antica*, x, 1905, pp. 75 ff.

* J. Partsch, "Palmyra, eine historisch-klimatische Studie", *Berichte und Verhandlung der Sächsischen Academie der Wissenschaften*, lxxiv, 1922, pp. 1 ff.

* P. Dohrme, "Palmyre dans les textes assyriens", *RB*, xxxiii, 1924, pp. 106 ff.

* A. Gabriel, "Recherches archéologiques à Palmyre", *Syria*, vii, 1926, pp. 71 ff.

* R. Dussaud, *Topographie historique de la Syrie antique et médiévale*, 1927.

* J. G. Février, *Essai sur l'histoire politique et économique de Palmyre*, 1931.

* idem, *La Religion des Palmyréniens*, 1931.

* Th. Wiegand, *Palmyra*, vols. I~II, Berlin, 1932.

* M. Rostovtzeff, "The Caravan-gods of Palmyra", *Journal of Roman Studies*, xxii, 1932.

* パルミラの歴史に関する近年の概説書や研究論文は多数出版されているため主なものだけとする。概説書としては、

J. Starcky, *Palmyra*, Paris, 1952.

A. Champdor, *Les ruines de Palmyra*, Paris, 1953.

J. Starcky, "Palmyra" *Supplément au Dictionnaire de la Bible*, VI, Paris, 1957, coll. 1066~1103.

などがある。研究論文としては、

E. Will, "Marchands et chefs de caravanes à Palmyre", *Syria*, xxxiv, 1957, pp. 262 ff.

D. Schlumberger, "Palmyre et la Mesène", *Syria*, xxxviii, 1961, pp. 256 ff.

E. Will, "Le sac de Palmyre", *Mélanges d'archéologie et d'histoire offerts à André Piganiol*, Paris, 1966, pp. 1409 ff.

H. Seyrig, *Antiquités Syriennes*, vols. VI, Paris, 1967.

G. Garbini, "Divinità, confraternite e tribù a Palmyra", *Annali dell'Istituto Orientale di Napoli*, n. s. xviii, 1969, pp. 47 ff.

M. Gawlikowski, "Rodzina Elahbela", *Studia Palmyrenskie*, iii, 1969, pp. 47 ff.

A. Soltan, "Ikonografia Meharystów Palmyrenskich", *Studia Palmyrenskie*, iii, 1969, pp. 5 ff.

D. Schlumberger, "Les quatre tribus de Palmyre", *Syria*, xlviii, 1971, pp. 121 ff.

発 掘

K. Michalowski, *Palmyre: fouilles polonaises*, vols. V, Paris-Warsaw, 1959〜1966.

A. Bounni, N. Saliby, "Six nouveaux emplacements fouillés à Palmyre", 1963〜1964, *AAS*, xv, 1965, pp. 123 ff.

M. Gawlikowski, "Wykopaliska w Palmyrze ostatnich lat", *Studia Palmyrenskie*, iii, 1969, pp. 105 ff.

idem, "Die polnischen Ausgrabungen in Palmyra, 1959〜67", *Archäologischer Anzeiger*, 1968, coll. 289 ff.

遺構

〈ディオクレティアヌスの軍営施設〉

D. Schlumberger, "Le prétendu camp de Dioclétien à Palmyre", *Mélanges de l'Université St. Joseph*, xxxviii, 1962, pp. 79 ff.

E. Will, "Les fouilles polonaises et le camp de Dioclétien à Palmyre", *Syria*, xl, 1963, pp. 385 ff.

その他前掲のポーランド隊発掘報告書がここに関連している。

〈バール・シャミーンの神域〉

P. Collart, J. Vicari, *Le Sanctuaire de Baalshamin à Palmyre*, vols. I〜III, Neuchâtel, 1969.

idem, "Reconstruction du thalamos du temple de Baalshamin à Palmyre", *Revue Archéologique*, 1970, pp. 323 ff.

〈ベールの神域〉

H. Seyrig, *Le temple de Bêl à Palmyre*, vols. I〜II, Paris, 1968〜74.

〈城壁〉

D. van Berchem, "Le premier rempart de Palmyre", *CRAI*, 1970, pp. 231 ff.

〈テトラピュロン〉

A. Ostraz, "Études sur la restauration du grand tétrapyle", *Studia Palmyrenskie*, i, 1966, pp.

46 ff.

墓

E. Will, "La tour funéraire de Palmyre", *Syria*, xxvi, 1949, pp. 87 ff.
idem, "La tour funéraire de Syrie", *Syria*, xxvi, 1949, pp. 258 ff.
M. Gawlikowski, "Classment, chronologie et évolution de la tour funéraire à Palmyre", *Etudes et travaux*, iii, 1969, pp. 167 ff.
idem, *Monuments funéraires de Palmyre*, Warszawa, 1970.

美　術

パルミュラの美術全体に関する概説書としては、

M. A. R. Colledge, *The Art of Palmyra*, London 1976.

だけと思われる。

〈彫刻〉

* H. Ingholt, *Studier over Palmyrensk Sculptur*, 1928.
idem, "The Oldest known Grave-relief from Palmyra", *Acta Archeologica*, i, 1930, pp. 191 ff.
idem, "Palmyrene Sculptures in Beirut", *Berytus*, i. 1934, pp. 32 ff.

R. Amy, H. Seyrig, "Recherches dans la nécropole de Palmyre", *Syria*, xvii, 1936, pp. 226 ff.

E. Will, "Le relief de la Tour de Kithot et le banquet funéraire à Palmyre", *Syria*, xxviii, 1951, pp. 70 ff.

Z. Kadar, "Monuments palmyréniens au Musée de Beaux Arts de Budapest", *Acta Antiqua Academiae Scientiarum Hungaricae*, iii, 1955, pp. 105 ff.

B. Filarska, "Studia nad Dekoracjami architektoniczymi Palmyri", *Studia Palmyrenskie*, ii, 1967.

H. Ingholt, "Some sculptures from the Tomb of Malku at Palmyra", *Mélanges Michalowski*, 1966, pp. 457 ff.

建築

D. Schlumberger, "Les formes anciennes du chapiteau corinthien en Syrie, en Palestine et en Arabie", *Syria*, xiv, 1933, pp. 283 ff.

E. Will, "L'adyton dans le temple syrien de l'époque impériale", *Études d'Archéologie Classique*, ii, 1959, pp. 136 ff.

絵画

H. Ingholt, "Quelques fresques récemment découvertes à Palmyre", *Acta Archeologica*, iii, 1932, pp. 1 ff.

C. H. Kraeling, "Color Photographs of the Paintings in the Tomb of the Brothers at Palmyra", *AAS*, xi〜xii, 1961〜62, pp. 13 ff.

工　芸

R. Pfister, *Textiles de Palmyre*, Paris, 1934.

idem, *Nouveaux Textiles de Palmyre*, Paris, 1937.

idem, *Textiles de Palmyre*, III, Paris, 1940.

D. Mackay, "The Jewellery of Palmyra and its significance", *Iraq*, ii, 1949, pp. 160 ff.

R. du Mesnil du Buisson, *Les Tessères et les Monnaies de Palmyre*, Paris, 1962.

O. Hirsch, "Westepne Badania nad Ceramika Palmyrenska", *Studia Palmyrenskie*, iii, 1969, pp. 85 ff.

第四章および第六章　ドゥラ・エウロポス

ドゥラ発見の経緯に関しては本文中に詳しい。イェール大学の発掘調査は一九三七年まで続いた。発掘成果の整理と出版のための中断であり、発掘調査が一九四二年再開される予定であったが、当時の世界状勢がそれを許さず、その後、ドゥラでの発掘は行われていない。しかし、イェール大学の「準備的報告書」と「最終報告書」に基づく数多くの研究が発表されており、今も尚、ドゥラは発掘対象としてまた研究対象として未完なのである。特に、近年、イラク、イラン、アフガニスタン、パキスタンにおけるパルティア時代およびそれに対応する時代の遺跡が多数発掘されることにより、ドゥラの文化史上における重要性が再認識され、新たな問題を数多く提起している（問題点に関しては前掲書、D. Schlumberger, *Der hellenisierte Orient* を参照されたい）。

* J. H. Breasted, *Oriental Forerunners of Byzantine Painting*, 1924.
* F. Cumont, *Fouilles de Dura-Europos*, 1926.
* *The Excavations at Dura Europos, Preliminary Report*, vols. I～X, 1929～52.
* M. Rostovtzeff, C. B. Welles, "A parchment contact of loan from Dura-Europos on the Euphrates", *Yale Classical Studies*, ii, 1931, pp. 3 ff.
* A. R. Bellinger, "The Temples at Dura-Europos and certain early churches", *Seminarium Kondakovianum*, iv, 1931, pp. 173 ff.
* idem, "Two roman hoards from Dura-Europos", *Numismastic Notes and Monographs*, n. 49, 1931.

* M. Rostovtzeff, C. B. Welles, "La Maison des Archives", *Comptes-Rendus de l'Académie des Inscriptions*, 1931, pp. 162 ff.

* M. Rostovtzeff, A. Little, "La Maison des Fresques de Dura-Europos", *Mémoires de l'Académie des Inscriptions*, xliii.

* C. Hopkins, "The Palmyrene Gods at Dura-Europos", *JAOS*, li, 1931, pp. 119 ff.

* J. Jonson, *Dura Studies*, 1932.

M. Rostovtzeff, "Dura and the Problem of Parthian Art", *Yale Classical Studies*, v, 1935, pp. 155 ff.

idem, *Dura-Europos and its Art*, Oxford, 1938.

R. du Mesnil du Buisson, *Les peintures de la synagogue de Dura-Europos*, Rome, 1939.

R. Meyer, "Die Figuren Darstellung in der Kunst des späthellenistischen Judentums", *Judaica*, v, 1949, pp. 1 ff.

The Excavations at Dura-Europos, Final Report, III（1969）, IV（1943〜63）, V（1959）, VI（1949）, VIII（1956〜67）.

E. Will, "Art parthe et art grec", *Annales de l'Est*, xxii, 1959, pp. 125 ff.

D. Schlumberger, "Descendants non méditerranéens de l'art grec", *Syria*, xxxvii, 1960, pp. 131 ff., pp. 253 ff.

E. Will, "Art sassanide et ses prédécesseurs", *Syria*, xxxix, 1962, pp. 45 ff.

Le royonnement des civilisations greque et romaine sur les cultures périphériques, Paris, 1965.

E. J. Bickermann, "Symbolism in the Dura Synagogue", *The Harvard Theological Review*, lviii, 1965, pp. 127 ff.

M. Gawlikowski, "A propos des reliefs du temple des Gadde à Doura", *Berytus*, xviii, 1969, pp. 105 ff.

H. Stern, "Un nouvel Orphée-David dans une mosaïque du VIe siècle", *CRAI*, 1970, pp. 63 ff.

R. Wischnitzer, "The Closed Temple Panel in the Synagogue of Dura-Europos", *JAOS*, xci, 1971, pp. 367 ff.

Ann Perkins, *The Art of Dura-Europos*, Oxford, 1973.

文庫版解説　『隊商都市』多声と深さの復権

前田耕作

一九七〇年代にはまだ世界を考え方の相違で分かつ〈鉄のカーテン〉が存在していたが、比較的平和な時代であった。国域を越えた往来が自由になると人びとの旅は未詳・不詳の地を求めてどこまでも広がっていった。この時代の先頭に立ったのは日本人で、シルクロードのどこにでも入り込み、新たなさまざまな見聞をメディアを通してさらに多くの人びとに伝えた。こうして日本が起点となるシルクロード・ブームが世界に捲き起こったのである。どれほどの書籍・雑誌が出版されたことであろう。愛好者と研究者の垣根などもまたたくまに吹っ飛び、未知が既知を圧倒し、ユーラシアの地軸がかくべつの熱を帯びた瞬間であった。

一九七九年一二月二九日、ソ連軍が突如アムダリアに架けられた友好の橋を渡ってアフガニスタンに侵攻してシルクロード往還の多声の旅は終わりをつげた。自由に思索の翼をひろげていたディオゲネスをとつぜん黒い影で蔽ったアレクサンドロス、しかしアレクサンドロスの権力をもってしてもディオゲネスを屈服させることはできない。ディオゲネスは字義通り神の一族であるからである。一〇年後、ソ連軍はアフガニスタンに内戦という置き土産を残し撤退したが、アフガニスタンはいまに至るも戦火がやむことはない。神は死んだのかもしれない。

本書『隊商都市』が新潮選書の一冊として出版されたのは一九七八年（昭和五三年）のことで、シルクロードへの熱気の掉尾を飾る書として記憶に残るだけではなく、当時アフガニスタンの考古学調査に従事していた私にとっては上記の事件の一年前に上梓された書としてとりわけ深く印象づけられている。本書の冒頭に付された訳者青柳正規による〈隊商都市随想〉は七〇年代のほとばしる熱気を伝えており、精彩放つ訳文によって導かれる世界にいまなお歴史の鼓動を感じないではおれない。

末尾の〈訳者あとがき〉もまた著者ミカエル・ロストフツェフの経歴とその活動・成果を委曲をつくし描きあげていて、いまなお新たに手に取り直し読むにじゅうぶん価する。

その後、マリヌス・ウェスによって書かれた「亡命歴史家ミカエル・ロストフツェフ」（ヒストリア65・一九九〇年）によって若干の補筆をすればつぎのようになるだろう。

ミカエル・ロストフツェフについては『世界百科事典』（平凡社）では村川堅太郎が記しているが、生地については「ロシア生まれ」としているのみであり、ウィキペディアでは「ウクライナのキエフ」としている。ウェスはキエフ近郊のウォルヒニアのチトミイルで生まれたとする方が正しいと指摘している。ミカエル・ロストツェフは一八七〇年一一月一〇日、古典学に通じた父イワン・ロストフツェフと教養豊かでさまざまな言葉を話した母マリアの間の子として生まれた。父イワン・ロストフツェフは一八六〇年から翌六一年までヨーロッパに遊学し、ベルリンではモムゼンの講席につらなったという。しかしイワン・ロストフツェフの主目的はロシアの中等教育制度の変革に寄与する情報の収集にあった。とりわけ外国語教育の遅れを嘆き、教材の工夫に力をいれた。古典言語学・教育学会キエフ・サークルの会長であったイワン・ロストフツェフは、一八六二年にキケロの演説『総指揮官グナエウス・ポンペイウスについて』のドイツ語版を翻訳出版した。息子ミカエル・ロストフツェフはキエフ大学で学んだ（一八八八―一八九〇年）のち、サンクト・ペテルスブルグ大学に移り、一八九二年に論文「新発掘品により明らかにされたポンペイ」を書いて卒業すると、少しの間ツァルスコエ・セロでラテン語の教師をしたのち、一八九三年父と同じようにイタリアへと旅立つ。さらに一八九五年から一八九八年までの三年間ヨーロッパへ遊学の旅をおこなった。帰国した翌年（一八九九年）の一月一日に母校サンクト・ペテルスブルグ大学の古典言語学の私講師に任じられた。一九〇一年、教え子でもあったゾフィ・クルチトスキーと結婚。同年、博士論文「ローマの鉛テッセラエ」を提出して学位をえた。テッセラについては訳者も詳述している。テッセラはギリシア語のシンボロン（符号・象徴）とも同義で、アウグストゥスは穀物配給切符にテッセラを活用した。ミカエルは〈細部に神宿る〉ことを知っていたのである。

一九〇三年六月一日、母校の古典言語学の特任教授となり、一九〇八年一一月一〇日に正教授に任じられた。一九一〇年、『ローマのコロナート制史研究』がドイツ語で出版された。さらに一九一一年に発刊された『新スラブ百科事典』の一項に「オクタウィアヌス・アウグストゥス」を書く。一九一三年には、『南ロシアの古代装飾絵画』（本文ロシア語、図版ロシア語・フランス語）をペテルスブルグで出版する。そして一九一七年四月一五日、ロシア学士院はミカエル・ロストフツェフを学士院会員として迎え入れる決定をするが、この決定の承認は同年の五月九日までまたねばならなかった。このように任命が手間取ったのは、任命者であるツァー政権の当事者、すなわちニコライ二世が二月革命の勃発により、この年の三月二日に退位させられていたからである。世界史を根底から揺るがせる十月革命が起きる五カ月前のことである。

多くの友人たちが十月革命を支持して活発な政治活動をおこなったが、暴力による権力奪取に反対であったロストフツェフはあくまでも立憲議会の存続を求め、苦悩して机に向き合っていた。しかし一〇月二五日の夜、ロストフツェフもまた騒然として人びとの渦中にあったことはまちがいない。ミカエルの父の妹ヴァルナヴァの子で従兄弟にあたるアナトリー・ルナチャルスキーはボルシェビキ（多数派＝レーニンの指導する党派）に加わり、のちにソ連教育人民委員となり活躍する。

一九一八年、ロストフツェフは意を決しフランス語で一通の書簡をスウェーデンの先史考古学者オスカー・モンテリウスに送った。モンテリウスは近代考古学における形式学的な研究方法を初めて確立した学匠であった。わが国では濱田耕作がモンテリウスの『考古学研究法』(岡書院、一九三二年)を翻訳紹介している。ロストフツェフがモンテリウスに書簡(一九一八年四月一六日)を送ったのは、当時モンテリウスはサンクト・ペテルスブルグ帝室大学の名誉会員でもあったこともあり、サンクト・ペテルスブルグで何回か逢ったことがあるからであった。書簡の内容は、目下研究している南ロシアの歴史と古址の研究(原稿「ボスボロスとスキタイの歴史研究」はロシアに残された)を仕上げるため、それに必要な文献をウプサラとストックホルムの図書館で閲覧したいのでスウェーデン入国のヴィザ取得の支援を乞うものであった。ロストフツェフはさらにつけ加えて、「わが国の現況からして、あなたもご存知のわが妻ゾフィ・ロストフツェフと離ればなれでいることはできません」ので、彼女が数週間スウェーデンに滞在できる必要書類の入手も依頼したいと記している。彼のスウェーデンへの出国がただ研究のためであったとは考えられない。書簡を受けとったモンテリウスは亡命を直感し、ただちに行動を起こし、ロストフツェフ夫妻のために必要なヴィザを入手した旨を知らせた。どのようにして夫妻がペトログラードを発ちスウェーデンに到着したかは明らかではないが、アーノルド・モミリアーノによればロストフツェフ夫妻は牛の群れに紛れてフィンランドとロシアの国境を越えたという。

スウェーデンからパリに向かったロストフツェフ夫妻の落ち着いた先はイギリスのオッ

クスフォードであった。ロストフツェフはとりあえずオックスフォード・クインズ・カレッジの特別研究員となった。おそらく一八九八年にイギリスを訪れたおりに知り合ったパピルス学の創始者バーナード・パイン・グレンフェルやかつてリュディア王国の首都であったサルディスの発掘(一九一〇―一九一七年)で発見された碑文について調査報告を書いたウィリアム・ヘップバーン・バクラーらの支援あってのことであった。ひとまずオクスフォードに落ち着いたもののロストフツェフにとっては慌ただしい日々であった。彼はロンドンに創設された「ロシア解放委員会」の主要メンバーの一人であったからである。この時代に「ロシア解放委員会」が発刊した一連の出版物のなかにロストフツェフが寄稿した唯一の小冊子がある。「プロレタリア文化」がその表題であった。表題はレーニンの党派に加わりながらなお独自の文化論を保持する従兄弟ルナチャルスキーが提唱した教育の民主化のためのスローガンを転用したものであった。

一九一九年六月、パリでウィリアム・バクラーの紹介で出合ったウィリアム・リン・ウエスターマンから一通の書簡が届いた。それはアメリカのウィスコンシン大学マディソン校への招聘を示唆するものであった。一九二〇年二月、フランスの学者も多く参加したロシア・アカデミー・グループの最初の会議がパリで開催されたとき、ロストフツェフはこの会議で主導的役割を果たした。しかし九月二三日に二度目の会議がおこなわれたとき、彼の姿はそこにはなかった。すでにロストフツェフ夫妻はニューヨークに向かっていたのである。

九月一五日には彼らはニューヨークを離れ、「ハドソン河を渡り、ナイアガラとシカゴを過ぎて」任地ウィスコンシンの州都マディソンへと赴く旅の途上にあった。一八日にマディソンに着いたロストフツェフは、二三日にはもう古代史の講義を開始する。「ここマディソンはまるで故郷のような感じがする」とある書簡の中で記しているが、一方、「五〇歳という歳で、多くの荷物を抱え、新しい生活を始め、新たなキャリアを積み重ねてゆかねばならない」と不安と決意をも書き記している。一九二一年一月二五日、ウィスコンシン大学マディソン校の歴史学の正教授に任命される。新しいキャリアの第一歩であった。一九二一年にフランスの『ギリシア研究』誌に「南ロシアにおける大女神信仰とアマゾネス」を発表したが、この論考はすぐ『古代の南ロシア』(一九二二年末)に収録された。わが国ではいち早く坪井良平が着目し、『考古学研究』誌(昭和三年=一九二八年)上に「考古学上より見たる南露西亜」と題してこれを要約紹介した。さらに一九四四年に全文を榧本亀次郎と共訳し、『古代の南露西亜』と題して桑名文星堂から出版した。江上波夫が『ユウラシア古代北方文化』(一九四八年)でふれたのもこの本である。入手が難しくなった邦訳は、一九七四年に原書房からユーラシア叢書の一冊として復刻された。出土品の写真や書き起こし図版を多く使用したこの著作は、歴史記述に新たな生命をあたえるものとなった。図像を駆使して歴史を把握する方法はペテルスブルグ大学で考古学と美術史を教え、チェホフの友人でもあったニコディム・パヴロヴィッチ・コンダコフに学んだものだと後年みずから語っている。

一九二二年、『ウィンストン大学言語・文学研究』にアウグストゥスについての論考を掲載した。体制の崩壊と打ち続く血まみれの内戦と新たな体制の摸索、ローマ初代皇帝の姿とロシア革命が二重の像となって描き出され、彼の終生のモチーフの一つとなった。マディソン時代に構想を熟成させたロストフツェフは、一九二五年にウィスコンシン大学からイェール大学に移籍した翌年、一九二六年に浩瀚な『ローマ帝国社会経済史』を上梓して世界的に大きな反響を捲き起こした。ヴィラモーヴィッツは「モムゼンの『ローマ史』に匹敵する」と激賞した。邦訳は坂口明の手になり、二〇〇一年、東洋経済新報社から出版され、その素晴らしい訳業と詳細な「ロストフツェフの生涯と研究活動」が披瀝されている。

ロストフツェフが早くから着目し私淑していた人がいた。ベルギーのフランツ・キュモンである。先にふれた『古代の南ロシア』では序文でその名をあげ、『ローマ帝国社会経済史』でも初版の序文で図版協力にふれ、さらに最終の第一二章でミスラ神にふれた記述は明らかにキュモンの一連のミスラ教研究の成果を下敷きにしたものである。一九二六年、キュモンもまた『ドゥラ・エウロポスの発掘』(全二巻)を出版したばかりであった。それはフランスによるドゥラ・エウロポス遺跡発掘調査終焉の合図でもあった。ロストフツ

キュモン（左）とロストフツェフ（右）

ェフはフランスが発掘継続の意志のないことを確認すると、キュモンとも相談しイェール大学とフランス金石文アカデミーとの合同調査隊による再発掘の許可をシリア政府からとりつける。一九二八年から一九三七年まで発掘はつづいた。第七次発掘調査（一九三三―一九三四年）のとき、ついにキュモンが探し求めていたミスラ神殿を発見したのである。発見の知らせを受けて駆けつけてきたキュモンとロストフツェフが主神殿の内室の壁を飾る牡牛屠るミスラ神の浮彫の前で撮った写真は流布し有名となった。後年クラーク・ホプキンスがイェール大学出版から公刊した『ドゥラ・エウロポスの発見』（一九七九年）にはその発掘の模様が貴重な現場の写真とともにいきいきと描き出されている。

一九四〇年にロストフツェフが最後の大著『ヘレニズム世界社会経済史』を書き上げたとき、彼は序文の末尾にこう書き記している。「この本はわが妻ゾフィーとわが友フランツ・キュモンに捧げられる。この二人の励ましと温かい支援がなければこの暗い時期にどうして書き終えることができたであろうか」。ヒットラーがパリを占領した二カ月後のことである。発掘されたミスラ神殿はその後イェール大学美術館に移設され、近時のシリア戦争の戦火を免れた。

一九三一年に本書『隊商都市』（ロシア語版）は上梓されたが、訳者あとがきにもあるように一九三二年にタルボット・ライス夫妻によって英訳され、三四年には仏訳も出版され多くの人びとのこころを中東の古都にひきつけた。それは上述したようにロストフツェフが主導するドゥラ・エウロポスにおけるイェール大学とフランスの共同発掘（第五次発掘調査一九三一―三二年）のさなかのことであった。一九一三年、トーマス・クックを片手にサンクト・ペテルスブルグの若い教授時代に始まる中東旅行からドゥラ・エウロポスの発掘にいたるまでの見聞と体験のすべてを凝縮させ、砂漠や山嶺を苦もなく抜けた隊商の通商システムあっての活力に溢れ、それぞれ個性を異にする都市（ペトラ・ジェラシュ・パルミュラ・ドゥラ）の佇まいと歴史を練り上げた史眼でとらえた本書は、いまもなおこころ揺するだけではなく、「何か新しいことを観察し、学びたいと思っているひとびとに道をひらいて」くれるだろう。

一九五二年一〇月二〇日ニューヘヴン、ミカエル・イヴァノヴィチ・ロストフツェフは、亡命とは命を失うことではなく、新たな世界を拓き、多様なまなざしをもって執拗に生き直すことだと教え、革命と戦争の世紀に別れを告げた。

地中海世界とアジアを、オリエントを内奥のアジアへとつなぐ交通・異文化交流の結節点としての隊商都市パルミュラもドゥラ・エウロポスも、二一世紀に起きたシリア戦争の慈悲なき砲火を浴びて荒廃に曝されている。本書『隊商都市』がなお当時の熱気をはらんだまま〈ちくま学芸文庫〉として甦ることが、パルミュラやドゥラ・エウロポスの新たな復興の第一歩になることを強く願っている。

最後に『隊商都市』の本文庫への再録を快諾して下さった青柳正規さんに深く感謝申し上げたい。

索 引

ア

アイラ（アカバ湾の） Aila 54
アウグストゥス Augustus 56, 59, 81, 82, 102, 148, 149, 152, 153, 177
アウレリアヌス Aurelianus 61
アウレリウス Aurelius 104, 154, 156, 158, 162, 164–166
アカバ湾 Akaba 54, 58
アグリボル Aglibol 185, 186, 188, 190, 195, 197, 200, 214, 244
アケメネス朝 Achaemenes 277
アゴラ Agora 169, 212, 241, 242, 255
アジズ Azizu 159, 181, 197, 198, 200
アシュルバニパル一世 Ashurbanipal I 43
アスクレピオス Asklepios 197
アスタルテ Astarte 181, 197
アストラバード Astrabad 32
アタルガティス Atargatis 120, 145, 152, 181, 196, 212, 234, 239–242, 253
アタルガティス・ハダド Atargatis-Hadad 151
アッカド朝 Akkad 33
アッシリア Assyria 35, 40–44, 46, 47, 72, 136, 137, 207, 221, 233, 243, 252, 257, 277
アッシリア美術 277
アッシリア法典 34
アッタロス三世 Attalos Ⅲ 148
アッツァナトコナ アルテミス・アッツァナトコナを見よ
アッラート Allat 71, 77, 196
アディウトリス Adiutores 264
アトゥタル・ドゥー・ガブディム Athtar-Dhû-Gabdim 47
アトリウム Atrium 110, 182
アナクシュリデス（ズボン） anaksyrides 206
アナト（現在のアナー） Anath 152, 181, 251
アナトリア Anatolia 181, 207–209, 239, 277
アパダーナ Apadana 182
アパメア Apamea 140, 221, 288
アブガル Abgar 144
アブ・ケマル Abu Kemal 213, 229
アプス Apse 129, 254
アブドゥケロス Abduchelos 272
アブドゥル・ハミッド Abdul Hamid 66, 69
アフラド（アパラド） Aphlad 152, 212, 251–253
アフラマズダ Ahuramazda 200
アフリカ Africa 4, 30, 32–34, 38, 45, 50–51, 53, 69, 79, 128, 263
アポッロニオス Apollonios 94, 95
アポロ・ピュティウス Apollo-Pythius 197
アポローン Apollon 261
アモリト人 Amorites 44
アヤ・ソフィア Aja Sophia 132
アラドゥス Aradus 41

アラビア　Arabia　(——砂漠)(——州)(——人)　6, 11, 13, 17, 19, 27, 30, 31, 33, 37–39, 42–57, 59–62, 67, 73, 80, 82, 83, 89, 91, 92, 95–97, 101, 102, 104, 113, 130, 135, 142, 145, 156, 166, 184, 196, 197, 261, 263, 267, 273
アラビア・フェリックス　Arabia Felix　27, 37, 53, 57
アラム　Aram　(——語)(——語方言)(——人)　5, 47, 83, 95, 171, 183, 184, 206, 207, 227, 270, 292
アルガペテス　argapetes　164
アルケムポロイ　Archemporoi　201
アルコン　Archon　200, 201
アルサケス朝　Arsacids　100, 162, 164
アルシノエ　Arsinoe　93
アルス　Arsu　159, 181, 196–198, 200
アルタクセルクセス・オクス　Artaxerxes Ochus　47
アルダシール　Ardashir　157, 162, 274, 275
アルテミス　Artemis　(——神殿)　5, 6, 88, 105, 107, 108, 120–125, 128–130, 234, 242, 253, 261
アルテミス・アッツァナトコナ　Artemis Azzanathkona　(——神)(——神殿)　152, 253, 258
アルテミス・ナナイア　Artemis Nanaia　(——神)(——神殿)　14, 151, 212, 238, 239, 241, 242, 258
アルテル・エゴ　alter ego　196
アルメニア　Armenia　49
アレクサンデル・セウェルス　Alexander Severus　157, 160–162, 165, 206, 242, 273
アレクサンドリア　Alexandria　11, 45, 50, 51, 53, 90, 91, 94–97, 102–104, 131, 206
アレクサンドロス　Alexandros　48–50, 89, 90, 138, 152, 157, 215, 272
アレクサンドロス・イアンナイオス　Alexandros Iannaios　99
アレッポ　Aleppo　(——渓谷)(——高原)　7, 19, 40, 41, 46, 58, 135, 140, 170, 219, 221, 222, 288
アンダーソン教授　Anderson　171
アンティオキア　Antiochia　51, 53, 98, 99, 138–140, 163, 221
アンティオコス三世　Antiochos III　51, 97–99, 141, 144
アンティオコス四世エピファネス　Antiochos IV Epiphanes　53, 97, 144
アンティゴノス(隻眼王)　Antigonos　50, 90
アントニウス　Antonius　56, 143, 146, 147, 152
アントニヌス・ピウス　Antoninus Pius　104, 160, 204
アンドレー　Andrae, W.　142
アンマン　Amman　19, 57, 59, 62, 65, 67, 68, 78, 98, 99, 113, 116, 117, 179
アンモンびと　Ammonites　93, 94, 96

イェール大学　Yale University　28, 114, 153, 218, 228, 244, 246, 250,

275
イシス　Isis　(――神)　(――神殿)　71, 239
イシュタール・アスタルテ　Ishtar-Astarte　181
イシュメリトの隊商　Ishmaerite caravan　43
イタリア　Italia　31, 45, 68, 82, 181, 206, 239
イトゥラエア　Ituraea　(――王国)　(――朝)　145
イラデ　iradé　65
イラン　Iran　(――高原)　(――美術)　8, 27, 30–32, 34, 37, 49, 51, 52, 58, 71, 96, 104, 135, 138, 141–143, 145, 146, 148, 150, 151, 156, 162, 164, 183–185, 194, 198–200, 208, 209, 215, 216, 251, 252, 256, 258, 259, 261, 267, 269, 271, 272, 275, 277, 278
インゴールト教授　Ingholt, H. 205
インド　India　(――美術)　27, 30–34, 37, 38, 44, 45, 49–54, 56, 57, 80, 89, 91, 101, 135, 143, 199, 208, 214, 216

ヴァバッラト　Vaballath　162, 164, 165
ウァレリアヌス　Valerianus　161, 163, 275
ヴィガント　Wiegand, Th.　78
ウェスパシアヌス　Vespasianus　102, 103, 115
ウェルズ教授　Welles, B. C.　259
ウォロゲシア　Vologesia　155, 202–205
ウォロデス　Vorodes　164, 180
ウスペンスキー　Uspensky, Th. I. 172
ウッド　Wood　171, 173
ウーリー　Woolley, C. L.　256
ウル　Ur　(――第三王朝)　(――期)　32–34, 36
ウル・ナンム　Ur-Nammu　33

エウエルゲテス一世　Euergetes I　92
エウドコス(クニドスの)　Eudoxus　54
エウリピデス　Euripides　179, 180
エクセドラ　exedra　176
エジプト　6, 9, 10, 30–33, 35, 37, 38, 40, 41, 43, 45–54, 56–58, 71, 80, 90–96, 100, 101, 104, 131, 155, 165, 170, 176, 188, 194, 206, 214, 218, 236, 239, 255, 268
エシュムン　Eshmun　196
エディクラ　aedicula　268
エデッサ　Edessa　55, 140, 144, 145, 163, 197, 254, 275
エドム人　Idumaea　47
エパルコス　eparchos　83, 84
エピファニオス　Epiphanios　129
エメサ(現, ホムズ)　Emesa　46, 55, 58, 145, 202
エラム　Elam (Elymais)　(――人)　196, 238, 262
エラン(アカバ)湾　Elan　100
エル・エラ　El-Ela　48, 60, 91, 267
エル・カスネ　El Khasne　73, 99, 198
エル・ヘグラ　El Hegra　81
エンジェル教授　Angell, J. R.　218

オアシス　Oasis　8, 10, 27, 38, 58, 137, 184
オイコス　oikos　251
オゲロス　Ogelos　205
オスロホエネ　Osrohoene　144, 145
オデナト　Odenath　61, 162–165, 192
オマール二世　Omar II　106
オルトノバズス　Orthonobazus　256
オルムズド　Ormuzd　198, 274
オロンテス川　Orontos　27, 51, 138, 221

カ

解放奴隷　libertus　122, 183, 264
カヴァス　kavass　65
カエサル　Caesar　143, 152
ガザ　Gaza　48, 95
ガザラ　Gazara　93
ガースタング教授　Garstang　113, 114
カスル・フィラウン（ペトラ）　Kasr Firaun　64, 73, 75, 76, 80
カタバーン人　Catabanians　39
カタフラクティ　Cataphracti　259
カッシウス・ディオ　Cassius Dio　143, 156
カッパドキア　Cappadocia（──文書）　31, 35, 38, 49
カッラエ　Carrhae　146
ガッリエヌス　Gallienus　163
ガド神　Gad　71
カナタ　Canata　57, 128
カナーン人　Canaan　184
ガブリエル　Gabriel, M.　179
カーブル川　Khabur　27, 28
カラカッラ　Caracalla　157, 158, 160, 161, 242, 264, 270
カラックス　Charax　54, 100, 155, 202, 205
ガリアン　Garian　79
カリグラ　Caligula　59
カルキス　Chalcis　55, 145
カルケミシュ　Carchemish　207
カール十二世　Charles XII　170
ガンダーラ美術　Gandhara　208

キシュ　Kish　33
キプロス　Cipros　18, 40, 129
キメリア人　Cimmeria　50
キャラヴァンサライ（カタリュマタ）　Caravansarai　19, 69, 119, 158, 168, 178, 179, 200, 203, 205
キュモン　Cumont, F.　160, 214, 215, 217, 218, 228, 230, 232, 235, 236, 238, 243, 244, 258, 277
キュル・テペ　Kul Tepe　35
キュレネ　Cyrene　148
キリアルコス　chiliarchos　83, 84
キリキア　Cilicia　35
ギリシア（──愛好者）（──劇場）（──語）（──神）（──神殿）（──彫刻）（──美術）（──法）　4–6, 8, 9, 11, 13, 14, 18, 31, 34, 36, 41, 45, 46, 48–50, 57, 71, 72, 83, 84, 91, 93, 95, 97–99, 101, 103, 120, 125–127, 130, 132, 138, 141, 144–146, 150, 154, 157, 173, 177–180, 182–184, 189, 193–196, 198–200, 203, 206–209, 217, 234, 240, 242, 253, 255, 256, 261, 262, 266, 267, 269–271, 275, 277

グイディ　Guidi, G.　68
クシャーン朝　199
クテシフォン　Ctesiphon　161, 199
クラウディウス　Claudius　59
クラッスス　Crassus　143, 146–148, 180, 259
クリバナリウス　clibanarius　237, 248, 259
クリュソッロウス川　Chrysorrous　99, 124
グレコ・シリア様式　208
グレコ・セム系の文化　150
グレコ・バクトリア様式　208
クレタ　Creta　40
軍団旗（シグナ）　signa　264

劇場（ジェラシュの）　6, 88, 111, 115, 117, 118, 120, 122, 123, 125, 126
劇場（ドゥラの）　151, 152, 240, 241, 242, 248, 249
ケッラ　cella　8, 80, 108, 177, 185, 189, 244, 249, 250
ゲラ　Gerrha　37–39, 44, 51, 54, 100
ゲラサ（ジェラシュ）　Gerasa　4, 57, 98
ゲラサ・アンティオキア（ジェラシュ）　Gerasa Antiochia　99
ゲンナエス　Gennaes　205

紅海　27, 30, 38, 45, 48, 49, 51, 53, 54, 91, 92, 100, 102, 104
黒海王国　146
コノン　Conon　246, 247, 258
ゴルディアヌス三世　Gordianus III　161
コンウェイ　Conway, A.　68, 79
コンスタンチノープル　Constantinopolis　132, 172, 219
コンスタンティヌス大帝　Constantinus　67
コンティヌア・エディフィカ　continua edifica　263
コンマゲネ　Commagene　10, 145, 208
コンモドゥス　Commodus　104

サ

サヴィニャック神父　Savignac　81, 172
ササン朝　12, 61, 68, 104, 106, 142, 156, 157, 162, 233, 275, 277, 278
ザッレ　Sarre, F.　142
サトラピー　Satrapes　138, 198
サトラポス　Satrapos　198
サバ　Saba　（──国）（──人）　39, 42, 43, 47, 48, 89
サムプシゲラモス　Sampsigeramos　145
サルゴン　Sargon　（──王）　33, 34, 42
サルマート　Sarmatae　（──騎兵）（──人）　259, 278
サン・シメオン　St. Simeon　222

シェケル（金属単位）　šekel　(sichros)　37
ジェラシュ（キリスト教都市としての）　Gerash　105, 106, 110, 115, 128–132
シスターン　Seistan　32
シチリア　Sicilia　45
シドン　Sidon　82, 92

166, 171, 172, 174, 192
ゼノン　Zenon　（——の文書館）　94–96
ゼビダ　Zebida　184
セプティミウス・セウェルス　Septimius Severus　128, 157, 158, 160–162, 164, 242, 271
セプティミウス・リュシアス　Septimius Lysias　269
セミラミス　Semiramis　171
セレウキア　Seleucia　100, 135, 136, 138, 140, 142, 221
セレウキア・イン・ピエリア　Seleucia in Pieria　51
セレウコス　Seleukos　（——Ⅰ世）（——朝）（——朝時代）（——朝の都市開発政策）（——朝の都市建設政策）（——暦）　14, 50–53, 55–57, 91, 92, 96–101, 138, 140, 143, 144, 146, 150, 157, 221, 229, 231, 243, 255, 260
全オリエントの改革者　Corrector totius Orientis　164
全オリエントの復興者　Restitutor totius Orientis　164
センジルリ　Sendjirli　207

ソアドス　Soados　204
ソロモン　Solomon　（——王）　43

タ

タイミサモス　Taimisamos　204
タウロス山脈　Tauros　27
ダキア　Dacia　155, 197
タキトゥス　Tacitus　142
タドゥモル　Tadmor　42, 44, 58, 137, 138, 149
ダマスクス　Damascus　（——博物館）　7, 8, 12, 13, 18, 19, 40–42, 46, 55–59, 95, 98–100, 104, 124, 125, 135, 137, 140, 141, 145, 155, 156, 184, 191, 202, 205, 219, 220, 239, 244, 247
ダレイオス　Dareios　45, 47, 48
ダレイコス　Dareikos　（——金貨）　44

チャイ・アル・クアム　Chaî al Quam　196

ティアソス　thiasos　195
ティアーラ　tiara　193, 251
ディオクレティアヌス　Diocletianus　10, 61, 168, 187, 192
ディオスクーロイ　Dioskuroi　71, 198
ディオドロス　Diodoros　80
ディオニュソス　Dionysos　130, 196
ティグラト・ピレゼル　Tiglath-pileser　（——Ⅰ世）（——Ⅲ世）　42
ティグリス河　Tigris　27, 28, 51, 54, 135, 138, 140, 142, 152
ティグリス・ユーフラテス両河　Tigris-Euphrates　28–31, 37, 38, 136, 202
ティベリウス　Tiberius　59, 149
ティール（古代名テュロス）　Tyr　41, 92
デイル・エゾル　Deir es Zor　213, 219, 220, 223, 229
テオドロス・ストラテラテス　Theodoros Stlatilates　105, 120,

129, 132
テッセラ tessera 189, 194–198
テトラピュロン tetrapylon 88, 107, 119, 120, 149, 168, 175, 179, 188, 263
テピダリウム（微温風呂） tepidarium 269
テマ Tema 38, 44
デメトリオス Demetrios 50, 90
デーモス Demos 204
テュケー Tyche 71, 76, 198, 213, 253, 267–270, 273, 278
テル・ハラフ Tell Halaf 207
デロス Delos 97, 181
テロス・ポルタス "telos portas" 273

塔屋式廟墓（パルミュラの） 155, 169, 173
ドゥサレス Dusares 130, 196
ドゥシャラ Dushara ドゥサレスを見よ
ドゥソウ教授 H. Dessau 172
東方非正規軍（ローマの） 237
ドゥ・ボグエ侯爵 De Vogué 172
ドゥラ Dura （——の画家）（——派の作品） 4, 11, 13, 14, 18, 19, 58, 116, 124, 135–140, 144, 146, 147, 150–153, 156, 158, 160–163, 165, 166, 177, 196, 208, 209, 212–223, 227–230, 234–243, 245, 246, 249, 251, 253–279
ドゥル（アッシリア語） Dur 137
ドーキンス Dawkins 171
トトゥメス三世 Thutmes Ⅲ 40
トビアス（アンモンびと首長） Tobias 94
ドミティアヌス帝 Domitianus 102
トラキア Tracia 50
トラヤヌス Traianus （——記念柱） 59, 60, 81, 82, 103, 104, 152, 153, 156, 158, 159, 161, 203, 259, 260
トルキスターン Turkistan 32, 46

ナ

ナイスコス Naiskos 249
ナイル河 Nile 30, 31, 91
ナウマキア naumachia 116
ナオス（祠） naos 239, 242, 246, 252, 254, 268, 269
ナナイア Nanaia 14, 151, 196, 212, 238, 239, 241, 242, 253, 258
ナバタイ Nabatae （——王国）（——人）（海賊行為） 44, 48, 55, 57, 59, 60, 70, 75, 80, 82, 83, 90, 92, 95–97, 99, 100, 145, 159
ナボニドゥス王 Nabonidos 44
ナラムシン Naram-sin 33

ニカノール Nicanor 138
ニケ Nike 208
ニケフォリウム Nicephorium 140
ニップール Nippur 47
ニネヴェ Nineveh 42
ニムルド・ダー Nimurd-Dagh 145, 208
ニュンファエウム nymphaeum 64, 88, 108, 120, 122, 125, 129

ヌビア Nubia 50
ヌメリ（不正規騎兵隊） Numeri

160

ネジュド　Nejd　55
ネブケロス　Nebuchelos　271-273
ネルガル　Nergal　196
ネロ　Nero　59, 102, 115

ハ

ハイラン　Hairan　162
バクトリア　Bactria　49, 208
ハシャシュ　Hašaš　193
ハダド　Hadad（――神）　120, 145, 151, 181, 196, 251, 252
パックス・ロマーナ　Pax Romana　148
ハドゥラマウト　Hadramaut　39
バト・ツァドバイ（ゼノビア）　Bat Zadbai　165
ハトラ　Hatra　141, 142, 231
ハドリアヌス　Hadrianus（――の近東政策）（――神）　104, 110, 153, 154, 156, 189, 200, 203, 204, 206, 260
パナリオン　Panarion　129
パピルス　papyrus　161, 218, 236, 273, 284, 324
バビロニア　Babylonia（――式神殿）（――式中庭）（――人）（――帝国）　6, 8, 31-34, 36-38, 40, 41, 43, 44, 46, 48, 84, 89, 136, 138, 176-178, 181, 182, 184, 194-196, 199, 200, 205-207, 209, 232, 233, 238, 240, 242, 243, 251, 252, 256, 257, 277
バビロン　Babylon　155, 202, 221
バブ・エルマンデーブ岬　Bab-el-Mandeb　38
ハマ（旧ハマト）　Hama (Hamat)　46, 135, 137, 140, 221
パリガ村　Paliga　259
ハリファックス　W. Halifax　170
バール・シャミーン　Ba'al Shamin
バール　Ba'al　168, 180, 189, 195, 243
パルティア　Parthia（――王）（――王国）（――時代）（ドゥラの）（――宗教）（――人）（――人兵士）（――帝国）（――美術）（――暦）　8, 13, 14, 49, 52, 54, 56, 58, 61, 83, 100, 104, 141-144, 146-153, 155-157, 161, 180, 182, 189, 195, 199-203, 205, 206, 208, 215-217, 219, 231-234, 242, 243, 247, 248, 250, 252, 253, 255-264, 268, 270, 272, 274, 275, 277, 278
バールベック　Baalbek　11, 145, 239
パルミュラ　Palmyra（――軍）（――語）（――三軍神）（――三神）（――人）（――神殿）（――税表）（――彫刻）　4, 8-11, 13, 14, 18, 19, 42, 44, 55, 58-62, 69, 78, 84, 124, 127, 135-138, 140, 144-166, 168-180, 182, 185-187, 189-191, 193-209, 212-216, 219, 223, 230, 237-240, 243-247, 249, 251, 253, 258, 266-268, 270, 271
バルラース　Barlaas　259
パレスティナ　Palestina（――戦争）　17, 19, 27, 28, 31, 33, 51, 52, 54, 56, 57, 59, 65-67, 90, 92-99, 101, 102, 104, 124, 135, 141, 170, 184
パンティカパエウム（ケルチ）

Panticapaeum 46, 150, 259
ハンティングトン E. Huntington 28
パンテオン（パルミュラの） pantheon 196, 198, 200
ハンムラビ Hammurabi （――王国）（――法典） 34, 36, 39

ヒエロドウロイ hierodouloi 118
ヒエロポリス・バンブュケ Hieropolis-Bambyce 239
ヒッタイト Hittite （――帝国）（――美術） 35, 40, 41, 182, 207, 221
ヒッパルコス Hipparchos 83, 84
ビテュニア Bithynia 49
ビトナナイア Bithnanaia 247, 258
ビブロス Byblos 35, 41
ヒュドレウマタ（井戸） hydreumata 60, 158
「開かれた門戸」政策 183
ヒラーニ hilani 182
ピレ M. Pillet 18, 218

ファユーム Fayum 91
ファルマコフスキー Farmakovsky 172
ファロス（燈台） Pharos 131
フィツウィリアム博物館 Fitzwilliam Museum 68
フィッシャー C. Fisher 18, 125, 126
フィブラエ fibulae 207
フィラデルフィア Philadelphia 57, 69, 93-95, 98, 124
フィリップス Philippus 128, 161
フィルヘレネス Philhellenes 84
フィロテレイア Philotereia 93
フヴァレノ Hvareno 71, 267
ブウレウテス bouleutes 241
フェニキア Phenicia （――植民地）（――都市） 27, 28, 31, 33, 35, 40, 41, 45, 51, 52, 54-56, 58, 59, 82, 90-93, 96-98, 104, 139-141, 155, 156, 196, 198, 277
フォラト Forath 202
フォルトゥーナ Fortuna 71, 121, 198
フォンドゥク（商館） fondouqs 201-204
婦人用劇場 241
ブッラ・レギア Bulla Regia 4, 79
プトレマイオス朝 Ptolemaios 50-54, 56, 57, 90-97, 100, 114, 140, 145, 148
プトレマイオス二世フィラデルフォス Ptolemaios II Philadelphos 51, 53, 54, 91, 94
プトレマイオス七世（エウエルゲテス二世） 148
プブリウス・マルケッルス Publius Marcellus 204
フラウィウス朝 Flavius 59, 102, 103
フラーテス Phraates 259, 272
フリュギア Phrygia 45
ブレイク教授 R. P. Blake 62
ブレステッド J. Breasted 214, 244, 277
プレトリウム praetorium 161, 192, 242, 263-265
プロエドロス proedros 201

プロクラトル　procurator　164
プロピュライオン　propylaion　6, 64, 76, 88, 105, 107, 120–123, 129
プュロロイ　pyloroi　273

ベイコン教授　B. Bacon　114
ベイルート　Beyrouth　219
ヘグラ　Hegra　81, 267
ベテュロス　Bethylos　249
ベドゥイン　Bedouin　32, 37, 66, 69, 70, 77, 84, 159, 178, 205, 220, 221, 225, 226
ペトラ　Petra　4–7, 14, 19, 44, 48, 50–60, 62, 64–69, 71, 73–85, 89–91, 95–105, 115, 119, 123, 124, 127, 146, 153, 155, 156, 169, 174, 175, 178, 182, 184, 197, 198, 205, 267
ベネ・コマラ　Bene Komara　193
ベネ・マッタボル　Bene Mattabol　193
ベラギシュ（現ヤティル）　Beragish　47
ヘラクレス　Herakles　266
ヘリオガバルス　Heliogabalus　157
ヘリオポリス（バールベック）　Heliopolis　145
ペリステュリウム　Peristylium　168, 181, 182, 187
ベール　Bel（――神）　8, 168, 177, 184–187, 189, 190, 194–196, 199, 200, 214, 243, 244, 253
ペルガモン　Pergamon　49, 148
ペルシア　Persia（――軍）（――帝国）（――美術）（――湾）　7, 12, 13, 27, 30, 31, 37, 40, 41, 44–49, 52, 61, 68, 82, 89, 100, 104, 117, 132, 135, 136, 138, 143, 156, 161–166, 182, 198, 207, 216, 233, 234, 237, 243, 251, 252, 258, 273, 274, 277, 278
ベル女史　G. Bell　214
ヘルツフェルト　E. Herzfeld　142
ペルディッカス　Perdiccas　90
ベレニケ　Berenice　93
ヘロデ大王　Herode　102

方形堡（ドゥラの）　229–234, 237, 260, 270
ホースフィールド　G. Horsfield　68, 79, 114, 120, 121
ボスフォロス　Bosphoros　50
ボスラ　Bosra　6, 55, 57, 59, 60, 62, 82, 99, 100, 124, 156, 188
ポッツオリ　Pozzuoli　82
ホプキンズ教授　C. Hopkins　18, 218, 228, 251, 252, 254, 265
ホフステッド　Hofsted　170
ホムズ　Homs　7, 8, 46, 135, 137, 140, 145, 219
ボリアデス　Boliades　204
ポワドバール神父　R. P. Poidebard　204
ポントス　Pontus　49
ポンペイ　Pompei（――壁画）　4, 70, 72, 181
ポンペイウス　Pompeius（――の政策）（――暦）　56, 57, 59, 101, 143, 145, 146
ポンペイウス・トゥログス　Pompeius Trogus　141

マ

マイウマス（セム系の神）

Maiumas 106, 126
マカベ人 Maccabe 99, 102
マグナ・マテール Magna Mater 239
マクリヌス Macrinus 161
マケドニア Macedonia (——時代)(ドゥラの) (——植民都市) (——人) 49, 56, 93, 96, 99, 138, 150, 151, 215, 216, 228, 232, 243, 253, 256, 261, 262, 271, 272
マツァカ Mazaka 35
マーフィー大尉 Murphy 214, 244, 258
マラベル Marabel 272
マリバ(サバ人の主都) Mariba 43
マルクス・アウレリウス Marcus Aurelius 104, 154, 156
マルティリウム Martyrium 88, 129, 132
マンナイオウ Mannaiou 145

ミタンニ人 Mitanni 40
ミトリダテス Mithridates 141, 146
ミナ(金属単位) mina 37
ミナ Mina (——王国) (——国)(——人) 39, 42, 47, 48, 89, 91
ミレトス Miletos 45

ムネステ mnesthe 267

メソポタミア Mesopotamia (トラヤヌスの政策) (——遠征) 17, 27–29, 32, 35, 37, 46, 51, 52, 96, 104, 140–144, 147, 148, 151–153, 156, 157, 159, 161, 182, 185, 193, 195, 199, 203, 208, 216, 222, 256, 260, 270, 277, 278
メッカ Mecca 62, 77, 78, 84
メディア人 Media 47
メナンドロス Menandros 179
メハリ隊 Mehari 60, 83
メンフィス Memphis 131

モニコス Monikos 145
モニモス Monimos 197

ヤ

ヤルヒボル Yarhibol 185, 186, 189, 195, 200, 214, 243
ヤルヒボル・マラクベル Yarhibol-Malakbel 197

ユスティニアヌス Justinianus 105, 128, 130, 131, 168
ユダヤ Judaea (——教) (——人) 47, 55, 66, 67, 79, 84, 99, 102, 103, 105, 112, 115, 127, 130, 253
ユーフラテス河 Euphrates 14, 27, 28–31, 35, 37, 38, 42, 49, 52, 55, 58, 61, 91, 100, 135–140, 144, 146–148, 150–152, 156, 157, 161, 165, 166, 202, 213, 216, 217, 219, 221–225, 228–231, 237, 238, 246, 251, 260, 265, 266
ユリア・ソアエミサス Julia Soaemisas 157
ユリア・ドムナ Julia Domna 157, 264
ユリア・マエサ Julia Maesa 157
ユリア・マムマエア Julia Mammaea 157

ユリアヌス　Julianus　12, 166
ユリウス・アウレリウス・セプティミウス　Julius Aurelius Septimius　162
ユリウス・アウレリウス・セプティミウス・ウォロデス　Julius Aurelius Septimius Vorodes　164
ユリウス・テレンティウス　Julius Terentius　246, 250
ユリディクス　juridicus　164

要塞（ドゥラの）　12, 14, 58, 64, 96, 98, 115, 137, 138, 140, 142, 150, 151, 156, 161, 163, 178, 212, 224, 228–234, 237, 238, 246, 248, 253, 260, 266
要塞宮殿　14, 142, 231, 232, 260
羊皮紙　161, 218, 236, 259
浴場　6, 64, 69, 88, 124, 161, 168, 186, 212, 242, 245, 265, 266, 269
ヨルダン川　Jordan　27

ラ

ラオディケア　Laodichea　51
駱駝　10, 30, 31, 37, 38, 60, 65, 66, 70, 85, 95, 116, 119, 122, 159, 170, 186, 190, 196, 197, 219, 236, 273
ラツァレフ公　A. Lazareff　172
ラッバト・アンモン　Rabbath Ammon　94
ラティシェフ　V. Latysheff　172
ラドゥ（もしくはルーダ）　Radhou (Roudha)　197
ラピス・ラズリ　lapis-lazuli　46
ラムマン神父　R. P. Rammens　62
ランバエシス　Lambaesis　263

リサムス　Lisams　184
リトル　A. Little　274
リフヤーン　Lihyian　（──国）（──王国）　89, 91
リーメス　limes　263
リュディア　Lydia　45, 324
リワーン　liwan　233

ルキウス・ウェルス　Lucius Verus　156
ルー・コレクション　Loo Collection　44
ルース　C. Loos　170, 173
ルーダ　Roudha　197

レヴァント　Levant　（──人）　66, 151, 261, 270, 271
レウケ・コメ（白い村）　Leuce Come　54, 100
レプティス・マグナ　Leptis Magna　128

ロシア調査団（パルミュラの）　172
ローマ　Roma　（──軍）（──軍守備隊）（──皇帝）（──時代）（──人）（セレウコス朝の後継者として）（──帝国）（──兵士）（──法）　4–6, 9–14, 34, 54, 56–62, 65, 66, 69, 79, 89, 98, 99, 101–103, 105, 107, 109, 111, 115–118, 120, 121, 123, 127, 128, 132, 136, 141, 143, 145–150, 152–166, 183, 187, 194, 196, 198, 201, 203, 206–208, 212, 215–217, 222, 229, 230, 233, 234, 237–239, 241–243, 245, 246, 249, 250, 252, 253, 255, 257–259, 262–267, 269–271,

本書は一九七八年十月、新潮選書として刊行された。

古代史おさらい帖　森浩一

考古学・古代史の重鎮が、「土地」「年代」「人」の基本概念を徹底的に再検証。「古代史」をめぐる諸問題の見取り図がわかる名著。

江戸の坂　東京の坂（全）　横関英一

東京の坂道とその名前からは、江戸の暮らしや庶民の心が透かし見える。東京中の坂を渉猟し、元祖「坂道」本と謳われた幻の名著。（鈴木博之）

明治富豪史　横山源之助

維新そっちのけで海外投資に励み、贋札を発行してまで資本の蓄積に邁進する新興企業家・財閥創業者たちの姿を明らかにした明治裏面史。（色川大吉）

北一輝　渡辺京二

明治天皇制国家を批判し、のち二・二六事件に連座して刑死した日本最大の政治思想家北一輝の生涯。第33回毎日出版文化賞受賞の名著。（臼井隆一郎）

民衆という幻像　渡辺京二コレクション2　民衆論　渡辺京二　小川哲生編

生活民が抱く「前近代」と、近代市民社会との軋み。著者生涯のテーマ「ひとりの小さきものの実存と歴史の間の深淵」をめぐる三九篇を収録。（高山文彦）

中世を旅する人びと　阿部謹也

西洋中世の庶民の社会史。旅籠が客に課す厳格なルールや、遍歴職人必須の身分証明のための暗号など、興味深い史実を紹介。（平野啓一郎）

中世の星の下で　阿部謹也

中世ヨーロッパの庶民の暮らしを具体的、克明に描き、その歓びと涙、人と人との絆、深層意識を解き明かした中世史研究の傑作。（網野善彦）

中世の窓から　阿部謹也

中世ヨーロッパに生じた産業革命にも比する大転換——。名もなき人びとの暮らしを丹念に辿り、その全体像を描き出す。大佛次郎賞受賞。（樺山紘一）

1492　西欧文明の世界支配　ジャック・アタリ　斎藤広信訳

1492年コロンブスが新大陸を発見したことで、アメリカをはじめ中国・イスラム等の独自文明は抹殺された。現代世界の来歴を解き明かす一冊。

憲法で読むアメリカ史（全）　阿川尚之

建国から南北戦争、大恐慌と二度の大戦をへて現代まで。アメリカの歴史は常に憲法を通じ形づくられてきた。この国の底力の源泉へと迫る壮大な通史！

専制国家史論　足立啓二

封建的な共同団体を欠いた専制国家・中国。歴史的にこの国はいかなる展開を遂げてきたのか。中国の特質と世界の行方を縦横に考察した比類なき論考。

暗殺者教国　岩村忍

政治外交手段として暗殺をくり返したニザリ・イスマイリ教国。広大な領土を支配したこの国の奇怪な活動を支えた教義とは？　（鈴木規夫）

増補 魔女と聖女　池上俊一

魔女狩りの嵐が吹き荒れた中近世、美徳と超自然的力により崇められる聖女も急増する。女性嫌悪と礼賛の熱狂へ人々を駆りたてたものの正体に迫る。

ムッソリーニ　ロマノ・ヴルピッタ

統一国家となって以来、イタリア人が経験した激動の歴史。その象徴ともいうべき指導者の実像とは。既成のイメージを刷新する画期的ムッソリーニ伝。

中華人民共和国史十五講　王丹　加藤敬事訳

八九年天安門事件の学生リーダー王丹。逮捕・収監後、亡命先で母国の歴史を学び直し、敗者たちの透徹した認識を復元する、鎮魂の共和国六〇年史。

ツタンカーメン発掘記（上）　ハワード・カーター　酒井傳六／熊田亨訳

黄金のマスク、王のミイラ、数々の秘宝。エジプト考古学の新時代の扉を開いた世紀の発見の全記録。上巻は王家の谷の歴史と王墓発見までを収録。

ツタンカーメン発掘記（下）　ハワード・カーター　酒井傳六／熊田亨訳

王墓発見の報が世界を駆けめぐり発掘された遺物が注目を集める中、ついに黄金の棺が開かれ、カーターは王のミイラと対面する。　（屋形禎亮）

王の二つの身体（上）　E・H・カントーロヴィチ　小林公訳

王の可死の身体は、いかにして不可死の身体へと変容するのか。異貌の亡命歴史家による最もラディカルな「王権の解剖学」。待望の文庫化。

売春の社会史（上）

バーン＆ボニー・ブーロー
香川檀／家本清美／
岩倉桂子訳

売春の歴史を性と社会的な男女関係の歴史としてとらえた初の本格的通史。図版多数。「売春の起源」から「宗教改革と梅毒」までを収録。

売春の社会史（下）

バーン＆ボニー・ブーロー
香川檀／家本清美／
岩倉桂子訳

様々な時代や文化的背景における売春の全体像を十全に描き、社会政策への展開を探る。「王侯と平民」から「変わりゆく二重規範」までを収録。

ルーベンス回想

ヤーコプ・ブルクハルト
新井靖一訳

19世紀ヨーロッパを代表する歴史家ブルクハルトが、「最大の絵画的物語作者」ルーベンスの絵画の本質を、作品テーマに即して解説する。新訳。

はじめてわかるルネサンス

ジェリー・ブロトン
高山芳樹訳

ルネサンスは芸術だけじゃない！　東洋との出会い、科学と哲学、宗教改革など、さまざまな角度から光をあてて真のルネサンス像に迫る入門書。

匪賊の社会史

エリック・ホブズボーム
船山榮一訳

抑圧的権力から民衆を守るヒーローと讃えられてきた善きアウトローたち。その系譜や生き方を追い、暴力と権力のからくりに迫る幻の名著。

20世紀の歴史（上）

エリック・ホブズボーム
大井由紀訳

第一次世界大戦の勃発が20世紀の始まりとなった。この「短い世紀」の諸相を英国を代表する歴史家が渾身の力で描く。全二巻、文庫オリジナル新訳。

アラブが見た十字軍

アミン・マアルーフ
牟田口義郎／新川雅子訳

十字軍とはアラブにとって何だったのか？　豊富な史料を渉猟し、激動の12、13世紀をあざやかに、しかも手際よくまとめた反十字軍史。

ディスコルシ

ニッコロ・マキァヴェッリ
永井三明訳

ローマ帝国はなぜあれほどまでに繁栄しえたのか。その鍵は〝ヴィルトゥ〟。パワー・ポリティクスの教祖が、したたかに歴史を解読する。

戦争の技術

ニッコロ・マキァヴェッリ
服部文彦訳

出版されるや否や各国語に翻訳された最強にして安全な軍隊の作り方。この理念により創設された新生フィレンツェ軍は一五〇九年、ピサを奪回する。

ちくま学芸文庫

隊商都市《たいしょうとし》

二〇一八年七月十日　第一刷発行

著者　ミカエル・ロストフツェフ
訳者　青柳正規（あおやぎ・まさのり）
発行者　山野浩一
発行所　株式会社　筑摩書房
東京都台東区蔵前二―五―三　〒一一一―八七五五
振替〇〇一六〇―八―四一二三

装幀者　安野光雅
印刷所　株式会社精興社
製本所　加藤製本株式会社

乱丁・落丁本の場合は、左記宛にご送付下さい。
送料小社負担でお取り替えいたします。
ご注文・お問い合わせも左記へお願いします。
筑摩書房サービスセンター
埼玉県さいたま市北区櫛引町二―六〇四　〒三三一―八五〇七
電話番号　〇四八―六五一―〇〇五三

ISBN978-4-480-09878-8 C-0120